9Star Ki Astrology

기 초 이 론

이승재

동학사

구성기학으로 운명을 개척한다

저자가 이 책을 집필하게 된 동기는 다음과 같다.

첫째, 구성기학을 통하여 역학(易學)을 과학적으로 연구하는 다양한 방법을 소개하고 싶었다. 역학은 미래 예측 능력과 그로 인한 미래의 개척과 창조를 제공한다. 또한 역학은 인간의 심리와 재능, 적성을 파악하여 사회에서 개인의 존재 가치를 실현할 수 있는 방향을 제시한다. 이처럼 강력한 유용성을 지녔음에도 불구하고 역학은 증명이 불가능한 형이상학이라는 오해 속에 발전 속도가 둔화되었다. 따라서 저자는 고전문학, 현대천문학, 천체물리학, 수학, 인문학적 논증 등을 사용하여 구성기학의 원리를 과학적으로 규명하려고 시도하였다. 또한 구성기학 원리를 통하여 역학 전반을 관통하는 원리를 과학적으로 증명하여 역학의 논리성을 확대하는 데 기여하고자 노력하였다.

둘째, 이론과 실전의 괴리감을 최대한 극복하여 역학이 가지는 실용성을 널리 알리고 싶었다. 증명될 수 없는 비과학적 가설을 모두 배제하고 증명 가능한 물리적 실체를 가진 과학적 진실만으로 구성기학의 이론을 전개하여, 실전에서 현재 상태의 정확한 분석과 미래 예측 능력의 정밀화를 추구하였다.

셋째, 천명(天命)보다 더 강한 것은 인연(因緣)이고, 인연보다 더 강한 것은 교육을 통한 인식의 확대와 실현 의지이다. 따라서 구성기학을 통하여 인식의 확대와, 그것을 바탕으로 주어진 천명을 개척하여 자신의 존재 가치를 사회 속에서 실현시키는 방법을 제시하고 싶었다.

위와 같은 동기에서 집필되었기 때문에 이 책의 내용은 다음 순서로 구성되었다.

먼저, 구성기학의 기초 이론을 고서(古書)를 바탕으로 제시하면서 이면에 녹아 있는 역학 원리를 과학적으로 분석하였다. 또한 규명된 구성기학 원리를 확대하여 역학 전반의 원리를 통찰하였다. 따라서 구성기학이나 역학의 원리를 학술적으로 이해하기를 원하는 독자에게는 이 부분이 더 유용할 것이다.

다음으로, 구성기학의 운추론 방법과 실전 사례를 실어서 구성기학을 실용적으로 사용할 수 있도록 노력하였다. 또한 그런 실용성을 통해서 개인의 천명을 개척하여 행복한 삶을 스스로 창조하는 데 기여하고자 노력하였다. 따라서 구성기학을 실전에서 사용하려는 독자는 이 부분을 집중적으로 이해하는 것이 유용할 것이다.

인연을 맺었던 모든 시간, 공간, 사람과 앞으로 인연을 맺을 시간, 공간, 사람에게 이 책이 소중한 인식 확대의 계기가 되기를 소망한다.

2011년 2월 **이승재**

일러두기

1. 비과학적인 요소를 제거하기 위하여 자연과학적인 증명과 인문학적 논증의 통섭(通涉)을 사용하여 구성기학의 원리를 규명하였다. 또한 이를 통하여 구성기학을 과학역(科學易)의 영역으로 승화시켜 구성기학의 존재 근거와 논리 전개의 과학성을 확보하였다.

2. 역학에서 증명할 수 없는 형이상학적인 개념만을 사용하면 비과학성과 비합리성이 부각되어 존재 근거의 상실과 미래 예측의 부정확성을 초래한다. 따라서 증명 가능한 물리적 실체를 가지고 구성기학을 연구하였다.

3. 구성기학의 원리를 통해서 한 해의 시작과 하루의 시작 기준을 명쾌하게 제시하였다. 이처럼 구성기학을 통해서 역학의 전반적인 원리를 규명하려고 시도하였다.

4. 태음력(太陰曆)에서 사용되는 윤달과 비슷한 개념인 윤둔(閏遁)의 원리를 자세히 분석하여 구성기학 책력(冊曆)의 원리를 규명하였다.

5. 구성기학에 관련된 고서(古書)를 인용 문헌으로 소개하면서 이 책의 역사적 정당성과 객관성을 확보하였다.

6. 중국·일본책을 번역하는 수준이 아닌 저자의 순수한 연구성과만으로 책을 집필하였다.

CONTENTS

머리말   2
일러두기   3

01_ 구성기학의 기초 이론

1 구성기학의 이해

1. 구성기학의 의미   8
2. 구성기학의 역사   9
   1. 하도   10
   2. 낙서   11
   3. 역사적 흐름   12
3. 구성기학의 필요성과 장점   13
4. 구성기학의 구성 요소   16
   1. 구성   16
   2. 구궁   17
   3. 구성과 구궁의 관계   18
   4. 구성이 구궁을 방문하는 운동규칙   20
   5. 연반·월반·일반·시반   22
   6. 길신과 흉살   24
5. 구성기학의 해석 방법   28

2 구성기학의 활용

1. 시공간의 에너지상태 해석학   30
   1. 구성기학 명학   31
   2. 구성기학 점학   32
   3. 구성기학 점학의 길흉 예측   36
2. 시공간의 에너지상태 조절 공학   37

3 구성반의 포국법

1. 연반의 포국법   39
   1. 연구성의 생성 원리   39
   2. 연구성을 빨리 구하는 방법   59
   3. 연구성을 빨리 구하는 방법의 수학적 증명   62
2. 월반의 포국법   80
   1. 월구성의 생성 원리   80
   2. 월구성을 빨리 구하는 방법   86
3. 일반의 포국법   88
   1. 천둔과 지둔의 차이점   88
   2. 일구성의 생성 원리   90
   3. 일구성을 빨리 구하는 방법   91
4. 시반의 포국법   91
   1. 시구성의 생성 원리   91
   2. 시구성을 빨리 구하는 방법   95
5. 연월일시 구성반의 포국법 종합   99
6. 한 해의 시작과 하루의 시작   103
7. 윤둔의 설치 원리   105
   1. 윤둔 설치의 필요성   105
   2. 윤둔의 설치 방법   106
8. 반복된 숫자의 변환 방식과 사용 원리   109
   1. 배합괘를 이용한 숫자 변환   109
   2. 숫자 변환이 사용되는 경우   111

4 길신과 흉살의 포국법

1. 흉살 113
- ① 흉살의 특성 114
- ② 오황살 115
- ③ 암검살 117
- ④ 파살 120
- ⑤ 대충 123
- ⑥ 본명살 128
- ⑦ 본명적살 128

2. 삼합선과 길신 129
- ① 삼합선 129
- ② 길신 132

3. 포국 실전연습 134

02_ 구성기학의 운추론

1 운추론의 원리와 방법

1. 구성 상의의 의미와 분류 140
- ① 궁과 수를 기준으로 하는 분류 141
- ② 유사한 구성 상의의 구별 146
- ③ 구성 상의 유추과정 148

2. 운을 추론하는 방법 150
- ① 궁이 주어인 경우 150
- ② 궁이 서술어인 경우 150
- ③ 궁을 주어 + 서술어로 해석하는 경우 151
- ④ 동회하는 숫자를 목적어 또는 부사어로 해석하는 경우 152
- ⑤ 구성숫자와 궁을 교대로 해석하는 경우 153
- ⑥ 용이 되는 수를 개별적으로 해석하는 경우 156
- ⑦ 중궁을 원인으로 해석하는 경우 156
- ⑧ 중면법 158
- ⑨ 초면법 159
- ⑩ 오면법 162
- ⑪ 수동태법 163
- ⑫ 길흉 판단에서 신살과 오행 생극의 차이점 164

3. 체용 구성기학 166
- ① 체 167
- ② 용 172
- ③ 좌궁용 176
- ④ 연좌법 184
- ⑤ 연동법 185
- ⑥ 체용 구성기학 운추론법의 구조 187
- ⑦ 대충의 심화학습 188
- ⑧ 동회의 심화학습 203
- ⑨ 일시반의 시간 순서와 구조 209
- ⑩ 간지를 붙이는 원리 212
- ⑪ 운추론시 주의사항 214

2 운추론의 실제 사례

1. 체에 대한 운추론 216
2. 용과 좌궁용에 대한 운추론 226

부록_ 구성책력(2008~2015)

누구나 태어나는 순간의 연월일시에 의해서 시공간의 에너지를 갖게 되고, 이 에너지의 상태에 따라서 성격·신체적 특징·육친의 복덕·재능·운 등의 거시적인 흐름을 부여받는다.

그러나 사람의 운명에는 가변성(可變性)이 존재한다. 과학기술의 발달과 정치·경제·사회 변화로 인해 평균수명 연장, 독신 증가, 출산율 감소 등 인간 삶의 모습이 변화하고 있고, 개인의 운명 역시 가변성이 커지고 있다.

구성기학은 운명의 가변성을 설명할 수 있는 가장 강력한 상수역학의 하나로, 현재 처해진 환경과 운을 측정하여 적극적으로 운세를 개척할 때 주로 사용된다.

즉, 구성기학은 태어날 때 주어지는 운명이라는 거시적인 흐름 속에서 현재 처해진 운명의 상태를 측정하고, 나아가 그 측정 결과를 바탕으로 방위나 시기 선택 등 운세를 개척하는 행동을 통해 태어날 때 주어진 운명의 흐름까지도 개척할 수 있는 강력한 점학이다.

구성기학은 구성과 구궁을 통해 처해진 운명의 상태를 측정한다. 구성은 낙서(洛書)에 나오는 1부터 9까지의 자연수이고, 구궁은 낙서를 9칸으로 나눈 고정된 장소로서 구성에 공간 개념을 도입한 것이다. 즉, 구성이 시간 변화에 따라서 머무르는 공간이 바로 구궁이다.

사람은 태어난 연도에 의해 본명성(本命星)이 정해지는데, 구성기학은 이 본명성이 연월일시 구성반의 어느 궁에 머무는지를 통해 점(占)의 대상인 사람이 현재 어떤 상황에 처해 있고, 무엇을 하고 있는가를 파악한다. 나아가 현재 상황이 미래에 어떤 결말을 맺을지를 추정한다.

구성기학의 기초 이론 01

Chapter 1 구성기학의 이해
　1. 구성기학의 의미
　2. 구성기학의 역사
　3. 구성기학의 필요성과 장점
　4. 구성기학의 구성 요소
　5. 구성기학의 해석 방법

Chapter 2 구성기학의 활용
　1. 시공간의 에너지상태 해석학
　2. 시공간의 에너지상태 조절 공학

Chapter 3 구성반의 포국법
　1. 연반의 포국법
　2. 월반의 포국법
　3. 일반의 포국법
　4. 시반의 포국법
　5. 연월일시 구성반의 포국법 종합
　6. 한 해의 시작과 하루의 시작
　7. 윤둔의 설치 원리
　8. 반복된 숫자의 변환 방식과 사용 원리

Chapter 4 길신과 흉살의 포국법
　1. 흉살
　2. 삼합선과 길신
　3. 포국 실전연습

part 1 구성기학의 기초 이론

구성기학의 이해

1. 구성기학의 의미

우리가 살아가는 순간은 연월일시에 따라 구성(九星)과 간지(干支)로 나타낼 수 있다. 구성은 별을 의미하는 1부터 9까지의 숫자이고, 간지는 10천간과 12지지를 뜻한다. 구성기학(九星氣學)은 점학(占學)의 한 가지로, 점을 치는 순간의 연월일시에 각각 배당되는 구성과 간지를 9개의 칸으로 이루어진 구궁(九宮)에 배치하여 길흉을 판단하는 상수역학(象數易學)이다.

일반적으로 역학은 상수역학과 의리역학으로 나누어진다. 동양철학의 근간을 이루는 『주역(周易)』의 64괘를 활용하여 미래의 운을 예측하는 것이 상수역학이고, 『주역』의 사상과 도덕을 바탕으로 사물의 윤리적 의의를 설명하는 것이 의리역학이다.

구성과 구궁은 쉽게 말해 사람과 사물이 처해 있는 시간과 공간을 나타낸다. 사람의 행위뿐만 아니라 모든 사물의 존재와 변화가 시간과 공간 속에서 이루어진다. 1부터 9까지 9개의 숫자로 이루어진 구성은 시간을 나타내고, 9개의 칸으로 이루어진 구궁은 방위와 공간을 나타내며 구성이 머무르는 장소이다. 그러므로 구성기학의 원리를 이해하기 위해서는 무엇보다 구성과 구궁에 대해서 잘 알아야 한다. 구성과 구궁에 대해서는 이어지는 구성기학의 구성 요소에서 자세하게 다룰 것이다.

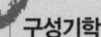 **구성기학**

점을 치는 순간의 연월일시를 구성과 간지로 변환한 다음, 구궁에 배치하여 사람과 사물에 대해 예측하는 점학의 한 가지이다. 구성과 구궁은 우리가 살아가는 시공간을 상징한다.

앞서 구성기학은 상수역학이라고 설명하였다. 수학의 관점에서 살펴보면, 구성기학은 사람을 포함한 삼라만상을 구궁이 나타내는 9개 방위와, 이 방위들을 관장하는 초월적 힘인 구성으로 분류하여 설명하는 일종의 집합론(集合論)이다. 집합론은 명확한 기준에 의해서 정해지는 집합을 연구하는 수학 이론으로서, 구성기학은 주로 『주역(周易)』「설괘전(說卦傳)」으로부터 도출된 구성 상의(象意)를 가지고 삼라만상을 9개의 집합으로 분류하여 시간을 상징하는 구성과 공간을 상징하는 구궁에 대입시켜 점을 친다. 따라서 삼라만상을 9개의 집합으로 분류하는 과정이 정확해야만 구성기학의 적중률을 보장할 수 있다.

또한 구성기학은 구궁에 팔괘(八卦)와 간지, 그리고 각종 신살(神殺)을 배치하여 점을 치는 순간의 연월일시에 결정되는 시공간의 에너지상태를 해석하고, 그 해석 결과를 바탕으로 방위와 시기, 만나는 사람 등을 선택하여 운명을 개척하는 역학공학(易學工學)이다.

사람은 매순간 위치하는 공간에 의해서 길흉화복(吉凶禍福)과 하는 일이 결정되는데, 그 공간을 채우고 있는 것이 대기이다. 바로 이 대기가 사람이 위치한 공간을 지배하고, 대기는 하늘의 기(氣)인 구성의 지배를 받는다. 이러한 이유 때문에 구성학(九星學)이라는 용어보다는 구성기학(九星氣學)이라는 용어를 주로 사용한다.

2. 구성기학의 역사

구성기학은 구성학(九星學), 기학(氣學), 구성술(九星術), 구성점(九星占), 방위학(方位學) 등의 여러 가지 이름으로 불린다. 구성기학은 중국 고대의 하도(河圖)와 낙서(洛書)에 기원을 두고 있다. 그 중에서도 낙서에 있는 9개 칸을 공간을 상징하는 구궁으로 사용하고, 낙서에 나오는 1부터 9까지의 자연수를 시간을 상징하

하도와 낙서

오행의 상생작용을 나타내는 하도는 삼라만상과 오행의 근본 바탕이 되고, 오행의 상극작용을 나타내는 낙서는 삼라만상과 오행이 겉으로 드러나서 운행되는 이치를 보여준다.

는 구성으로 사용하는 등 낙서의 영향을 많이 받았다.

낙서는 삼라만상과 오행이 겉으로 드러나서 운행되는 현상(現狀)이고, 하도는 이와 대조되는 개념으로서 삼라만상과 오행의 근본 바탕인 몸체가 된다. 따라서 구성기학을 이해하기 위해서는 낙서를 알아야 하고, 순차적으로 낙서를 이해하기 위해서는 하도부터 알아야 한다.

1 하도

하도는 지금으로부터 약 5천여 년 전에 중국 황하(黃河)에서 나타난 머리는 용, 몸은 말인 용마(龍馬)의 등에 55개의 점으로 그려져 있던 그림을 말한다. 그 그림에는 1에서 10까지의 자연수가 동서남북 사방과 중앙에 배치되어 있었고, 홀수는 양점(陽點 : ○)으로 짝수는 음점(陰點 : ●)으로 표시되어 있었다. 즉, 홀수 1·3·5·7·9는 양으로 흰 점이고, 짝수 2·4·6·8·10은 음으로 검은 점이며, 중앙수 5와 10은 각각 흰 점과 검은 점이다.

한편, 동서남북 사방에 배치된 1~10의 자연수는 각각 둘씩 짝을 이루어 오행과 방위와 계절을 나타낸다. 정리하면 다음과 같다.

① 1·6은 오행은 수(水), 계절은 겨울, 방위는 북이다.
② 2·7은 오행은 화(火), 계절은 여름, 방위는 남이다.
③ 3·8은 오행은 목(木), 계절은 봄, 방위는 동이다.
④ 4·9는 오행은 금(金), 계절은 가을, 방위는 서이다.
⑤ 5·10은 오행은 토(土), 계절은 환절기, 방위는 중앙이다.

오행 목화토금수(木火土金水)는 낳아주고 도와주는 생(生)과, 자극하고 억누르는 극(剋)을 주고받는다. 하도의 오행은 시계방향으로 회전하면서 수생목(水生木)

→ 목생화(木生火) → 화생토(火生土) → 토생금(土生金) → 금생수(金生水)를 한다. 하도는 이렇게 오행이 생작용을 하면서 우주만물이 형성되는 것을 보여주고, 우주만물과 오행의 근본 바탕인 몸체가 된다.

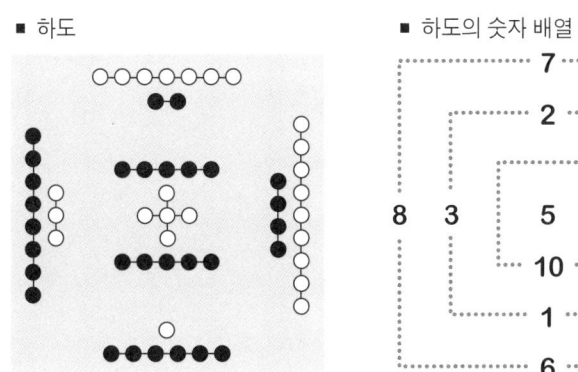

■ 하도   ■ 하도의 숫자 배열

2 낙서

한편 낙서는 지금으로부터 약 4천여 년 전에 중국 하(夏)나라 우왕(禹王)이 홍수를 다스리기 위해 낙수(洛水)라는 마을에서 치수 공사를 하던 중 신기한 거북[神龜]이 나타났는데, 이 거북의 등에 45개의 점으로 이루어져 있던 그림을 말한다.

낙서 역시 홀수는 양점(陽點 : ○)으로 짝수는 음점(陰點 : ●)으로 표시되어 있지만, 중앙의 10이 없어지고 5만 남아 있다. 또한 하도에서는 양의 수와 음의 수가 짝을 이루어 동서남북 사방에 자리잡고 있지만, 낙서에서는 그러한 조합이 깨어지고 각각의 수가 따로 자리하고 있다. 더불어 낙서의 숫자 배열은 가로·세로·대각선의 합이 모두 15가 된다.

가장 큰 차이점은 하도의 오행은 시계방향으로 회전하면서 서로 상생하는 방향으로 흘러가지만, 낙서는 그와 반대로 시계반대방향으로 회전하면서 수극화(水剋火) → 화극금(火剋金) → 금극목(金剋木) → 목극토(木剋土) → 토극수(土剋水)를 한다는 점이다. 즉, 하도가 오행이 생작용을 하여 우주만물이 형성되는 것을 보여준다면, 낙서는 우주만물이 형성된 후 겉으로 드러나서 운행되는 이치를 보여준다. 나아가 하도는 우주의 선천적인 체(體)를 보여준다고 하여 하도에 나오는 숫자를 선천수(先天數)로 정했고, 낙서는 후천적인 용(用)을 보여준다고 하여 낙서에 나오는 숫자를 후천수(後天數)라고 불렀다.

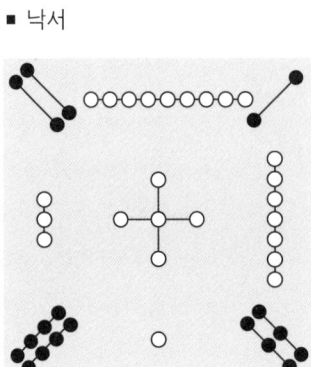

■ 낙서

■ 낙서의 숫자 배열

4	9	2
3	5	7
8	1	6

3 역사적 흐름

이제까지 설명한 것처럼 구성기학의 기원은 지금으로부터 약 5천여 년 전으로 거슬러 올라간다. 그러나 실제로 구성기학이 시작된 것은 백제시대부터라고 해도 과언이 아니다. 『일본서기(日本書紀)』에 의하면, 일본의 스이코 천황[推古天皇] 때인 602년에 백제의 승려 관록(觀勒)이 『역본(曆本)』, 『천문지리서(天文地理書)』, 『둔갑방술(遁甲方術)』을 일본에 전해주었다고 하는데, 이 중에서 『둔갑방술』이 바로 구성기학을 다룬 책이다. 이런 사실로 미루어 구성기학의 창시자는 백제임을 알 수 있다.

관록이 『둔갑방술』을 일본에 전파한 이후 구성기학은 주로 일본에서 발전하고 크게 부흥하였으며, 현재까지 일본에서 가장 각광받고 주로 사용하는 술수(術數)가 되었다. 일본에서 『둔갑방술』은 전략(戰略)의 도구로 은밀하게 사용되다가 전국시대(戰國時代)에 무사들이 많이 활용하였다. 에도시대[江戶時代, 1603~1868년]

에 이르러 일반 백성들에게 전파되었고, 명치(明治) 42년인 1909년에 소노다 신지로[園田真次郎]가 당시까지의 구성술(九星術)과 간지의 방법, 둔갑(遁甲)의 팔문(八門) 등의 체계를 종합하여 '기학(氣學)'으로 알기 쉽게 집대성하였다. 이것에 의해 현대의 구성기학 기초가 확립되었고, 그 이후로 구성기학이 일본의 일반 대중에게 침투해 나가게 되었다.

구성기학의 창시자가 우리의 선조인 백제였음에도 불구하고, 우리나라에서 구성기학의 연구와 보급은 아직까지 미비한 수준에 머물고 있다. 하지만 구성기학이 가장 활성화된 일본에서도 현재의 구성기학 체계를 갖추게 된 것은 100여 년 정도에 지나지 않는다. 지금부터 우리나라에서 구성기학 연구와 보급이 활성화된다면 오래 지나지 않아서 구성기학의 종주국으로서 위상을 회복할 수 있을 것이다.

3. 구성기학의 필요성과 장점

구성기학의 창시자가 우리나라라는 점을 제외하고서도 구성기학을 연구해야 하는 이유가 있다. 구성기학은 기존에 우리나라와 중국, 대만, 홍콩, 동남아 등에서 사용되어오던 어떠한 술수(術數)보다도 도표의 제작(포국이라고 한다)이 매우 쉽고 간결하다. 따라서 장소와 시간에 구애받지 않고 곧바로 사용할 수 있을 뿐 아니라, 매우 정밀한 예측력을 바탕으로 시간과 공간을 선택하여 적극적으로 운세를 개척할 수 있는 장점이 있다.

현재까지 우리나라에서 역학의 주류를 이루고 있는 것은 사주명리학이다. 사주명리학은 주로 명학(命學)으로 사용되는 상수역학인데, 명학은 사람이 태어나는 순간의 연월일시에 의해서 부여받는 성격, 신체적 특징, 육친(六親)의 복덕(福德), 재능과 같은 개인의 선천

> **✓ 구성기학의 장점**
> 연월일시만 알면 바로 포국을 할 수 있어 간편하고, 세밀한 내용까지 추론할 수 있으며, 운명의 가변성을 바탕으로 적극적으로 운세를 개척하는 방법을 제시해준다.

적인 특징을 제시하고, 또한 나이라는 시간의 흐름 속에서 개인의 선천적인 특징과 개인을 둘러싼 환경에서 주어지는 운세의 거시적인 흐름을 해석하는 기본 틀을 제시한다. 다시 말해서, 명학은 운명이라는 단어처럼 사람이 태어나는 순간의 연월일시에 의해서 평생 동안의 운을 명령받는 것을 해석하는 학문이다.

그러나 사람의 운명은 가변성(可變性)이 존재한다. 옛날에는 사람의 평균수명이 짧았지만 현대에는 의학의 발달로 인해 평균수명이 점점 길어지고 있다. 또한 옛날에는 조혼 풍습 때문에 일찍 결혼했지만 현대에는 늦게 결혼하는 경향이 있다. 그뿐인가. 출산율 역시 옛날보다 급격하게 감소하여 사회문제가 되고 있다. 이렇게 시대의 흐름에 따라 인간 삶의 모습도 변화하고 있고, 개인의 운명 역시 가변성이 커지고 있다.

그런데 이러한 운명의 가변성 때문에 태어날 때부터 운명이 결정되어 있다는 명학은 존재 가치를 의심받게 되었다. 더불어 명학의 몰락은 역학을 양지의 정규 학문이 아닌 음지의 편벽된 사술(邪術)로 편입시켜버렸다. 이런 상황 속에서 운명의 가변성을 설명할 수 있는 유연한 체계를 가진 상수역학의 필요성이 강력하게 대두되었다.

운명의 가변성을 설명할 수 있는 상수역학 중에서 가장 강력한 것 중의 하나가 바로 구성기학이다. 구성기학은 태어날 때 주어지는 운명이라는 거시적인 흐름 속에서 현재 처해진 운명의 상태를 측정하고, 나아가 그 측정 결과를 바탕으로 방위나 시기 선택 등 운세를 개척하는 행동을 통해 태어날 때 주어진 운명의 흐름까지도 바꿀 수 있는 강력한 점학이기 때문이다. 또한 구성기학은 운명의 가변성을 설명할 뿐만 아니라 운명의 가변성을 능동적으로 조작할 수 있는 강력한 역학공학이다.

한편 운명의 가변성은 현대의 후성유전학(後成遺傳學)에 의해서도 잘 설명된다.

후성유전학은 선천적으로 타고난 유전자가 환경에 반응하면서 변형이 발생하여 체질이 바뀌거나 새로운 질병이 발생하는 것 등을 연구하는 학문이다. 후성유전학에 대해서 예를 들면, 선천적으로 살이 안 찌는 체질을 타고난 사람이라도 콜라와 같은 인스턴트 식품을 계속 먹으면 사람 몸에 있는 유전자인 DNA가 그 인스턴트 식품과 반응하면서 변형되어 계속 살찌는 체질로 변하게 된다.

후성유전학과 구성기학을 비교하면 구성기학의 필요성을 더 잘 이해할 수 있다. 선천적으로 타고난 유전자는 태어날 때 주어지는 운명에 대응되고, 이 유전자가 환경과 반응하면서 변형이 발생하는 것은 구성기학을 통해 현재 처해진 운명의 상태를 측정하고 운세를 개척하는 행동을 실행하여 그 운명의 흐름을 개척하는 것에 대응된다. 이처럼 후성유전학을 이용하여 사람의 체질이나 건강상태 등을 조절할 수 있듯이, 구성기학을 이용하여 타고난 운명을 개척할 수 있기 때문에 사람의 행복한 생활을 위해서 구성기학은 반드시 필요하다.

구성기학의 장점을 정리하면 다음과 같다.

① 구성기학은 점을 치는 연월일시에 의해서 산출된 표를 해석에 사용한다. 이 표를 명반(命盤)이라고 하는데, 그리기 쉬우면서도 시간이 많이 걸리지 않는다. 다시 말해서, 구성기학은 명반의 포국(布局)이 쉬우면서도 신속하게 이루어진다.

② 구성기학을 사용하여 사건이 발생하는 시간과 공간을 알 수 있고, 시간과 공간을 선택하여 운세를 개척할 수 있다. 즉, 자신의 운세를 알 수 있을 뿐만 아니라 각각의 방위에 존재하는 에너지상태를 판단하여 길한 방위를 찾아내고, 그 길한 방위로 이동하거나 그 방향의 물을 마시는 등의 개운법(開運法)을 통하여 적극적으로 운세를 개선해 나갈 수 있다. 특히 구성기학은 공간을 통하여 방위를 판단할 수 있는 점이 다른 술수(術數)와 비교해서 큰 장점이다.

③ 구성기학은 점을 치는 순간의 연월일시를 가지고 명반을 포국한다. 연

> **명반의 객관성과 재현성**
> 연월일시로 명반을 포국하므로 작성자의 의도나 주관이 개입되지 않고, 명반의 구조가 같으면 항상 같은 사건이 재현된다.

월일시는 천문학적 원리에 의해 결정되는 것이므로, 구성기학은 사람의 감정상태나 건강상태에 따라 명반의 포국이 달라지지 않고 언제나 객관적이고 재현성이 있는 명반을 포국할 수 있다. 이러한 객관성과 재현성으로 인해 구성기학은 과학적인 신뢰감을 준다. 여기에서 재현성이 있다는 것은 어느 시간에 어느 누가 구성기학으로 점을 치더라도 명반의 구조가 같으면 항상 같은 사건이 재현된다는 뜻이다.

④ 구성기학은 실생활에서 응용할 수 있는 개운법이 많다. 예를 들면, 출근 전에 구성기학을 보아서 흉살이 있는 길을 피해 갈 수도 있고, 옷을 고를 때 대인관계에 유리한 색상을 선택할 수도 있으며, 사람을 만나는 시간과 장소를 선택할 수도 있다.

4. 구성기학의 구성 요소

1 구성

구성은 수이다. 구체적으로는 낙서에 나오는 1부터 9까지의 자연수를 말하는데, 이런 자연수에 고유한 색깔과 오행(五行)을 붙여서 구성을 가리킨다.

먼저 낙서에 나오는 숫자 1의 색깔은 하얀색이고 오행은 수(水)가 되므로 낙서의 숫자(낙서수) 1은 일백수성(一白水星)이라는 하나의 별이 된다. 또한 낙서에 나오는 숫자 2의 색깔은 검은색이고 오행은 토(土)가 되므로 낙서의 숫자 2는 이흑토성(二黑土星)이라는 하나의 별이 된다. 숫자 3의 색깔은 푸른색이고 오행은 목(木)이 되므로 낙서수 3은 삼벽목성(三碧木星)이라는 하나의 별이 된다. 숫자 4의 색깔은 녹색이고 오행은 목(木)이 되므로 4는 사록목성(四綠木星)이라는 하나의 별이 된다. 숫자 5의 색깔은 황색이고 오행은 토(土)가 되므로 5는 오황토성(五黃土星)이라는 하나의 별이 된다. 숫자 6의 색깔은 하얀색이고 오행은 금(金)이 되므로 6은 육백금성(六白金星)이라는 하나의 별이 된다. 숫자 7의 색깔은 붉은색이고 오행은 금

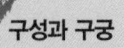

구성과 구궁

구성은 낙서에 나오는 1부터 9까지의 자연수이고, 구궁은 낙서를 9칸으로 나눈 공간이다. 구궁은 고정되어 있는 장소이고, 구성은 구궁을 시간에 따라 방문하는 손님이다.

(金)이 되므로 7은 칠적금성(七赤金星)이라는 하나의 별이 된다. 숫자 8의 색깔은 하얀색이고 오행은 토(土)가 되므로 8은 팔백토성(八白土星)이라는 하나의 별이 된다. 마지막으로 숫자 9의 색깔은 자주색이고 오행은 화(火)가 되므로 9는 구자화성(九紫火星)이라는 하나의 별이 된다.

이처럼 낙서에 나오는 1부터 9까지의 자연수는 그 숫자 자체가 하나의 별이 되어 고유한 색깔과 오행을 갖게 되므로, 구성기학에서는 낙서에 나오는 1부터 9까지의 자연수 모두가 9개의 별이 된다는 의미에서 구성(九星)이라는 별명을 사용하였으며, 구성이 숫자라는 의미를 강조하기 위하여 구성숫자라고도 부른다.

2 구궁

구궁은 낙서에 있는 9개의 칸을 말하며, 시간 변화에 따라서 각각의 구성숫자는 낙서의 숫자 배열 원칙을 운동규칙으로 삼아 낙서에 있는 칸을 하나씩 차지한다. 다시 말해서, 구궁은 고정되어 있는 장소인 반면, 이 안에 들어오는 구성은 시간 변화에 따라 달라진다. 즉, 구궁은 시간의 요소인 구성이 손님이 되어서 낙서의 숫자 배열에 따라 순회하는 공간으로서, 동서남북 사방과 다시 그 사이의 서남·서북·동남·동북의 네 방향을 더한 팔방, 그리고 중앙을 더하여 9개 방위를 좌표로 가진다. 또한 구궁이 가지는 방위는 실제로 점을 치는 순간에 사람과 사물이 위치한 방위를 추정할 때 사용된다.

구궁은 낙서에 배치된 후천팔괘(後天八卦)를 이용하여 감궁(坎宮), 곤궁(坤宮), 진궁(震宮), 손궁(巽宮), 건궁(乾宮), 태궁(兌宮), 간궁(艮宮), 이궁(離宮), 중궁(中宮)으로 구분하여 부른다. 낙서와 후천팔괘의 유래에 대해서 알아보면 다음과 같다. 고대 중국의 최초 국가인 하(夏)나라 이전에는 전설적 시대인 삼황오제(三皇五帝) 시대가 있었다. 이 때 삼황의 한 사람인 복희씨(伏羲氏)가 하도를 보고서 팔괘(八卦)를 그렸는데, 그것을 복희팔괘(伏羲八卦) 또는 선천팔괘(先天八卦)라고 한다. 한편 주(周)나라 문왕(文王)이 낙서에 맞게 복희팔괘를 수정하여 새롭게 그린 팔괘를 문왕팔괘(文王八卦) 또는 후천팔괘(後天八卦)라고 한다. 정리하면, 문왕에 의해서 낙서의 구궁에 배치된 것이 후천팔괘이고, 이 후천팔괘의 이름을 사용하여 구궁을 구성과 구분하여 가리킨다.

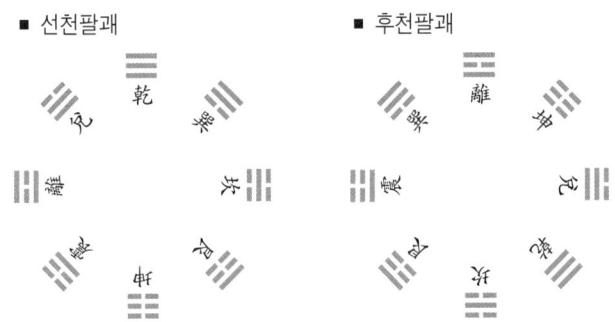

❸ 구성과 구궁의 관계

구성은 낙서의 숫자 배열에 따라서 구궁을 순회한다. 구성이 손님이 되어서 구궁이라는 집을 일정한 규칙으로 방문한다고 보면 된다. 각각의 낙서수에 고유한 색깔과 오행을 붙이면 구성이 된다. 낙서의 구궁에는 후천팔괘를 배분한다.

■ 구성과 구궁의 특성

구성숫자	명칭	색	오행	방위	궁	괘
1	일백수성(一白水星)	하얀색	수(水)	북	감궁(坎宮)	☵
2	이흑토성(二黑土星)	검은색	토(土)	서남	곤궁(坤宮)	☷
3	삼벽목성(三碧木星)	푸른색	목(木)	동	진궁(震宮)	☳
4	사록목성(四綠木星)	녹색	목(木)	동남	손궁(巽宮)	☴
5	오황토성(五黃土星)	황색	토(土)	중앙	중궁(中宮)	없음
6	육백금성(六白金星)	하얀색	금(金)	서북	건궁(乾宮)	☰

구성숫자	명칭	색	오행	방위	궁	괘
7	칠적금성(七赤金星)	붉은색	금(金)	서	태궁(兌宮)	☱
8	팔백토성(八白土星)	하얀색	토(土)	동북	간궁(艮宮)	☶
9	구자화성(九紫火星)	자주색	화(火)	남	이궁(離宮)	☲

■ 구성과 후천팔괘(구성 정위반)

四綠木星 (巽宮 : ☴)	九紫火星 (離宮 : ☲)	二黑土星 (坤宮 : ☷)
三碧木星 (震宮 : ☳)	五黃土星 (中宮)	七赤金星 (兌宮 : ☱)
八白土星 (艮宮 : ☶)	一白水星 (坎宮 : ☵)	六白金星 (乾宮 : ☰)

예를 들어, 다음과 같은 구성기학 도표(명반이라고 한다)를 해석할 때 손궁에는 삼벽목성(구성숫자는 3)이 머무른다고 표현한다.

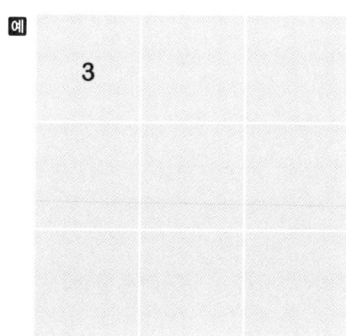

즉, 구궁에서 각각의 궁을 가리킬 때는 팔괘를 사용하고, 구성에서 각각의 별[星]을 가리킬 때는 구성이 가지는 색과 오행을 한꺼번에 보여주는 일백수성(一白水星), 이흑토성(二黑土星), 삼벽목성(三碧木星), 사록목성(四綠木星), 오황토성(五黃土星), 육백금성(六白金星), 칠적금성(七赤金星), 팔백토성(八白土星), 구자화성(九紫火星)을 사용한다.

4 구성이 구궁을 방문하는 운동규칙

사주명리학에서 사주팔자를 알기 위해 만세력을 본다면, 구성기학에서는 구성책력(九星冊曆)을 본다. 구성책력은 점을 치는 순간의 연월일시에 대응하는 구성숫자가 기입된 달력으로, 연반(年盤)·월반(月盤)·일반(日盤)·시반(時盤)의 중궁에 들어가는 구성숫자를 쉽게 확인할 수 있다.

구성책력을 보고 구성숫자를 확인한 다음, 연반·월반·일반·시반에 다음 낙서순행운동처럼 숫자가 1씩 증가하는 순서대로 적어 나간다. 이렇게 중궁부터 시작하여 낙서수의 배치대로 숫자를 기입하는 운동방식을 낙서순행운동이라고 부르는데, 이 낙서순행운동이 바로 구성이 구궁을 방문하는 운동규칙이다.

여기에서 연반은 점을 치는 순간이 속한 연도를 대표하는 구성숫자인 연구성(年九星)을 중궁에 기입한 다음, 나머지 구성숫자를 낙서순행운동에 의해서 각 궁에 배치한 명반을 말한다. 마찬가지로 월반은 점을 치는 순간이 속한 월(月)을 대표하는 구성숫자인 월구성(月九星)을 중궁에 기입한 다음 나머지 구성숫자를 낙서순행운동에 의해서 각 궁에 배치한 명반이고, 일반은 점을 치는 순간이 속한 일(日)을 대표하는 구성숫자인 일구성(日九星)을 중궁에 기입한 다음 나머지 구성숫자를 낙서순행운동에 의해서 각 궁에 배치한 명반이며, 시반은 점을 치는 순간이 속한 시(時)를 대표하는 구성숫자인 시구성(時九星)을 중궁에 기입한 다음 나머지 구성숫자를 낙서순행운동에 의해서 각 궁에 배치한 명반이다.

> **✓ 낙서순행운동**
>
> 1부터 9까지의 구성숫자가 낙서의 숫자 배치 순서대로 구궁을 방문하는 원칙. 연반·월반·일반·시반의 중궁에 들어가는 구성숫자가 정해지면, 그 다음 숫자부터 1씩 늘어나는 순서대로 낙서의 숫자 배치를 따라 적어 나간다.

다만, 대부분의 구성책력에서는 시구성을 따로 표시하지 않는다. 시구성은 일구성과 일구성이 소속된 날짜에 근거하여 간단한 계산으로 구할 수 있기 때문이다.

낙서순행운동은 말 그대로 1부터 9까지의 구성숫자가 순서대로 순행(順行)하는 것이다. 구궁에 들어가는 구성숫자를 기본 낙서수로 가정하면, 다음 첫 번째 그림 중앙의 구성숫자는 5가 된다. 순행하므로 5부터 시작하여 6 → 7 → 8 → 9 → 1 → 2 → 3 → 4 → 5의 순서로 구성숫자가 진행된다.

■ 낙서순행운동

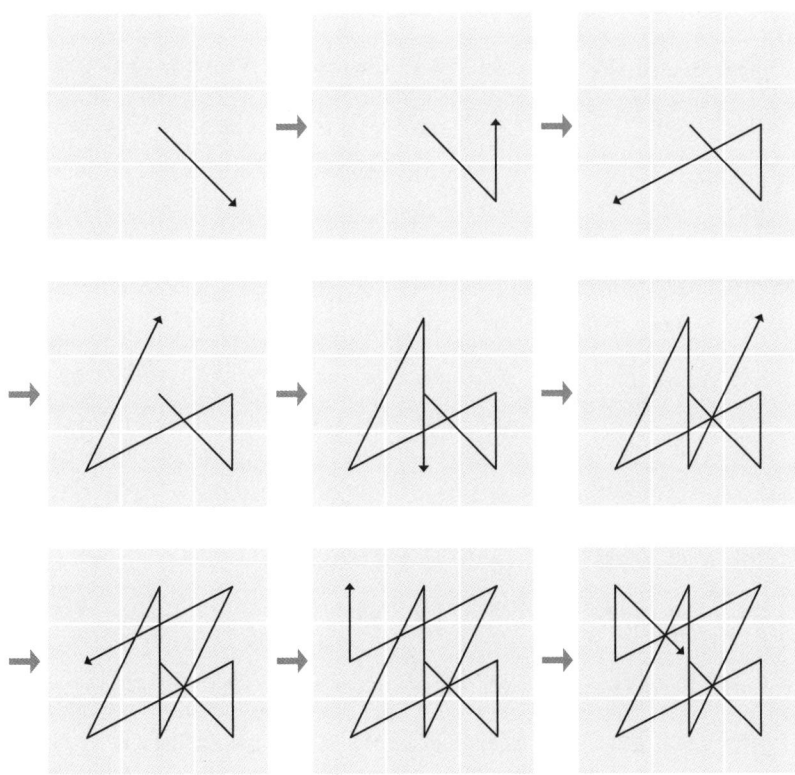

위의 과정을 하나의 그림으로 나타내면 다음과 같다.

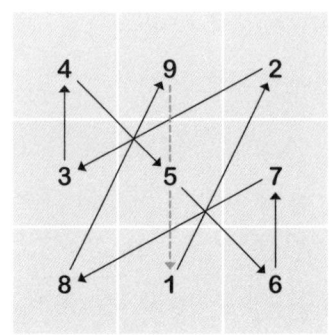

예를 들어, 2010년 경인(庚寅)년을 상징하는 중궁의 구성숫자(연구성)는 8이다. 따라서 다음과 같이 중궁에 8을 기입하고, 나머지 궁에 들어가는 숫자의 포국은 낙서순행운동을 한다. 이때 1부터 9까지의 숫자만 사용하므로, 9 다음에는 반드시 1이 나온다.

예		
7	3	5
6	8	1
2	4	9

5 연반 · 월반 · 일반 · 시반

점을 치는 순간의 연월일시는 방위마다 공간의 에너지상태가 다르다. 이 에너지 상태를 해석하기 위해 구성숫자를 사용하여 연반, 월반, 일반, 시반을 배치한다. 구성숫자를 기입하는 순서는 낙서순행운동, 즉 앞서 설명한 구성이 구궁을 방문하는 운동규칙을 참고한다.

1) 연반

연월일시 중에서 연(年)은 시(時), 일(日), 월(月)의 가장 위 상층에 존재한다. 이렇게 시간의 길이와 크기가 가장 큰 연의 지배를 받는 방위 공간의 에너지상태를 해석하기 위해 구성숫자를 구궁에 배치한 명반이 바로 연반이다.

> ✓ **연반 · 월반 · 일반 · 시반**
> 각각 점을 치는 연월일시 방위 공간의 에너지 상태를 해석하는 도구로, 연구성 · 월구성 · 일구성 · 시구성을 중궁에 기입한 후 낙서순행운동에 따라 나머지 궁에 구성숫자를 기입하여 완성한다.

    연반은 특정한 한 해를 상징하기 위해서 사용되며, 연도에 따라서 결정되는 구성숫자인 연구성(年九星)을 중궁에 기입한 후, 구성이 구궁을 방문하는 운동규칙인 낙서순행운동에 따라서 나머지 궁에 구성숫자를 기입하여 완성한다.

2) 월반

월반은 점을 치는 순간의 연월일시 중에서 두 번째로 큰 단위인 월(月)의 지배를 받는 방위 공간의 에너지상태를 해석하기 위해 구성숫자를 구궁에 배치한 명반을 말한다.

    월반은 특정한 달을 상징하기 위해서 사용되며, 해당 달에 따라서 결정되는 구성숫자인 월구성(月九星)을 중궁에 기입한 후, 구성이 구궁을 방문하는 운동규칙인 낙서순행운동에 따라서 나머지 궁에 구성숫자를 기입하여 완성한다.

3) 일반

일반은 점을 치는 순간의 연월일시 중에서 일(日)의 지배를 받는 방위 공간의 에너지상태를 해석하기 위해 구성숫자를 구궁에 배치한 명반을 말한다. 여기서 일은 점을 치는 현재와 가장 밀접한 시간 단위인 시의 전체 공간으로 작용한다.

    일반은 특정한 날을 상징하기 위해 사용되며, 해당 날에 따라서 결정되는 구성숫자인 일구성(日九星)을 중궁에 기입한 후, 구성이 구궁을 방문하는 운동규칙인 낙서순행운동에 따라서 나머지 궁에 구성숫자를 기입하여 완성한다.

4) 시반

시반은 점을 치는 순간의 연월일시 중에서 현재(지금 바로 이 순간)와 가장 밀접한 시의 지배를 받는 방위 공간의 에너지상태를 해석하기 위해 구성숫자를 구궁에 배치한 명반을 말한다.

시는 연월일시 중에서 길이가 가장 짧은 시간의 최소 단위이자 점을 치는 순간을 포함하는 최소 단위이다. 따라서 점을 치는 순간의 연월일시 중에서 점을 치는 현재와 가장 밀접한 것은 시이다. 또한 24시간이 모여 하루가 되듯이, 시는 시간의 계층구조상 일에 포함되어 있다. 따라서 시반의 구성숫자 배치는 일반의 구성숫자 배치에 의해 결정되고, 그 결과 시반의 상황은 일반에 의해서 결정되는 그 날의 전체 환경 아래 발생하게 된다.

시반은 특정한 시간을 상징하기 위해서 사용되며, 해당 시에 따라서 결정되는 구성숫자인 시구성(時九星)을 중궁에 기입한 후, 구성이 구궁을 방문하는 운동규칙인 낙서순행운동에 따라서 나머지 궁에 구성숫자를 기입하여 완성한다.

6 길신과 흉살

연반·월반·일반·시반의 구성반(九星盤)은 특정 공간에서 점을 치는 시간의 구궁이 가지는 에너지상태를 보여준다. 다시 말해, 구성반은 점을 치는 순간 각각의 궁에 머무르는 별(구성숫자)이 그 궁에 의해서 어떻게 물들고, 그 결과 무엇을 하는지 해석 수단만을 제공한다. 이러한 구성반에 길흉을 부여하는 것이 길신(吉神)과 흉살(凶殺)이다. 길신은 모든 흉살을 풀어주고 길함과 행운을 불러들이는 반면, 흉살은 방해작용과 재난을 초래한다.

> ✔ **구성기학의 길신**
> 흉살의 흉한 작용을 풀어주고 행운을 불러들인다. 태세신은 연월일시 중 연지의 방향으로 연반에서만 사용하고, 천도와 천덕은 연월일시 지지에 의해 정해지며 연월일시 구성반 모두에 사용한다.

1) 길신

구성기학에서 주로 사용하는 길신은 다음과 같다.

❶ 태세신

태세신(太歲神)은 점을 치는 순간의 연월일시 중에서 연의 지지에 해당하는 방향으로, 연반에서만 사용한다.

연지	子	丑	寅	卯	辰	巳	午	未	申	酉	戌	亥
태세신	子方	丑方	寅方	卯方	辰方	巳方	午方	未方	申方	酉方	戌方	亥方

❷ 천도

천도(天道)는 화를 복으로 바꾸는 길신으로, 연반·월반·일반·시반의 모든 구성반에서 사용된다. 점을 치는 순간의 연월일시 지지에 따라서 천도 방향이 결정되며, 지지가 삼합(三合)의 장생지(長生地)가 되는 인신사해(寅申巳亥)이면 바로 그 삼합의 왕지(旺支)인 오자유묘(午子酉卯)가 천도 방향이 된다. 또한 지지가 삼합의 왕지가 되는 오자유묘(午子酉卯)이면 바로 그 삼합의 묘지(墓支)인 술진축미(戌辰丑未)가 천도 방향, 마지막으로 지지가 삼합의 묘지가 되는 술진축미(戌辰丑未)이면 바로 그 삼합의 왕지인 오자유묘(午子酉卯)가 천도 방향이 된다.

지지	子	丑	寅	卯	辰	巳	午	未	申	酉	戌	亥
천도	辰	酉	午	未	子	酉	戌	卯	子	丑	午	卯

❸ 천덕

천덕(天德) 역시 흉을 길로 바꾸는 길신으로, 연반·월반·일반·시반의 모든 구성반에서 사용된다. 점을 치는 순간의 연월일시 지지에 따라서 천덕 방향이 결정되는데, 지지가 삼합의 장생지가 되는 인신사해(寅申巳亥)이면 바로 그 삼합의 왕지인 오자유묘(午子酉卯)가 속한 이궁·감궁·태궁·진궁이 천덕 방향이 된다. 또한 지지가 삼합의 왕지가 되는 오자유묘(午子酉卯)이면 바로 그 삼합의 묘지인 술진축미(戌辰丑未)가 속한 건궁 · 손궁 · 간궁 · 곤궁이 천덕 방향이 되고, 마지막으로 지지가 삼합의 묘지가 되는 술진축미(戌辰丑未)이면 바로 그 삼합의 왕지인 오자유묘(午子酉卯)가 속한 이궁 · 감궁 · 태궁 · 진궁이 천덕 방향이 된다.

지지	子	丑	寅	卯	辰	巳	午	未	申	酉	戌	亥
천덕	巽	兌	離	坤	坎	兌	乾	震	坎	艮	離	震

구성기학에서는 천간보다는 지지에 초점을 맞추어 길신을 사용한다. 즉, 지지에 의해서 정해지는 태세신 · 천도 · 천덕 등이 길신으로 주로 사용되고, 이들 길신은 점을 치는 연월일시의 지지에 의해서 그려지는 삼합선(三合線) 안에 모두 포함된다.

또한 길신이 모두 삼합선 안에 포함되므로, 실제 구성기학으로 해석하는 임상 현장에서는 간단하게 삼합선만 표시하여 삼합선이 지나는 궁은 길신이 작용한다고 판단한다.

2) 흉살
구성기학에서 주로 사용하는 흉살은 다음과 같다.

❶ 오황살
연반 · 월반 · 일반 · 시반의 구성반에서 오황토성(五黃土星)인 구성숫자 5가 들어 있는 궁은 무조건 오황살(五黃殺)에 의해서 파괴된다. 따라서 오황토성이 오황살이 된다.

❷ 암검살
연반 · 월반 · 일반 · 시반의 구성반에서 오황살이 들어 있는 궁을 마주보는 궁의 수(數)는 무조건 암검살(暗劍殺)을 맞는다고 본다. 다시 말해, 오황살을 마주보는 수는 암검살을 맞게 된다.

❸ 파살

점을 치는 순간의 연월일시 지지를 충(沖, 방향이 반대인 지지)하는 지지가 속한 궁은 파살(破殺)을 맞는다.

❹ 대충

연반과 월반을 하나의 구궁에 표시한 것을 연월반(年月盤), 월반과 일반을 하나의 구궁에 표시한 것을 월일반(月日盤), 그리고 일반과 시반을 하나의 구궁에 표시한 것을 일시반(日時盤)이라고 한다. 이 연월반, 월일반, 일시반에서 서로 마주보는 궁에 같은 구성숫자가 배치될 때 대충(對沖)을 맞았다고 한다.

❺ 본명살

연반·월반·일반·시반의 구성반에서 본인이 태어난 연구성(본명성이라고도 한다)이 들어 있는 궁을 본명살(本命殺)을 맞았다고 표현한다.

❻ 본명적살

연반·월반·일반·시반의 구성반에서 본명살을 맞은 궁을 마주보는 궁은 본명적살(本命的殺)을 맞게 된다.

위 흉살 중에서 오황살, 암검살, 파살, 대충은 구성기학을 점학으로 활용할 때 주로 사용하고, 본명살과 본명적살은 방위를 찾을 때 앞의 흉살에 추가하여 사용한다. 길신과 흉살에 대해서는 다음 길신과 흉살의 포국법(p.113)에서 더욱 자세하게 설명한다.

> **✓ 구성기학의 흉살**
>
> 방해작용과 재난을 초래하므로 흉하다. 연월일시 구성반에 오황토성(5)이 있으면 오황살, 오황살을 마주보는 궁의 수는 암검살, 연월일시 지지를 충하는 지지가 속한 궁은 파살, 서로 마주보는 궁에 같은 구성숫자가 배치되면 대충, 본명성이 들어 있는 궁은 본명살, 본명살을 맞은 궁을 마주보는 궁은 본명적살을 맞는다.

5. 구성기학의 해석 방법

사람은 태어난 해에 결정되는 '본명성(本命星)'이라는 위치추적장치를 평생 동안 몸에 지니게 된다. 태어난 해의 기운이 그 사람의 운을 생성하는 원천이 된다는 의미에서 본명성이라고 한다. 구성기학에서는 이러한 위치추적장치를 통해서 점(占)의 대상이 되는 사람이 현재 어떤 상황에 처해 있고, 또한 무엇을 하고 있는가를 파악한다. 나아가 현재 상황이 미래에 어떤 결말을 맺을지도 추정할 수 있다.

본명성은 연월일시 구성반 모두에 동일하게 적용된다. 예를 들어, 태어난 해의 연구성이 1인 사람은 연월일시 구성반 모두에서 본명성이 1이다. 다만, 각각의 구성반에서 중궁에 들어가는 구성숫자가 달라지면서 본명성이 자리하는 궁이 달라질 뿐, 그 사람의 본명성 자체는 변하지 않는다.

그러면 본명성을 어떻게 활용하는가? 바로 본명성이 구성반의 어느 궁에 머무는지를 해석한다. 행위의 주체인 본명성은 머무르는 궁마다 서로 다른 공간적 의미를 지닌다. 그래서 점을 칠 때 본명성은 문장성분 중에서 주어가 되고, 이 본명성이 머무르는 궁의 공간적 의미를 서술어로 사용하게 된다.

또한 연월반, 월일반, 일시반처럼 하나의 구궁에 2개의 구성반을 표시한 경우에 본명성이 다른 구성숫자와 특정 궁에 동회(同會, 같이 머무른다는 뜻)하게 되면 본명성은 동회하는 다른 구성숫자와 함께 그 궁의 공간적 의미에 물들게 된다. 따라서 본명성은 주어로서 동회하는 다른 구성숫자를 목적어 또는 부사어로 사용하고, 머무르는 궁의 공간적 의미를 서술어로 사용하게 된다.

예를 들어, 본명성이 3인 사람이 특정한 시간에 어떤 회사에서 필기시험을 치렀다면, 다음 그림과 같은 형태의 일시반이 나온다.

> ✔ **구성기학 해석시 주의사항**
>
> 구성기학에서 시간은 연 〉 월 〉 일 〉 시의 계층구조로 이루어져 있다. 따라서 어느 한 가지 구성반만을 사용하지 않고 계층구조상 그 구성반의 상위 구성반을 함께 작성하여 해석한다.

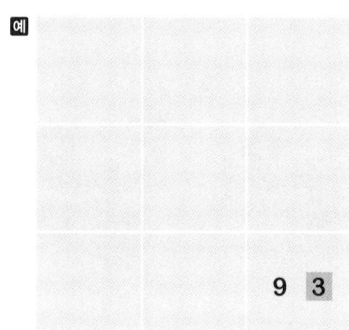

위 구성반은 본명성 3이 필기시험 또는 문서를 의미하는 9와 함께 회사라는 공간을 상징하는 건궁(乾宮)에 머무르는 것을 의미한다. 건궁에서 흉살로 파괴되지 않으면 그 시간에 본명성 3은 필기시험을 잘 본다고 해석할 수 있다.

구성기학의 해석에서 특히 주의해야 할 점은 시간이 계층구조로 이루어져 있다는 것이다. 특정한 날에 점의 대상이 되는 사람이 어떤 상황인지를 볼 때는 일반을 사용하고, 특정한 시간에 점의 대상이 되는 사람이 어떤 상황인지를 볼 때는 시반을 사용한다.

  그러나 일반만 사용하거나 시반만 사용하는 등 어느 한 가지 구성반만을 독립적으로 사용하면 제한된 조건에서 해석하게 된다. 24시간이 모여 하루가 되듯이 시(時)는 시간의 계층구조 형태상 일(日)에 포함되어 있다. 따라서 시반의 구성숫자 배치는 일반의 구성숫자 배치에 의해 결정되고, 그 결과 시반의 상황은 일반에 의해서 주어지는 그 날의 전체 환경 아래에서 발생하게 된다. 이치가 이러하므로, 시반을 정확하게 해석하려면 반드시 일반과 시반을 동시에 포국한 일시반을 사용해야 한다.

  이와 마찬가지 이유로 일반을 정확하게 해석하려면 반드시 월반과 일반을 동시에 포국한 월일반을 사용해야 하고, 또한 월반을 정확하게 해석하려면 반드시 연반과 월반을 동시에 포국한 연월반을 사용해야 한다.

part 1 구성기학의 기초 이론

2 구성기학의 활용

구성기학은 사람과 사람을 둘러싼 사물을 비롯한 자연, 그리고 이러한 것들로 구성된 회사나 조직이나 단체 등의 사회, 더 나아가 사회가 모여서 이루어진 국가가 처해진 시공간의 에너지상태를 해석하는 도구가 될 수 있다. 또한 그러한 해석을 통하여 미래를 예측하고, 시간과 공간을 선택하여 시공간의 에너지상태를 조절할 수 있다.

필자는 시공간의 에너지상태를 해석하는 것을 '시공간의 에너지상태 해석학'이라고 이름 붙였으며, 시공간의 에너지상태를 조절하는 것을 '시공간의 에너지상태 조절 공학'이라는 학술적인 이름을 붙여서 과학화시켰다. 시공간의 에너지상태 조절 공학은 일반적으로 개운법(開運法) 또는 취기(取氣)라는 이름으로 불리기도 한다.

1. 시공간의 에너지상태 해석학

천지인(天地人) 삼재(三才) 중에서 천(天, 하늘)이 원인이 되어 발생하는 지(地, 땅)와 인(人, 사람)이 속한 시공간의 에너지상태를 구성기학으로 해석할 수 있다. 이때 사람이 가지는 시공간의 에너지상태를 해석하는 방법은 체용(體用)의 관점에서 구분할 수 있다. 사람이 태어날 때부터 가지는 시공간의 에너지는 구성기학 명학(命學)을 사용하여 해석하고, 이 에너지로 이루어진 체(體)가 움직이고 활동하는 매순간 시공간의 에너지상태는 구성기학 점학(占學)을 사용하여 해석할 수 있다. 따라서 개인의 운명을 해석할 때 구성기학 명학을 체(體)로 삼고, 구성기학 점학을 용(用)으로 사용할 수 있다. 물론 명학으로 자평명리학(子平命理學), 자미두수(紫微斗數), 기문둔갑(奇門遁甲) 등의 다른 술수(術數)를 선택적으로 사용할 수도 있다.

1 구성기학 명학

사람의 몸을 구성하고 있는 세포는 세포예정사(細胞豫定死)라는 선천적인 운명을 갖고 태어난다. 세포예정사는 염색체 끝부분에 위치한 텔로미어(telomere)가 세포 분열을 거듭하다가 일정한 횟수를 넘어서면 아주 짧아지고, 그 결과 세포가 분열을 멈추고 능동적으로 자살하는 현상을 말한다. 다시 말하면, 세포예정사는 세포가 예정된 프로그램에 의해 자기를 파괴시키는 것이다.

이와 마찬가지로 사람도 태어나는 순간의 연월일시에 의해서 시공간의 에너지를 갖게 되고, 이 에너지의 상태에 따라서 성격·신체적 특징·육친(六親)의 복덕(福德)·재능·운(運) 등의 거시적인 흐름을 부여받는다. 따라서 태어나는 순간의 연월일시에 대응하는 구성기학의 연반·월반·일반·시반을 사용하여 사람이 부여받는 시공간의 에너지상태를 정량화한 후, 다시 정량화된 상징기호체계의 상호관계를 해석하여 선천적으로 부여된 개인의 특성과 운의 흐름을 파악할 수 있다. 이러한 일련의 작업을 다루는 학문이 구성기학 명학이다.

명학의 특징을 정리하면 다음과 같다.

> ✓ **구성기학 명학**
> 태어나면서 선천적으로 부여받는 성격이나 재능 등의 개인적 특징 그리고 시간의 흐름에 따라 주어지는 운명을 추론하며, 연반 → 월반 → 일반 → 시반의 내림차순으로 해석한다.

① 명학은 선천적으로 부여받는 개인의 특징과 시간의 흐름에 따라서 주어지는 운명을 추론할 때 사용된다. 선천적으로 부여받는 운명은 연 → 월 → 일 → 시의 순서(내림차순이라고 한다)대로 해석한다. 왜냐하면, 현재 우리가 사용하는 역학(易學)

의 토대가 되는 고대 중국 주(周)나라 시대의 천문학에서는 연월(年月)로 이루어진 천반(天盤) 위에서 일시(日時)로 이루어진 지반(地盤)이 움직인다고 보았기 때문이다. 따라서 명학은 연반 → 월반 → 일반 → 시반처럼 내림차순으로 해석한다.

이를 자세히 설명하면, 연반을 먼저 포국하고, 그 바탕 위에 월반을 포개어 포국한 다음 다시 연반과 월반을 바탕으로 삼아 그 위에 일반을 포국하고, 최종적으로 연반·월반·일반을 바탕으로 삼아 그 위에 시반을 포국한다. 또한 포국한 순서대로 연반부터 해석하고, 이어서 그것을 바탕으로 연반 위에서 월반을 해석하며, 다시 연반과 월반을 바탕으로 삼아 일반을 해석하고, 최종적으로 연반·월반·일반을 바탕으로 삼아 시반을 해석한다.

이렇게 시간의 길이에서 단위가 큰 연반부터 시작하여 시간의 길이가 짧은 시반으로 옮겨가는 이유는, 월(月)의 상황은 연(年)이라는 전체 공간 속에서 정해지고, 마찬가지 방식으로 일(日)의 상황은 월의 전체 공간 속에서 정해지며, 또한 시(時)의 상황은 일의 전체 공간 속에서 결정되기 때문이다.

② 명학은 운명이라는 단어처럼 사람이 태어나는 순간의 연월일시에 의해서 평생 동안의 운을 명령받는 것을 해석하는 학문이다. 따라서 명학은 태어날 때 운명이 결정되어 있다는 결정론적 세계관을 기본 바탕으로 깔고 있다.

그러나 사람의 운명은 거시적인 관점에서는 전체적인 경향이 결정되어 있지만, 미시적인 관점에서는 결혼 시기의 변화, 평균수명의 변화처럼 가변성이 존재한다. 이러한 운명의 가변성은 점학을 통해서 파악할 수 있다. 비유하면, 명학은 그물망이 커서 가변성이 강한 작은 고기는 빠져 나간다. 그런 작은 고기는 점학으로 잡는다.

2 구성기학 점학

점학은 점을 치는 순간에 사람의 의식을 물리적인 시공간의 에너지상태와 결합시킨다. 점학은 역학의 기본 개념인 동정설(動靜說)에 충실하기 때문이다. 동정

설은 반드시 점을 치려는 사람이 특정한 사항에 대해서 물어보아야만(의식이 동해야만) 비로소 점을 치는 행위(시공간의 에너지상태와 결합)의 효과가 발생한다는 의미다.

> ✓ **구성기학 점학**
> 점을 치려는 사람이 현재 위치한 시공간의 에너지상태를 바탕으로 가까운 시간의 범주인 과거·현재·미래를 예측하고, 시반 → 일반 → 월반 → 연반의 올림차순으로 해석한다.

또한 점학이 사람의 의식을 물리적인 시공간의 에너지상태와 결합시킨다는 공리(公理)는, 형이상학적인 사람의 의식을 형이하학적인 물리적 시공간의 에너지상태와 결합시킨다는 뜻으로 볼 수도 있다. 의식을 일으킨다는 것은 인간이 위치한 시공간의 에너지상태보다 상위개념이 될 수 있고, 인간의 주체성이 인간을 둘러싼 환경보다 위에 있으며, 점을 치는 순간의 시공간에 인간의 의식이 투영되는 것이라고 해석할 수도 있다.

다만, 미시적인 순간에서는 인간이 의식을 일으키지만, 인생이라는 거시적인 관점에서는 명학에서 살펴본 대로 결정론적으로 정해진 운의 흐름에 따라서 인간이 위치하는 시공간의 에너지상태 역시 예정되어 있음을 주의한다.

더 깊은 논의를 위해서는 물질파와 E=nhv, 인지과학(認知科學), 대승불교의 경전인 『반야바라밀다심경(般若波羅蜜多心經)』에 나오는 색즉시공공즉시색(色卽是空空卽是色), 실존주의 철학 등 다양한 학제간 연구가 필요하다.

참고로, E=nhv에서 E는 에너지, n은 양의 정수, h는 플랑크 상수, v는 진동수이다. 이 식은 점학을 통해 측정되는 형이하학적인 물리적 시공간의 에너지인 E가 사람이 일으키는 의식이라는 파동의 진동수 v와 연결됨을 설명해준다.

인지과학의 연구가 필요한 이유는 사람이 묻고자 하는 의식이 발동하려면 무엇을 물어야 하는지부터 알고 있어야 하고, 형이상학적인 의식이 파동이나 공명을 통해 형이하학적인 시공간에 어떤 영향을 미치는지 조사해야 하기 때문이다.

또한 색즉시공공즉시색을 연구해야 하는 이유는, 색(色)은 사람이 위치한 시공간이 될 수 있고, 공(空)은 사람의 의식이 될 수 있기 때문이다.

끝으로, 실존주의 철학의 연구가 필요한 이유는 사람이 묻고자 하는 의식이 발동해야만 비로소 점을 치는 행위가 실제로 존재할 수 있기 때문이다.

밀폐된 축구공을 생각해보자. 이 속에는 공기 분자가 들어 있다. 특정한 온도에서는 공기 분자마다 속도가 다르지만, 축구공이라는 전체 입장에서 보면 축구공이 받는 압력은 일정하다. 여기서 온도를 10℃ 올리면 공기 분자 각각의 속도는 여전히 차별적으로 다르지만, 평균적으로는 속도가 증가하여 축구공이 받는 압력은 높아진다.

축구공의 압력이라는 거시적인 입장에서는 결정론적으로 정해진 운의 흐름을 따라가는 사람이, 미시적으로는 각각의 공기 분자처럼 다른 속도를 가지기 위해서 점을 친다는 것은 바로 의식이 발동했다는 신호가 된다. 이제 의식이 발동한 순간의 연월일시에 대응하는 구성기학의 연반·월반·일반·시반을 사용하여 점을 친 사람이 위치한 시공간의 에너지상태를 정량화한 후, 다시 정량화된 상징 기호체계의 상호관계를 해석하여 문점(問占)한 내용의 특성과 운의 흐름을 파악할 수 있다. 이러한 일련의 작업을 다루는 학문이 구성기학 점학이다.

점학의 특징은 다음과 같이 정리할 수 있다.

① 점학은 현재 점을 치는 사람이 위치한 시공간의 에너지상태를 근거로 하여 가까운 시간의 범주인 과거, 현재, 미래를 예측한다. 따라서 연월일시의 체계에서 시 → 일 → 월 → 연의 순서(올림차순이라고 한다)대로 해석한다.

구성기학 점학에서도 시반 → 일반 → 월반 → 연반의 올림차순으로 해석해 나간다. 여기에서 올림차순으로 해석한다는 의미는 다음과 같다. 본명성이 같은 사람들은 특정한 달과 특정한 해의 월반과 연반에서 모두 같은 운세를 갖는다. 그러나 이런 추론은 현실과 많은 괴리를 나타낸다. 추론대로라면 나이가 같은 사람들은 특정한 해의 특정한 달에 모두 운세가 같아야 하지만, 실제로는 그렇지 않기 때문이다. 그렇다면, 점학에서 월반과 연반은 사용할 필요가 없다는 말인가? 실상은 그렇지 않다. 점학에서는 점을 치는 순간을 포함하는 최소 시간 단위인 시반과 그러한 시반의 전체 공간이 되는 일반에서 특별한 문제가 발생했을 때만, 그 특별한 문제가 언제까지 지속될지를 확인하기 위해서 월반과 연반까지 확장하여 해석한다. 따라서 구성기학 점학에서는 올림차순으로 해석해 나간다.

② 점학은 동정론(動靜論)을 따른다. 다시 말해서, 반드시 점을 치고자 하는 사람이 특정한 사항에 대해서 물어보아야만 비로소 점을 치는 행위의 효과가 발생한다.

■ 구성기학 명학과 점학의 비교

	시간 범위	해석 순서	사람의 독립성 여부
구성기학 명학	거시적	내림차순	시공간에 종속된다
구성기학 점학	미시적	올림차순	시공간에서 부분적으로 주체성을 확보한다

점학은 의문점사(疑問占辭)와 내방점사(來訪占辭)로 나누어진다.

먼저 의문점사는 점을 치는 사람의 의문사항에 대한 가부(可否) 여부와 해결 시기, 방법, 방위 등을 제시할 수 있다. 연반·월반·일반·시반을 모두 사용하고, 구궁을 전부 돌면서 해석할 수 있다. 사건에 관련된 숫자의 크기, 사건이 종결되거나 발생하는 응기(應期) 시기와 사건이 발생한 장소의 방위도 추정할 수 있다. 예를 들어, '오늘 빌려준 돈을 받을 수 있는가? → 오늘 못 받으면 언제 받을 수 있는가? → 돈을 빌려간 채무자의 현재 상황은 어떠하고 어느 방향에 있는가?'처럼 하나의 질문에 다양한 답변을 구할 수 있다.

다음으로 내방점사는 아무 것도 묻지 않고 방문자가 방문한 시간으로 방문자를 둘러싼 정적 환경과 동적 사건을 줄거리를 엮어서 말할 수 있다. 또한 나이를 알면 훨씬 더 정교하게 예측할 수 있다. 의문점사처럼 연반·월반·일반·시반을 모두 사용하고, 구궁을 전부 돌면서 해석할 수 있다. 관련된 숫자를 근사치로 추정할 수 있고, 응기 시기와 방위도 추정할 수 있다.

3 구성기학 점학의 길흉 예측

구성기학 점학을 사용하여 문점(問占)한 사람의 다양한 관심사를 예측할 수 있다. 행동이나 사건 등 밖으로 드러나는 일뿐만 아니라 문점자의 속마음까지도 추정하고 예측할 수 있다. 일반적으로 임상에서 자주 활용하는 예측 가능한 사항들을 정리하면 다음과 같다.

- **질병** : 질병의 종류와 회복 여부를 추정할 수 있다. 또한 회복되는 시기와 질병의 원인까지도 추정할 수 있다. 회복될 수 없는 경우에는 사망 시기도 추정할 수 있다.
- **가택과 상가의 상태** : 현재 가택 또는 상가에서 수리가 필요한 곳을 찾아낼 수 있고, 상가의 용도와 장사가 잘 되는지를 알 수 있다.
- **사망** : 사망의 원인이 질병인지 또는 사고·사건인지 추정할 수 있다.
- **교통사고** : 구성기학 명반을 보는 순간 교통사고인지 한눈에 판별할 수 있고, 차가 얼마나 파괴되었는지 그리고 인명 피해는 어느 정도인지 추정할 수 있다.
- **관재(官災)와 소송** : 구성기학 명반을 보는 순간 소송문제인지 바로 판별할 수 있다. 더불어 무혐의인지 벌금형인지 구속형인지를 판별할 수 있으며, 집행되는 시기까지 추정이 가능하다.
- **임신** : 임신 여부를 판단할 수 있고, 태아가 무사히 태어날지 또는 유산이나 낙태의 위험은 없는지 추정할 수 있다.
- **계약** : 계약 내용과 성사 여부를 판단할 수 있고, 계약 후의 이해 득실을 추정할 수 있다.
- **애정문제** : 결혼, 연애, 이혼, 이별 등의 진행 정도와 주체(主體), 성패, 시기를 추정할 수 있다.
- **대인관계** : 대인관계의 성공 여부를 판단할 수 있다.
- **합격** : 자격증과 각종 시험의 합격 여부, 유학 가능 여부를 추정할 수 있다.

> ✓ **구성기학 점학의 예측사항**
> 질병·가택과 상가의 상태·사망·교통사고·관재와 소송·임신·계약·애정문제·대인관계·합격·직장문제·분실 또는 도난·가출·선거·발탁·부동산 거래·스포츠 승패·금전 거래 등 사람들의 다양한 관심사를 예측할 수 있다.

- **직장문제** : 직장에서 해고를 당할지 반대로 본인이 다니기 싫어하는지를 판단할 수 있고, 승진이나 전직 여부도 판단할 수 있다.
- **분실 또는 도난** : 분실물이나 도난당한 물건의 종류는 무엇이며 손상 없이 잘 있는지, 그리고 현재 어느 방향에 누가 가지고 있는지, 되찾을 수 있는지를 추정할 수 있다.
- **가출** : 가출한 사람이 현재 어디에 있는지, 그리고 무엇을 하고 언제 귀가하는지를 추정할 수 있다.
- **선거** : 투표율이 어느 정도이고 당선이 가능한지 추정할 수 있다.
- **발탁** : 윗사람이나 국가기관, 회사, 상급기관으로부터 발탁 여부를 판단할 수 있다.
- **부동산 거래** : 현재 부동산 상태와 거래 성사 여부를 판단할 수 있다.
- **스포츠 승패 맞추기** : 경기의 승패 여부를 판단할 수 있다.
- **금전 거래** : 금전의 유입 여부와 액수, 시기를 추정할 수 있다.

그 밖에 구성기학 점학으로 부모, 형제, 자식, 친척, 부하직원 등의 현재 상황과 미래에 펼쳐질 운의 흐름을 추정할 수 있다.

2. 시공간의 에너지상태 조절 공학

지피지기(知彼知己)면 백전불태(百戰不殆)라는 말이 있다. 『손자(孫子)』「모공편(謀攻篇)」에 나오는 말로, 적을 알고 나를 알면 백 번을 싸워도 결코 위태롭지 않다는 뜻이다. 구성기학으로 점을 치는 것 역시 나를 알고 미래를 대비하는 방법이 된다. 다시 말해, 시공간의 에너지상태를 해석하여 점을 치는 사람의 현재 상황과 미래의 운을 안다면[知彼知己], 시간과 공간을 선택함으로써 시공간의 에너지상태를 조절하여 행운과 행복을 창조하고 자아실현에 정진할 수 있다[百戰不

殆는 의미다.

그렇다면 시공간의 에너지상태를 어떻게 조절할 수 있는가? 그 방법은 크게 다음과 같이 분류할 수 있다.

- **공간 선택** : 불리한 방위는 피하고 유리한 방위를 선택하여 모든 일을 진행시킨다. 구성기학은 공간과 방위 선택에 강력한 효과를 나타내기 때문에 구성기학을 방위학이라고 부르기도 한다.
- **시간 선택** : 불리한 시간은 피하고 유리한 시간만을 선택하여 모든 일을 진행시킨다.
- **색상 선택** : 불리한 색상은 피하고 유리한 색상을 선택한다.
- **이름 선택** : 구성기학 성명학을 사용하여 이름을 엄격하게 선택한다.
- **사람 선택** : 동행할 사람의 본명성과 자신의 본명성이 어떤 관계인지 계산하여 유리한 사람을 선택한다.
- **풍수 선택** : 구성기학은 양택가상학(陽宅家相學)에서도 아주 강력한 힘을 발휘한다. 양택가상학에서 양택학(陽宅學)은 사람이 거주하기에 적합한 터(장소)를 선택하는 풍수이론이고, 가상학(家相學)은 양택학에 의해서 선택된 장소에 짓는 건물의 구조, 형태, 방위와 건물 안의 실내공간 배치에 관한 풍수이론이다. 구성기학에서는 점을 치는 시간에 의해 산출된 명반의 간궁과 곤궁을 사용하여 양택학과 가상학을 실행한다. 구성기학에서 간궁은 부동산을 상징하고, 곤궁은 주택을 상징하기 때문이다.

✓ **시공간의 에너지상태 조절 방법**

공간·시간·색상·이름·사람·풍수 등을 선택할 때 불리한 쪽을 피하고 유리한 쪽을 선택함으로써 시공간의 에너지상태를 조절할 수 있으며, 일반적인 개운법(開運法)으로 활용된다.

part 1 구성기학의 기초 이론

구성반의 포국법 3

1. 연반의 포국법

연반을 포국하기 위해서는 연반의 중궁(中宮)에 들어가는 구성숫자를 구해야 하는데, 이 구성숫자를 연구성(年九星)이라고 한다. 연구성은 '연(年)의 구성', '연명성(年命星)', '본명성(本命星)'이라고도 불린다. 구성기학에서는 개인의 운을 추론할 때 태어난 해의 연구성을 그 개인을 상징하는 숫자로 사용하는데, 이 연구성을 본명성이라고 따로 부른다.

누구나 태어난 해에 따라 자신의 별인 본명성을 가지고 있다. 우리가 각자 태어난 해마다 12가지 띠동물인 쥐띠, 소띠, 호랑이띠 등으로 불리는 것을 생각하면 이해하기 쉬울 것이다.

> ✓ **연구성과 본명성**
> 연구성은 점을 치는 순간이 속한 연도를 대표하는 구성숫자로, 연반의 중궁에 들어간다. 다만, 태어난 해의 연구성은 그 사람을 상징한다는 의미에서 본명성이라고 따로 부른다.

1 연구성의 생성 원리
연구성의 생성 원리를 알아야 연구성을 빨리 구하는 방법을 찾아낼 수 있다.

1) 연구성의 순환주기 산출 원리
연구성은 60개의 간지 조합과 구성의 최소공배수인 $L(60, 9) = 180$에 의해서 180년의 순환주기를 갖는다. 여기에서 L은 최소공배수를 뜻하는 영어 Least common multiple에서 맨 첫 글자를 사용한 것이다.

```
  3 ) 60, 9
     20, 3   →  최소공배수 = 3×20×3 = 180
```

위의 최소공배수 180은 60개의 간지 조합, 즉 60갑자(甲子)가 3번 순환한 것이다. 이렇게 3번 순환한 60갑자를 삼원갑자(三元甲子)라고 부르며, 순서에 따라 상원(上元)갑자, 중원(中元)갑자, 하원(下元)갑자가 된다. 또한 삼원갑자에 의해서 180년의 주기를 갖게 되는 구성을 삼원구성(三元九星)이라고 부른다.

『어정성력고원(御定星歷考原)』은 중국 청나라 건륭제(乾隆帝) 때의 책으로 구성기학의 주요 구성 요소인 삼원, 연구성, 월구성 등을 소개하고 있어서 구성기학 역사상 중요한 의미가 있다. 이 책 2권을 보면, "『황제둔갑경(黃帝遯甲經)』에서 말하기를, '삼원(三元)이라는 것은 구궁(九宮)에서 일으킨 것이다'라고 하였다[黃帝遯甲經曰三元者起於九宮也]"는 구절과, "상원갑자(上元甲子)의 중궁(中宮)은 일백(一白)을 일으키고, 중원갑자(中元甲子)는 사록(四綠)을 일으키며, 하원갑자(下元甲子)는 칠적(七赤)을 일으킨다. 삼원일백팔십년이 되어서 한 바퀴를 도는데, 일백팔십(一百八十)이라는 것으로서 궁의 개수 9개와 화갑(花甲, 육십갑자) 60개를 함께 다 헤아릴 수 있기 때문이다[上元甲子中宮起一白中元甲子起四綠下元甲子起七赤 三元一百八十年而一週蓋一百八十者以宮數九與花甲六十俱可以度盡也]"라는 구절이 있다. 여기서 삼원구성과 일백팔십의 출처와 의미를 알 수 있다.

먼저 삼원은 구궁에서 일으킨 것이라는 내용은 삼원갑자와 삼원구성에서 '삼원'을 갑자와 구성 앞에 붙인 이유가 구궁 때문임을 설명한다.

즉, 60갑자를 감궁부터 출발하여 낙서역행운동에 따라 구궁의 9개 칸에 하나씩 적어 나가면, 60갑자와 구궁의 최소공배수인 180칸을 움직여야만 60갑자의 끝인 계해(癸亥)와 감궁부터 시작한 낙서역행운동의 종점인 이궁이 일치하게 된다. 다시 181번째 칸인 감궁에 60갑자의 처음인 갑자(甲子)를 적는 것을 시작으로 낙서역행운동을 하며 구궁에 60갑자를 차례대로 적어 나가는 과정을 반복한다.

이처럼 60갑자를 구궁에 하나씩 배치하는 것은 180의 순환주기를 갖고, 180은 60갑자가 3번 반복되는 것이므로 이것을 각각 구분하기 위하여 상원·중원·하원이라 하였고, 이 셋을 통틀어 삼원이라고 부른 것이다.

다음으로 상원갑자(上元甲子)의 중궁(中宮)은 일백(一白)을 일으키고, 중원갑자(中元甲子)는 사록(四綠)을 일으키며, 하원갑자(下元甲子)는 칠적(七赤)을 일으킨다는 내용과, 삼원일백팔십년이 되어서 한 바퀴를 도는데 일백팔십(一百八十)이라는 것으로서 궁의 개수 9개와 화갑(花甲, 육십갑자) 60개를 함께 다 헤아릴 수 있기 때문이라는 내용을 설명한다.

60갑자를 감궁부터 출발하여 낙서역행운동으로 구궁의 9개 칸에 하나씩 기입하면 60갑자가 3번 반복되는 삼원 180년의 순환주기를 갖는다. 출발점인 상원갑자는 감궁에 기입되고, 감궁의 구성은 일백수성이므로 상원갑자년의 연구성은 일백수성이 된다.

또한 상원의 60개 간지를 하나씩 낙서역행운동으로 각각의 궁에 기입하면 60갑자 = 9궁×6번 + 6궁이므로 구궁을 6번 돌고 6개 간지가 남는다. 이렇게 남는 6개의 궁은 다음과 같이 낙서역행운동으로 배치된다.

1(中元甲子)	56(己未)	
	60(癸亥)	58(辛酉)
57(庚申)	55(戊午)	59(壬戌)

연구성의 순환주기

연구성의 순환주기는 상원·중원·하원의 삼원갑자로 이루어진 180년이며, 연구성의 구성 숫자는 낙서역행운동을 한다.

따라서 새로운 중원갑자는 손궁에 기입되고, 손궁의 구성은 사록목성이므로 중원갑자년의 연구성은 사록목성이 된다.

앞서의 과정을 다시 되풀이하여 중원의 60개 간지를 낙서역행운동으로 각각의 궁에 기입하면 60갑자 = 9궁×6번 + 6궁이므로 구궁을 6번 돌고 6개의 간지가 남는다. 이렇게 남는 6개 궁은 다음과 같이 낙서역행운동으로 배치된다. 따라서 새로운 하원갑자는 태궁에 기입되고, 태궁의 구성은 칠적금성이므로 하원갑자년의 연구성은 칠적금성이 된다.

55(戊午)	59(壬戌)	57(庚申)
56(己未)		1(下元甲子)
60(癸亥)	58(辛酉)	

2) 연구성의 출발점과 배치 순서

중국 청(淸)나라 때 석맹서(錫孟樨)가 편집한 『기문법규(奇門法竅)』 2권 「논년기법(論年奇法)」에서는 다음과 같이 연구성의 구성 원리를 설명하고 있다. "연기(年奇)는 갑자(甲子)를 사용하여 상·중·하의 삼원으로 나누는 이유로 인해서 적절해진다. 그것의 포국은 법식이 순행인 것을 역으로 거슬러서 천둔(天遁)을 따른 것이다. 상원갑자는 감(坎) 일(一)에서 일으킨다. 일(一)은 숫자의 시작이 되고, 양(陽)의 처음이 된다. 감궁(坎宮)으로부터 갑자를 역순으로 포국하여 한 바퀴를 돌아서 오(五)에서 마친다. 따라서 중원갑자는 손(巽) 사궁(四宮)에서 일으켜서 간궁(艮宮)에서 끝난다. 하원갑자는 태(兌) 칠(七)에서 시작하여 곤(坤)에서 끝난다[年奇以甲子分上中下三元故爲確當 其佈局逆儀順奇從天遁也 上元甲子起坎一 一爲數之始 陽之初 從坎而逆佈甲子一周而終於五 故中元甲子起巽四宮而終於艮 下元甲子起兌七而終於坤]."

여기서 연기(年奇)는 기문둔갑에서 연가기문(年家奇門)의 국수(局數)를 의미하며, 구성기학에서는 바로 연구성을 말한다.

또한 천둔(天遁)은 하늘이 운동하는 방식이란 의미가 있으며, 낙서역행운동을 뜻한다. 지구의 공전에 의해 생기는 황도(黃道)를 24등분한 절기에 의해서 월(月)이 정의되고, 월이 모여서 연(年)이 생성된다. 지구의 공전은 지구 위의 관찰자인 사람과는 무관하게 발생하기 때문에 연과 월은 관찰자가 서 있는 지(地)와 구분하기 위해서 천(天, 하늘)이라는 단어를 사용하고, 천(天)의 운동방식을 천둔이라고 하였다.

반면, 역학에서 사용하는 시(時)는 자전하는 지구 위의 관찰자와 태양의 상대적인 위치관계로 설정된다. 예를 들어, 자전하는 지구 위의 관찰자가 태양과 정반대방향에 있을 때가 자정(子正)이 되고, 반대로 지구 위의 관찰자가 일직선상에서 같은 방향에 있을 때는 정오(正午)가 된다. 이렇게 지구의 자전에 의해 생겨나는 일과 시는 지구 위의 관찰자와 매우 밀접한 관계가 있으므로 일과 시는 관찰자와 관찰자가 위치한 지(地, 땅)에 배당된다. 이런 이유로 일과 시는 지둔을 따른다고 정의하였으며, 지둔은 낙서순행운동을 의미한다.

또한 지둔이 낙서순행운동을 한다는 것에서 낙서의 낙서수 배열이 지(地)의 시간 운용을 표상함을 추론할 수 있다. 천둔이 낙서역행운동을 하는 이유는, 예로부터 천(天)과 지(地)의 운동방식을 구분하기 위해서 운동방식을 서로 반대방향으로 정의하였기 때문이다.

이제까지 설명한 내용을 정리하면 다음과 같다. 연구성은 삼원갑자로 이루어져 있으며, 연구성의 구성숫자는 낙서역행운동을 따른다. 상원갑자년이 일백수

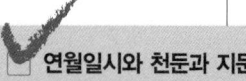

연월일시와 천둔과 지둔

연월은 지구 위의 관찰자[人]와는 무관하게 지구의 공전으로 인해 발생하고, 천둔을 따라 낙서역행운동을 한다. 반대로 일시는 지구 위의 관찰자와 밀접한 지구의 자전으로 인해 발생하고, 지둔을 따라 낙서순행운동을 한다.

성이 되고, 중원갑자년이 사록목성이 되고, 하원갑자년이 칠적금성이 된다.

또한 『어정성력고원』 2권에는 다음과 같은 내용이 있다. "잇따른 해마다 역(逆)으로 운행한다. 예를 들어, 갑자년(甲子年)의 중궁은 일백(一白)을 일으키고 을축년(乙丑年)의 중궁은 구자(九紫)을 일으켜서 실제로는 갑자년에 일백은 중궁에 위치하고 을축년에 일백은 건궁 육(六)에 위치하는 까닭에, 구자가 중궁에 위치하므로 역행 같지만 실제로는 순행하는 것이다 [逐年逆轉如甲子年中宮起一白乙丑年中宮起九紫而其實甲子年一白在中宮乙丑年一白則在乾六故紫在中宮似逆而實順也]."

위 내용을 다음 두 연반으로 설명할 수 있다. 먼저 왼쪽 갑자년의 연구성은 일백수성으로 중궁에 위치하고, 오른쪽 을축년의 연구성은 구자화성으로 중궁에 위치한다. 따라서 중궁에 위치한 연구성만 보면 1 → 9로 역행하지만, 각각의 구성숫자에 주목하면 갑자년의 연반에서 일백수성은 중궁에 위치하고 을축년의 연반에서 일백수성은 건궁에 위치하는 것처럼, 각각의 구성숫자는 해가 바뀔 때마다 연반에서 순행한다.

■ 갑자년의 연구성

	1	3
		2

■ 을축년의 연구성

	9	2
3		1

이제까지 설명한 내용에 따라 연구성을 배치해보자. 먼저 상원갑자는 감(坎) 일

(一)에서 일으킨다는 원칙에 따라 상원갑자년을 감궁의 1에 대응시켜 시작한 다음, 이후부터는 낙서역행운동을 따른다. 즉, 다음 을축년은 이궁의 9가 되고, 그 다음 병인년은 간궁의 8이 되며, 나머지 60갑자 또한 1 → 9 → 8 → 7 → 6 → 5 → 4 → 3 → 2 → 1 → 9 → 8 → 7 → 6 → 5 → 4 → ……처럼 낙서역행운동을 하면서 낙서수를 거꾸로 따라간다.

■ 연구성의 배치 순서표

4 (上元庚午年) …… (中元甲子年)	9 (上元乙丑年) (上元甲戌年) ……	2 (上元壬申年) ……
3 (上元辛未年) ……	5 (上元己巳年) ……	7 (上元丁卯年) …… (下元甲子年)
8 (上元丙寅年) (上元乙亥年)	1 (上元甲子年) (上元癸酉年)	6 (上元戊辰年) ……

3) 연구성의 출발점이 1인 이유

기원전 4세기경 전국시대에 만들어진 것으로 추정되는 『곽점초묘죽간본(郭店楚墓竹簡本)』에 실린 「태일생수(太一生水)」를 보면, 연구성의 출발점인 상원갑자년을 감궁의 1에 대응시켜 시작하는 이유를 알 수 있다. 곽점초묘죽간본은 1993년에 호북성(湖北省)의 형문(荊門) 곽점(郭店) 분묘에서 발굴되었으며, 발굴된 죽간(竹簡)은 총 804매로 대부분은 유가(儒家)에 속하는 책이 실려 있고, 85매의 죽간은 도가(道家)에 속하는 책이 실려 있다.

"태일(太一)이 물을 낳고, 물은 반대로 태일을 도와 이로써 하늘을 이룬다. 하늘이 반대로 태일을 도와 이로써 땅을 이룬다. 하늘과

> ✓ **연구성의 출발점이 1인 이유**
> 1년을 대표하는 연구성이 태일로부터 발생하였고, 태일은 북극성으로서 북쪽 감궁에 위치하며, 감궁에 일백수성이 위치하기 때문이다.

땅은 다시 서로 도와 이로써 신명(神明, 하늘과 땅의 정령)을 이룬다. 신명이 다시 서로 도와 이로써 음과 양을 이룬다. 음과 양이 다시 서로 도와 이로써 사계절을 이룬다. 사계절이 다시 서로 도와 이로써 뜨거움을 이룬다. 열이 다시 서로 도와 이로써 습하고 건조함을 이룬다. 습하고 건조함이 서로 도와 한 해를 이루고 멈춘다. 그러므로 한 해는 습하고 건조함의 소생이며, 습하고 건조함은 춥고 더움의 소생이며, 춥고 더움은 사계절의 소생이며, 사계절은 음양의 소생이며, 음양은 신명의 소생이며, 신명은 하늘과 땅의 소생이며, 하늘과 땅은 태일의 소생이다[太一生水 水反輔太一 是以成天 天反輔太一 是以成地 天地復相輔也 是以成神明 神明復相輔也 是以成陰陽 陰陽復相輔也 是以成四時 四時復相輔也 是以成熱 熱復相輔也 是以成濕燥 濕燥復相輔也 成歲而止 故歲者 溼燥之所生也 溼燥者 滄然之所生也 滄然者 四時之所生也 四時者 陰陽之所生(也) 陰陽者 神明之所生也 神明者 天地之所生也 天地者 太一之所生也]."

위 내용을 정리하면, 태일(太一) → 물[水] → 천지(天地) → 신명(神明) → 음양(陰陽) → 사시(四時) → 창연(滄然) → 습조(溼燥) → 한 해[歲]가 된다. 즉, 태일(太一)로부터 시작하여 1년이 되는 것이다. 따라서 1년을 대표하는 연구성도 태일로부터 발생한다. 이러하므로, 여기에서 태일의 정체를 알아야 태일생수(太一生水)의 의미와 연구성의 생성 원리를 찾아낼 수 있다.

중국 전한(前漢)시대 사마천(司馬遷)이 저술한 『사기(史記)』 27권 「천관서(天官書)」를 보면, "중궁에는 북극성(천극성)이 있는데 그것이 하나로 밝은 것은 태일이 항상 위치하고 있기 때문이다[中宮天極星 其一明者 太一常居也]"라고 하였다. 여기서 태일은 북극성을 의미한다.

또한 『역위·건착도(易緯·乾鑿度)』에서 "그러므로 태일은 그 수를 취하여 구궁 안을 움직이고, 가로의 가운데 줄·세로의 가운데 줄과 네 모퉁이가 모두 합이 15가 된다[故太一取其數以行九宮 四正四維皆合于十五]"고 했는데, 중국 후한

(後漢) 말기의 유학자 정현(鄭玄)이 "태일은 북신의 신 이름이다. 그 곳에 거처하여 태일이라 말한다[太一者 北辰之神名也 居其所曰太一]"고 주석을 달아서 태일이 북신(北辰)임을 밝혔다.

또한, 『이아(爾雅)』에서 "북극, 그것을 북신이라고 이른다[北極謂之北辰]"고 한 것까지 연결 지으면 결과적으로 태일은 북극성이 된다.

이제까지 알아본 것처럼 태일이 북극성이므로 태일은 북쪽 감궁에 위치하고, 감궁이 일백수성(一白水星)이므로 태일생수(太一生水)가 되었다. 또한 한 해, 즉 1년은 태일로부터 발생하므로 연구성의 출발점이 되는 상원갑자년을 감궁의 1에 대응시켜 시작하였다.

인용한 고서 중에서 『역위(易緯)』는 『주역(周易)』의 위서(緯書)로 일종의 해설서이고, 『역위·건착도(易緯·乾鑿度)』는 현존하는 『역위(易緯)』로서 주역의 본질적 속성과 괘기설(卦氣說)에 대해서 논증하여 기문둔갑을 비롯한 많은 역학의 이론적 바탕을 제공하였다. 그리고 『이아(爾雅)』는 『시경(詩經)』과 『서경(書經)』 등 고전(古典)의 문자를 추려놓은 한(漢)나라 초기의 글자사전이다.

4) 연구성이 낙서역행운동을 하는 이유

연구성의 배치 순서가 낙서역행운동을 하는 이유는 「태일생수(太一生水)」의 "태일(太一)이 물을 낳고, 물은 반대로 태일을 도와 이로써 하늘을 이룬다[太一生水 水反輔太一 是以成天]"는 구절을 보면 유추할 수 있다. 태일이 자신의 생산물인 물과 함께 하늘[天]을 이루므로, 물인 일백수성(一白水星)으로부터 시작하는 연구성도 하늘[天]이 운행하는 방식을 따른다. 따라서 『기문법규(奇門法竅)』에서도 "그것(연구성)의 포국은 법식이 순행인 것을 역으로 거슬러서 천둔을 따른 것이다[其佈局逆儀順奇從天遁也]"라고 하여 연구성이 천둔을 따른다고 표현하였다. 이제 천둔이 왜 낙서역행운동을 하는지 증명하는 일이 남았다.

> **천둔·지둔과 하도·낙서**
>
> 하도는 시간의 근본 골격을 나타내고, 낙서는 시간이 운용되는 것을 나타낸다. 천둔과 지둔은 변화하는 것으로 시간의 운용에 해당하므로 낙서운동을 따르되, 천둔은 낙서역행운동을 하고 지둔은 낙서순행운동을 한다.

중국 송(宋)나라 시대의 학자 소옹(邵雍)은 역학 분야에서는 시호인 소강절(邵康節)로 더 잘 알려져 있는데, 그는 『황극경세관물외편연의(皇極經世觀物外篇衍義)』 4권에서 하도와 낙서를 천원지방(天圓地方)에 연결시켰다.

다음 문장을 보자. "원(圓)은 별[星]이다. 책력을 기록하는 숫자는 이것(원)으로부터 비롯되었을 것이다. 방(方, 네모난 꼴)은 흙[土]이다. 국토를 나누고 땅을 합치는 법은 이것(방)에서 본떴을 것이다. 그래서 원은 하도의 숫자이고, 방은 낙서의 문양이다. 그런 이유로, 희문(羲文)이 그것으로 인하여 역(易)을 창조하고, 우기(禹箕)는 그것을 서술하여 홍범구주(洪範九疇)를 만들었다[圓者星也 歷紀之數 其肇於此乎 方者土也 畫州并土之法其倣於此乎 蓋圓者 河圖之數 方者 洛書之文 故羲文因之而造易 禹箕敍之而作範也]."

위 문장에서 희문(羲文)은 복희씨(伏羲氏)와 주(周)나라 문왕(文王)을 함께 부르는 명칭이다. 복희가 팔괘(八卦)를 그리고, 문왕이 괘사(卦辭)를 지었다.

또한 우기(禹箕)는 대우(大禹)와 기자(箕子)을 합한 명칭이다. 대우는 중국 고대의 성왕(聖王)인 하(夏)나라 우왕을 말하는데, 그는 홍수를 다스려 천신(天神)를 감동시켰다. 이에 천신이 거북이 등에 홍범구주(洪範九疇)를 주었고, 상(商)나라 태정제(太丁帝)의 아들인 기자가 홍범구주를 주나라 무왕(武王)에게 전해서 크게 널리 알렸다고 한다.

또한 전한(前漢) 회남왕(淮南王) 유안(劉安)이 편찬한 일종의 백과사전인 『회남자(淮南子)』 「천문훈(天文訓)」에서도 "하늘의 운행길(또는 규칙)은 둥근 원이고, 땅의 운행길(또는 규칙)은 네모다. 네모남[方]은 그윽함을 주관하고, 원[圓]은 밝음을 주관한다[天道曰圓 地道曰方 方者主幽 圓者主明]"고 하였다.

이것을 자세히 풀이하면 "태양의 운행을 관찰하여 하늘의 모양이 둥근 원이라는 것을 알았는데, 태양이 항상 밝기 때문에 원은 밝음을 주관한다고 하였다. 또한 일직선으로 무한정 뻗어 있는 지평선을 관찰하여 땅의 모양이 모남 즉, 네

모남을 알았는데, 지평선이 무한정으로 뻗어 나가 그 끝을 알 수 없기 때문에 방(方)은 그윽함을 주관한다고 하였다"는 의미다.

위에서 인용한 소옹과 유안의 글을 합하면, 하늘의 둥근 원[天圓]은 하도의 원(圓)을 가리키고, 땅의 네모[地方]는 낙서의 방(方)을 가리킨다. 따라서 하도는 하늘[天]을 본뜬 것이고, 낙서는 땅[地]를 본뜬 것이다.

또한 앞서 천둔을 설명할 때도 언급했지만, 천(天)에 배당되는 연과 월은 지구의 공전에 의해 생겨나므로 월은 작게는 12지지로 표현되는 월건(月建)이 되며, 크게는 하도에서 오행의 배치구조인 사계절이 된다. 봄·여름·가을·겨울의 순서로 운행하는 사계절의 배치구조는 시간의 근본 골격에 해당하므로, 결과적으로 하도는 시간의 근본 골격을 옮겨놓은 그림이다. 따라서 시간의 근본 골격[體]에 사용할 때는 하도수(河圖數)를 취하게 된다.

또한 지(地)에 배당되는 일과 시는 지구의 자전에 의해 생겨나고 지둔은 낙서 순행운동으로 정의되므로, 지(地)는 시간의 근본 골격인 하도가 운용되는 낙서에 대응된다. 따라서 시간의 운용[用]이 되는 지리(地理)에 사용할 때는 낙서수(洛書數)의 문양을 취한다.

지금까지 알아본 것처럼 낙서는 땅[地]를 본뜬 것이므로 낙서순행운동은 지둔이 된다. 따라서 천둔을 따르는 연구성은 낙서역행운동을 하게 된다. 왜냐하면 지둔과 천둔 모두 변화하는 것[遁]이므로 시간의 운용에 해당하여 낙서운동을 따르기 때문이다. 또한 『주역(周易)』이 발달한 중국 고대 주나라 이전 시기부터 쓰인 것으로 보이는 천원지방설(天圓地方說)의 '천도좌선 지도우전(天道左旋 地道右轉)'이라는 표현으로도 알 수 있듯, 중국 고대 시기부터 하늘[天]과 땅[地]의 운행 방향을 서로 반대로 표현하였다.

5) 연구성의 배치 변화에 대한 수리해석학적 분석

앞에서 연구성의 배치 원리를 태일생수(太一生水)라는 도가적 관점에서 살펴보고, 연구성의 출발점이 1인 것을 확인하였다. 여기서는 이것을 과학적으로 증명하기 위하여 연구성의 출발점을 1이 아니라 2 또는 3 등의 다른 구성숫자로 정했을 때 구성기학의 전체 체계가 어떻게 변하고, 그 실효성이 지속될 수 있는지를 분석한다. 더불어 이런 작업을 통해서 연구성과 월구성, 일구성, 시구성이 내림차순으로 서로 연관되어 있음도 증명할 수 있을 것이다.

다음 두 그림에서 첫 번째는 연구성의 출발점이 1이고, 두 번째는 연구성의 출발점이 8이다. 이것은 연구성의 출발점을 원래 1에서 천둔 방향인 낙서역행운동 방향으로 +2만큼 평행 이동시켜 간궁의 8로 가정한 결과, 연구성이 새롭게 배치된 것이다.

연구성이 1부터 시작하여 9 → 8 → 7 → 6 → 5 → 4 → 3 → 2 → 1 → 9 → 8 → 7 …… 순서로 역행운동을 하므로, 진행방향으로 +2만큼 평행 이동을 하면 연구성의 출발점은 1이 아닌 8이 되고, 전체 배치 또한 달라진다.

> **연구성의 출발점과 구성기학 책력의 연속성**
>
> 연구성이 1에서 시작되면 내림차순으로 월구성과 일구성까지 구성기학 책력 체계에서 연속성을 나타내고 순환주기가 일정해진다.

■ 연구성의 출발점이 1인 경우

4 (上元庚午年)	9 (上元乙丑年)	2 (上元壬申年)
3 (上元辛未年)	5 (上元己巳年)	7 (上元丁卯年)
8 (上元丙寅年)	1 (上元甲子年)	6 (上元戊辰年)

■ 연구성의 출발점이 8인 경우

4 (上元戊辰年)	9 (上元壬申年)	2 (上元庚午年)
3 (上元己巳年)	5 (上元丁卯年)	7 (上元乙丑年)
8 (上元甲子年)	1 (上元辛未年)	6 (上元丙寅年)

그런데 이렇게 연구성의 출발점이 변화하면 월구성의 출발점에도 영향을 미치는가? 이 점을 알려면 연구성과 월구성의 관계를 먼저 파악해야 한다.

먼저 월구성의 구조를 보면, 상원갑자월에는 월구성에 1이 배당되고 이어서 상원을축월에는 월구성에 9가 배당되는 식으로 각각의 월에 1부터 9까지의 구성숫자가 1 → 9 → 8 → 7 → 6 → 5 → 4 → 3 → 2의 낙서역행운동으로 배당된다. 1부터 9까지의 구성숫자는 각각 증명이 필요하지 않은 자명한 진리 또는 다른 명제를 증명하는 데 전제가 되는 공리(公理)이다. 또한 1부터 9까지의 구성숫자가 낙서역행운동을 하는 것은 주기가 9인 생산자(반복에 사용되는 가장 작은 단위)로 사용되고, 이러한 생산자 1 → 9 → 8 → 7 → 6 → 5 → 4 → 3 → 2가 20번 반복되면 180개월의 순환주기를 갖는 월구성의 전체 구조를 형성한다.

다음으로 연구성의 구조를 보면, 1년은 12개월로 이루어져 있으므로 12개의 월구성이 부분구조로 사용되어 하나의 연구성을 이룬다. 이러한 연구성의 전체 구조는 월구성의 전체 구조와 동일한 형태를 이룬다. 즉, 상원갑자년에는 연구성이 1이 배당되고 이어서 상원을축년에는 연구성이 9가 배당되는 식으로 각각의 연에 1부터 9까지의 구성숫자가 1 → 9 → 8 → 7 → 6 → 5 → 4 → 3 → 2로 낙서역행운동으로 배당되어 연구성을 이룬다. 또한 연구성에서도 1부터 9까지의 구성숫자는 각각 공리가 되고, 이 구성숫자가 1 → 9 → 8 → 7 → 6 → 5 → 4 → 3 → 2로 진행하는 낙서역행운동을 20번 반복하면서 180년의 순환주기를 갖는 연구성의 전체 구조를 이룬다.

이렇듯 연구성과 월구성은 1부터 9까지의 구성숫자가 1 → 9 → 8 → 7 → 6 → 5 → 4 → 3 → 2로 낙서역행운동을 끝없이 되풀이하는 프랙탈(fractal) 구조로 이루어져 있다. 프랙탈 구조는 작은 구조가 전체 구조와 비슷한 형태로 끝없이 되풀이되는 구조를 말한다. 일구성과 시구성의 관계도 월구성과 연구성의 프랙탈 구조와 동일한 방식으로 형성된다. 다음 시어핀스키 삼각형(Sierpinski Gasket)을 참조하면 프랙탈 구조를 더 잘 이해할 수 있을 것이다.

> **✓ 시어핀스키 삼각형**
>
> 도형의 일부분을 확대했을 때 다시 전체의 모습이 되는 자기유사성을 보여주며, 다음 과정을 통해 얻을 수 있다.
> ① 정삼각형 하나에서 시작한다.
> ② 정삼각형의 세 변의 중점을 이으면 원래의 정삼각형 안에 작은 정삼각형이 만들어진다. 이 작은 정삼각형을 제거한다.
> ③ 남은 정삼각형들에 대해서도 ②를 실행한다.
> ④ ③을 무한 반복한다.

■ 시어핀스키 삼각형

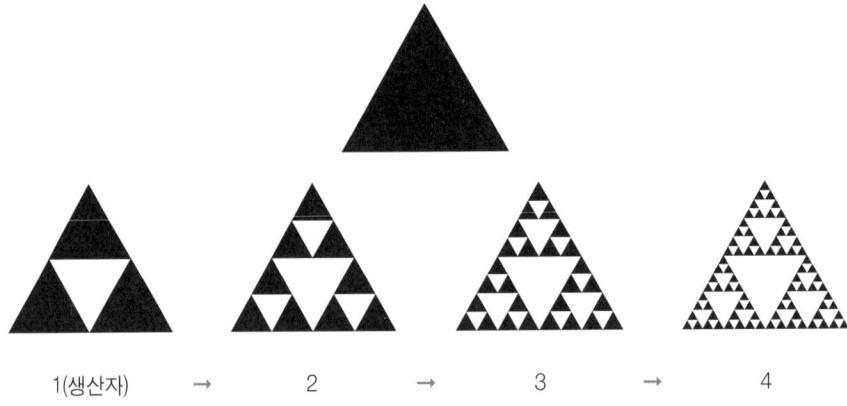

1(생산자) → 2 → 3 → 4

연구성과 월구성은 자기유사성을 갖는 프랙탈 구조로 되어 있으므로, 연구성을 낙서역행운동 방향으로 +2만큼 평행 이동시키면 연쇄적으로 월구성도 낙서역행운동 방향으로 +2만큼 평행 이동시켜야 한다.

■ 월구성의 출발점이 1인 경우

4 (甲子年 庚午月)	9 (甲子年 乙丑月)	2 (甲子年 壬申月)
3 (甲子年 辛未月)	5 (甲子年 己巳月)	7 (甲子年 丁卯月)
8 (甲子年 丙寅月)	1 (甲子年 甲子月)	6 (甲子年 戊辰月)

■ 월구성의 출발점이 8인 경우

4 (甲子年 戊辰月)	9 (甲子年 壬申月)	2 (甲子年 庚午月)
3 (甲子年 己巳月)	5 (甲子年 丁卯月)	7 (甲子年 乙丑月)
8 (甲子年 甲子月)	1 (甲子年 辛未月)	6 (甲子年 丙寅月)

연구성에 따라서 월구성도 같은 수만큼 평행 이동시키면 논리적으로 별 문제가 생기지 않는 듯 보인다. 월구성의 출발점과 종점은 평행 이동하지만, 월구성의 전체 체계에서 구성숫자의 연속성은 파괴되지 않기 때문이다. 그러나 연구성을

일구성의 구조

순환주기가 180년인 연구성처럼 일구성도 각각 상원·중원·하원 갑자로 이루어진 양둔과 음둔의 프랙탈 구조이다. 나머지 5일 + 1/4일은 약 11.5년마다 윤국을 두어 조절한다.

평행 이동시킨 결과로 일구성과 시구성은 양둔과 음둔의 교차 지점에서 구성숫자의 연속성이 완전히 파괴된다.

일구성은 180년의 주기를 갖는 연구성과 유사한 프랙탈 구조로 이루어져 있다. 동지부터 그림자가 짧아지는 양둔(陽遁)은 60갑자가 3번 반복된 상원·중원·하원 갑자의 삼원갑자로 이루어진다. 또한 하지부터 그림자가 길어지는 음둔(陰遁) 역시 60갑자가 3번 반복된 상원·중원·하원 갑자의 삼원갑자로 이루어진다. 물론, 1년 중에서 2번 반복되는 삼원갑자를 제외한 5일 + 1/4일을 처리하기 위하여 약 11.5년마다 윤국(閏局)을 둔다.

여기에서 주목할 점은 일구성이 양둔에서 음둔으로 전환될 때와 음둔에서 양둔으로 전환될 때 연속성을 확보하기 위하여 뫼비우스의 띠(Mobius strip)를 사용한다는 것이다. 뫼비우스의 띠는 좁고 긴 직사각형 종이를 180°로 1번 회전시킨 후 양 끝을 붙여서 생기는 하나의 면을 가진 곡면으로, 안쪽과 바깥쪽의 구별이 없다.

더 자세히 설명하면, 1부터 9까지의 구성숫자로 이루어진 띠 중에서 양 끝의 1과 9를 뫼비우스의 띠 바깥쪽에서 안쪽으로 전환되는 부분의 경계면, 즉 양둔에서 음둔으로 전환시키는 장치와 음둔에서 양둔으로 전환시키는 장치로 사용한다. 따라서 실제로는 다음 마지막 그림과 같이 꼬이는 부분이 2개 존재하게 된다.

■ 뫼비우스의 띠

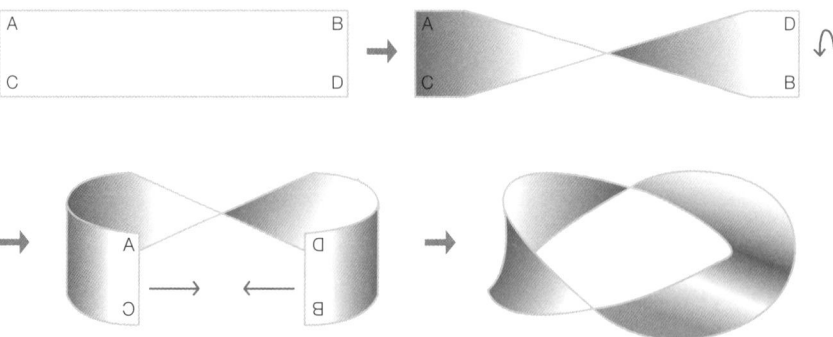

■ 구성숫자로 이루어진 띠

| 1 | 2 | 3 | 4 | 5 | 6 | 7 | 8 | 9 |

일구성의 배치 구조를 확실히 이해하기 위해서 양둔과 음둔에서 일구성의 낙서 운동 규칙을 알아보면 다음과 같다.

먼저 양둔을 살펴보면, 다음 태극도처럼 동지부터 그림자의 길이가 점점 짧아지는 만큼 양(陽)이 성장하므로 양둔이라 하고, 구성기학에서는 동지에 가장 가까운 갑자(甲子)일부터 양둔의 시작으로 정의한다. 또한 동지는 이어지는 낙서 역도(曆圖)에서 보듯이 낙서에서 감궁의 일백수성에 속하므로, 양둔이 시작되는 갑자일을 낙서수 1에 대응시킨 후 일구성을 낙서순행운동으로 구한다.

■ 태극도

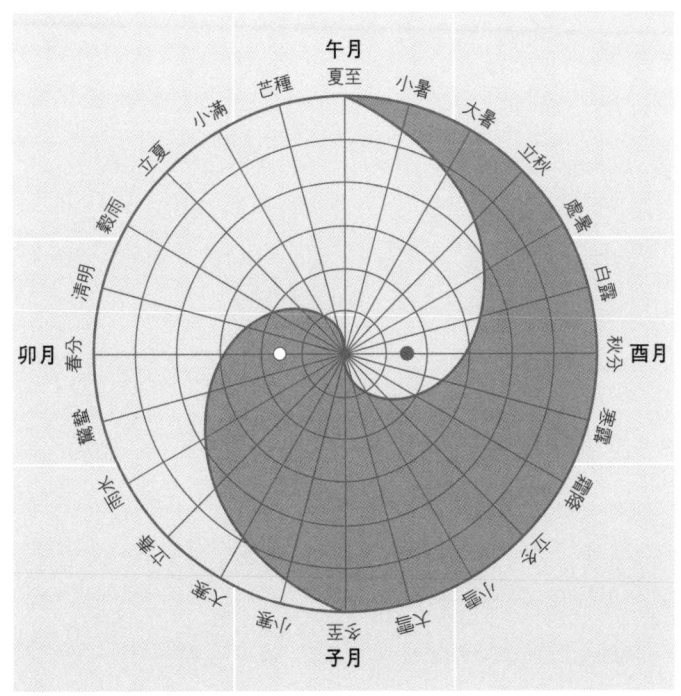

■ 낙서 역도

巽宮 四祿木星 立夏 3月·4月	離宮 九紫火星 夏至 5月	坤宮 二黑土星 立秋 6月·7月
震宮 三碧木星 春分 2月	북극성	兌宮 七赤金星 秋分 8月
艮宮 八白土星 立春 12月·1月	坎宮 一白水星 冬至 11月	乾宮 六白金星 立冬 9月·10月

■ 양둔의 일구성 배치

...	3 辛酉日	2 壬戌日	1 癸亥日	1 甲子日	2 乙丑日	3 丙寅日	4 丁卯日	...

(음둔 끝)　(양둔 시작)

다음으로 음둔을 살펴보면, 태극도처럼 하지부터 그림자의 길이가 점점 길어지는 만큼 음(陰)이 성장하므로 음둔이라 하고, 구성기학에서는 하지에 가장 가까운 갑자(甲子)일부터 음둔의 시작으로 본다. 또한 하지는 낙서 역도에서 볼 수 있듯이 낙서에서 이궁의 구자화성에 속하므로, 음둔이 시작되는 갑자일을 낙서수 9에 대응시킨 후 일구성을 낙서역행운동으로 구한다.

■ 음둔의 일구성 배치

…	7 辛酉日	8 壬戌日	9 癸亥日	9 甲子日	8 乙丑日	7 丙寅日	6 丁卯日	…

⋮　　⋮
(양둔 끝)　(음둔 시작)

이제 양둔과 음둔의 일구성의 출발점을 낙서에 함께 표시하면 다음과 같다.

■ 양둔과 음둔의 일구성 출발점

4	9 (음둔 甲子日)	2 (양둔 乙丑日)
3	5	7
8 (음둔 乙丑日)	1 (양둔 甲子日)	6

위에서 볼 수 있듯이, 양둔과 음둔의 출발점과 도착점은 낙서수 1과 9로 서로 맞닿아 있다. 중국 명(明)나라 초기에 유백온(劉伯溫)이 지은 『기문둔갑비급대전(奇門遁甲秘笈大全)』 2권에 실린 〈연파조수가(煙波釣叟歌)〉에서도 "음양이 역행하고 순행하는 것은 묘해서 연구하기 어렵고, 동지와 하지의 두 절기는 구궁도를 돌아서 자신의 고향인 낙서수 1인 감궁과 낙서수 9인 이궁으로 돌아온다[陰陽逆順妙難窮 二至還鄉一九宮]"고 하였다.

지금까지 알아본 일구성의 배치에 연구성의 출발점을 진행 방향으로 +2만큼 평행 이동시킨 결과를 대입하면, 다음과 같이 일구성의 배치가 변형된다.

■ 연구성의 평행 이동에 따른 일구성의 배치 변화

4 (양둔 乙丑日)	9	2 (양둔 마지막날)
3 (양둔 甲子日)	5	7 (음둔 甲子日)
8 (음둔 마지막날)	1	6 (음둔 乙丑日)

■ 연구성의 평행 이동에 따른 양둔의 일구성 배치

…	1 辛酉日	9 壬戌日	8 癸亥日	3 甲子日	4 乙丑日	5 丙寅日	6 丁卯日	…

⋮　　⋮
(음둔 끝)　(양둔 시작)

■ 연구성의 평행 이동에 따른 음둔의 일구성 배치

…	9 辛酉日	1 壬戌日	2 癸亥日	7 甲子日	6 乙丑日	5 丙寅日	4 丁卯日	…

⋮　　⋮
(양둔 끝)　(음둔 시작)

〈연구성의 평행 이동에 따른 양둔의 일구성 배치〉를 통해서 알 수 있듯이, 음둔의 마지막 날인 계해(癸亥)일이 구성숫자 8로 끝났는데, 바로 다음 날인 양둔이 처음 시작하는 날인 갑자일이 구성숫자 3이 되어 뫼비우스의 띠처럼 연속적으로 이어져야 하는 구성기학 책력의 연속성이 파괴된다.

또한 〈연구성의 평행 이동에 따른 음둔의 일구성 배치〉를 통해서 알 수 있듯이, 양둔의 마지막 날인 계해일은 구성숫자 2로 끝났는데, 바로 다음 날인 음둔이 처음 시작하는 날인 갑자일은 구성숫자 7이 되므로 이 또한 구성기학 책력의 연속성이 파괴된다. 시반 포국법에서 좀더 자세히 알아보겠지만, 시구성은 일구성에 따라 변하는 하위개념이면서 일구성에 대한 종속변수이므로 일구성의 연속성이 파괴되면 시구성의 연속성 또한 파괴된다.

2 연구성을 빨리 구하는 방법

연구성(본명성)을 빨리 구하는 방법에 대해서는 여러 가지 견해가 있다.

1) 상원갑자년도와 구하려는 연도를 이용하는 방법

이 방법은 중국의 등문관(鄧文寬)이 『돈황토로번천문역법연구(敦煌吐魯番天文曆法研究, 2002)』에서 소개하였다. 먼저 구하려는 연도에서 상원갑자년도를 뺀 다음, 9로 나누어서 몫은 버린다. 여기서 나머지(r)가 위치하는 궁의 낙서수가 연구성이 된다.

■ 나머지

r=6	r=1	r=8
r=7	r=5	r=3
r=2	r=0	r=4

■ 낙서수와 궁

4 (巽宮)	9 (離宮)	2 (坤宮)
3 (震宮)	5 (中宮)	7 (兌宮)
8 (艮宮)	1 (坎宮)	6 (乾宮)

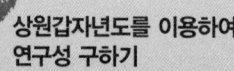

상원갑자년도를 이용하여 연구성 구하기

{(구하려는 연도) − (상원갑자년도)} ÷ 9에서 몫은 버리고, 나머지가 위치하는 궁의 낙서수가 태어난 해의 연구성(본명성)이 된다.

상원갑자에 해당하는 연도는 출발점인 기원전 2697년과 기원후 604년, 784년, 964년, 1144년, 1324년, 1504년, 1684년, 1864년 등이 있다. 특히 상원갑자년의 출발점인 기원전 2697년은 지구 위의 관찰자 입장에서 수성, 금성, 화성, 목성, 토성이 같은 방향에 일렬로 모이는 오성련주(五星聯珠)가 발생한 시간을 갑자년(甲子年), 갑자월(甲子月), 갑자일(甲子日), 갑자시(甲子時)로 정하여 최초의 상원갑자가 시작되는 해로, 황제헌원씨(黃帝軒轅氏)가 개국한 연도이다. 이 중에서 상원갑자년도로 어떤 것을 사용해도 결과는 같으므로 가장 외우기 쉬운 604년을 사용한다. 예를 들어, 2011년의 연구성을 구해보자. (2011 - 604) ÷ 9를 하면 나머지(r)가 3이므로 r = 3인 태궁의 낙서수인 7이 연구성이 된다.

이 방법을 현대 대수(現代代數)의 9의 배수 판정법과 합동식(合同式)을 사용하여 더 간략화할 수 있다. 그러나 상원갑자 604년을 알아야 하고 2010년처럼 큰 수로 뺄셈을 하는 등 여전히 불편함이 따른다. 다음에 소개하는 〈구하려는 연도를 이용하는 방법〉이나 〈한국 나이를 이용하는 방법〉이 상원갑자를 몰라도 되고 수학적 계산이 필요하지 않으므로 연구성을 구하기에 더욱 편리할 것이다.

2) 구하려는 연도를 이용하는 방법

이 방법은 1900년대를 구하는 방법과 2000년대를 구하는 방법이 서로 다르다.

❶ 구하려는 연도가 1900년대인 경우

19ⒶⒷ년 : 10 − (Ⓐ + Ⓑ) → **식1**

이 공식을 활용하여 구하려는 해의 연구성을 구해보자. 예를 들어, 1962년은 10 - (6 + 2) = 2이므로, 1962년 임인년(壬寅年)에 태어난 사람은 본명성이 항상 2가 된다. 마찬가지로 1961년은 10 - (6 + 1) = 3이므로, 1961년 신축년(辛丑年)에 태어난 사람은 본명성이 항상 3이 된다. 계산 결과 0이 나오는 경우가 있는데, 이럴 때는 연구성을 9로 본다. 연구성의 순환주기가 9이므로 9로 나누어 나머지가 0이면 연구성이 9가 되는 것이다.

한편, 위 공식에서 Ⓐ + Ⓑ가 10을 넘는 경우가 있다. 예를 들어, 1986년은 10 - (8 + 6) = 10 - 14 = -4이다. 이처럼 계산 결과가 음의 정수인 마이너스(-)가 나올 때는 다음 2가지 방식으로 구할 수 있다. 두 가지 방식 모두 같은 결과가 나온다.

구하려는 연도로 연구성 구하기
1900년대는 19ⒶⒷ년 : 10 - (Ⓐ + Ⓑ).
2000년대는 20ⒸⒹ년 : 9 - (Ⓒ + Ⓓ).
이때 결과가 0이면 9로 보고, Ⓐ + Ⓑ와 Ⓒ + Ⓓ가 10이 넘으면 계산 결과의 십의자리 숫자와 일의자리 숫자를 다시 더한 뒤 10에서 뺀다.

첫째, 구성(九星)으로 이루어진 주기가 9인 주기함수이므로 계산 결과인 음의 정수에 9를 더하면 된다. 따라서 (-4) + 9 = 5가 된다. 즉, 1986년생은 항상 5가 본명성이 된다.

둘째, Ⓐ + Ⓑ가 10이 넘으면 그 계산 결과의 십의자리 숫자와 일의자리 숫자를 다시 더한 뒤 10에서 뺀다. 즉, 10 - (8 + 6) = 10 - 14 = -4에서 14를 1 + 4로 바꾸어 계산하므로 10 - (1 + 4) = 5가 나온다. 두 번째 방법이 첫 번째 방법보다 쉬우므로 이 방법을 추천한다. 2000년대의 연구성을 구하는 경우에도 십의자리 숫자와 일의자리 숫자의 합이 10을 넘으면 이 방법으로 계산한다.

또 다른 예로, 1984년은 10 - (8 + 4) = 10 - 12 = -2가 나온다. 12에서 십의자리 숫자 1과 일의자리 숫자 2를 더하면 10 - (1 + 2) = 7이므로 이 사람의 본명성은 7이다.

❷ 구하려는 년도가 2000년대인 경우

20ⒸⒹ년 : 11 - (2 + 0 + Ⓒ + Ⓓ) = 9 - (Ⓒ + Ⓓ) → **식2**

위 공식을 활용하면, 2010년은 9 - (1 + 0) = 8이므로, 2010년 경인년(庚寅年)에 태어난 사람은 본명성이 항상 8이 된다.

2009년은 9 - (9 + 0) = 0이 나온다. 이 경우 연구성은 0이 아니라 9가 된다. 앞서 설명한 것처럼 주기가 9이므로 9로 나눈 나머지가 0이면 연구성이 9가 되는 것이다. 따라서 2009년 기축년(己丑年)에 태어난 사람은 본명성이 항상 9이다.

3) 한국 나이를 이용하는 방법

한국 나이를 이용하여 연구성(본명성)을 구하는 방법이다. 2006년은 나이 - 7, 2007년은 나이 - 8, 2008년은 나이 - 9, 2009년은 나이 - 1, 2010년은 나이 - 2, 2011년은 나이 - 3, 2012년은 나이 - 4, 2013년은 나이 - 5, 2014년은 나이 - 6, 2015년은 나이 - 7, 2016년은 나이 - 8, 2017년은 나이 - 9가 연구성이 된다. 이어서 2018년은 나이에서 10을 빼야 하지만 구성기학이 구성(九星)을 사용하므로 10 대신 다시 1을 빼서 나이 - 1이 되고, 2019년은 나이 - 2, 2020년은 나이 - 3, 2021년은 나이 - 4가 연구성이 된다. 이렇게 나이를 이용하여 연구성을 구하는 공식은 뒤에 수학적으로 증명하겠지만, 실제 임상현장에서는 외우는 것이 편하다.

만약 나이가 10살 이상이면 나이에서 십의자리 숫자와 일의자리 숫자를 더해서 위처럼 뺀다. 또한 나이에서 십의자리 숫자와 일의자리 숫자를 더한 계산 결과가 10 이상이면, 그 계산 결과의 십의자리 숫자와 일의자리 숫자를 다시 더해서 위처럼 뺀다.

예를 들어, 1961년 신축년(辛丑年) 출생으로 2009년에 한국 나이로 49세인 사람은 49 - 1 → (4 + 9) - 1 = 13 - 1 → (1 + 3) - 1 = 3으로 본명성이 항상 3이다.

또 다른 예로, 1963년 계묘년(癸卯年)에 태어나 2010년에 한국 나이로 48세인 사람은 48 - 2 → (4 + 8) - 2 = 12 - 2 → (1 + 2) - 2 = 1로 본명성이 항상 1이다.

3 연구성을 빨리 구하는 방법의 수학적 증명

구하려는 연도를 이용하는 방법과 한국 나이를 이용하는 방법을 수학적으로, 그 중에서도 함수에 근거하여 증명하려고 한다. 수학적인 계산이 필요하므로 어렵게 느껴질 수 있지만, 하나하나 따져보면서 읽어 나가면 연구성을 빨리 구하는 방법이 체계적인 근거가 있음을 확인할 수 있을 것이다.

✓ **한국 나이로 연구성 구하기**

2006년은 나이 -7, 2007년은 나이 -8, 2008년은 나이 -9, 2009년은 나이 -1, 2010년은 나이 -2, 2011년은 나이 -3, 2012년은 나이 -4가 연구성이다. 이때 나이가 10 이상이면 나이의 십의자리 숫자와 일의자리 숫자를 더해서 위처럼 빼고, 이 결과 역시 10 이상이면 앞 과정을 반복한다.

먼저 함수에 대해 간략하게 설명하면, 변수 x와 y가 있는데 x값이 정해짐에 따라 y값이 정해질 때 y를 x의 함수라고 한다. 또는 x를 독립변수, y를 종속변수라고 한다. 우리 실생활에서 함수에 해당하는 것으로 지하철이나 열차 요금이 있다. 가까운 곳보다 멀리 갈수록 요금이 비싸진다. 즉, 거리(km수)의 함수로서 거리가 정해지면 그것에 대응하여 요금이 결정되는 것이다.

어떤 집합 X에 있는 원소를 일정한 규칙에 따라 다른 원소로 변환시키는 과정 역시 함수로 볼 수 있다. 이때 변환시키는 일정한 규칙을 함수라고 부르고, 집합 X를 정의역이라고 한다. 또한 X에 있는 임의의 원소[x]를 함수에 대입하여 다른 원소로 변환시켰을 때 그 변환된 원소를 함수값[f(x)]이라고 하고, 이 함수값들의 집합을 치역이라고 한다. 그리고 치역이 포함되는 보다 넓은 집합으로서 함수값들이 가질 수 있는 범위를 정해놓은 집합[Y]을 공역이라고 한다.

정리하면, 집합 X에서 집합 Y로의 함수 f를 기호로 옮기면 f : X → Y이고, 집합 X를 함수 f의 정의역, 집합 Y를 함수 f의 공역, 함수값 f(x)의 집합을 치역이라 한다.

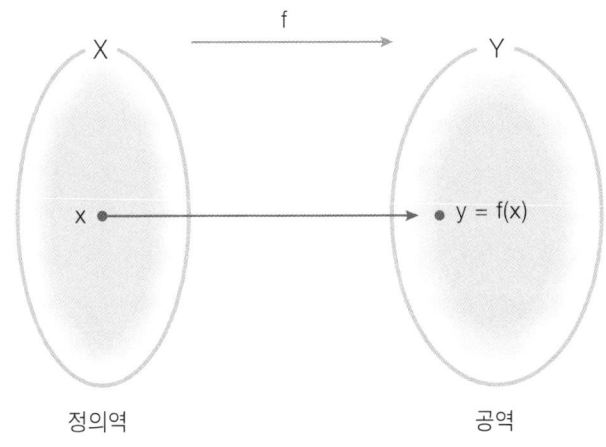

1) 구하려는 연도를 이용하는 방법의 증명

앞서 설명했지만, 구하려는 연도로 연구성을 구할 때 이용하는 방법은 1900년대

연구성과 주기함수

연구성은 9년마다 반복되어 같아지므로 주기가 9인 주기함수이며, 수학식으로는 f(x) = f(x + 9)가 된다. x는 연도이고, f(x)는 연구성이며, 공역과 치역이 집합 Y = {1, 2, 3, 4, 5, 6, 7, 8, 9}로 같은 전사함수이다.

와 2000년대로 나뉜다. 즉, 1900년대의 연구성을 구할 때의 공식은 19ⓐⓑ년 : 10 - (ⓐ + ⓑ), 2000년대의 연구성을 구할 때의 공식은 20ⓒⓓ년 : 11 - (2 + 0 + ⓒ + ⓓ) = 9 - (ⓒ + ⓓ)이다.

연구성의 배치 순서에서 설명한 것처럼 연구성은 9년마다 반복되어 같아진다. 먼저 1900년대에서 예를 들면 1981년의 연구성은 10 - (8 + 1) = 1이고, 1990년의 연구성도 10 - (9 + 0) = 1이 된다. 또한 1982년의 연구성은 10 - (8 + 2) = 0으로 9가 되고(나머지가 0일 때 연구성은 9이다), 1991년의 연구성은 10 - (9 + 1) = 0으로 9가 된다.

다시 2000년대에서 예를 들면 2000년의 연구성은 9 - (0 + 0) = 9이고, 2009년의 연구성도 9 - (0 + 9) = 0으로 9가 된다. 또한 2001년의 연구성은 9 - (0 + 1) = 8이 되고, 2010년의 연구성은 9 - (1 + 0) = 8이 된다.

이처럼 연구성은 9라는 주기(period)를 갖는 주기함수이다. 수학식으로는 f(x) = f(x + 9)가 된다. 단, 연구성 함수인 f(x)는 전사함수(全射函數)로서 공역과 치역이 집합 Y = {1, 2, 3, 4, 5, 6, 7, 8, 9}로 같다. 또한 연도 x는 정의역의 원소가 된다.

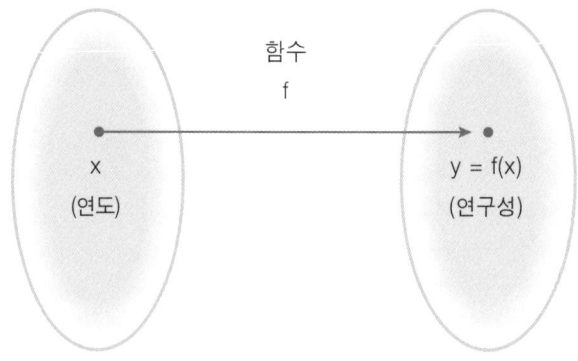

주기가 9인 주기함수인 연구성

주어진 수식에 맞추어 위의 예제를 쓰면 다음과 같다.

① 1900년대

⋯= f(1981-9-9) = f(1981-9) = f(1981) = f(1981+9) = f(1981+9+9) = ⋯ = 1 → 식3
⋯= f(1982-9-9) = f(1982-9) = f(1982) = f(1982+9) = f(1982+9+9) = ⋯ = 9 → 식4

② 2000년대

⋯= f(2000-9-9) = f(2000-9) = f(2000) = f(2000+9) = f(2000+9+9) = ⋯ = 9 → 식5
⋯= f(2001-9-9) = f(2001-9) = f(2001) = f(2001+9) = f(2001+9+9) = ⋯ = 8 → 식6

또한 연구성이 주기함수이므로, 연구성은 합동식(合同式)으로도 표현된다. 주기에 따라 반복되는 성질을 갖는 모든 자연현상이나 법칙에 사용되는 것이 바로 합동식이다. 합동식은 달력이나 시계 그리고 잉여류(剩餘類, 나눗셈에서 나머지가 같은 숫자들의 집합) 등에 주로 사용되는데, 역법(曆法)이나 천문현상, 역학에서도 주기적인 성질을 주로 취급하므로 합동식이 특히 자주 사용된다.

특히 합동식은 기문둔갑(奇門遁甲), 태을수(太乙數), 자미두수(紫微斗數), 구성기학 등에서 많이 사용되고, 지금 증명하려는 〈구하려는 연도를 이용하여 연구성을 구하는 방법〉에서도 반드시 사용되어야 증명이 가능하다.

증명에 앞서 먼저 합동식에 대해서 간략하게 소개한다. 두 정수(자연수와, 자연수에 대응하는 음수 및 0을 통틀어 이르는 말) a, b의 차가 정수 p의 배수일 때, a와 b는 법 p에 대해서 합동이라고 하고 이것을 $a \equiv b \pmod{p}$ 또는 $a \equiv b(p)$의 식으로 표시한다. 그리고 이런 식을 합동식이라고 한다. 예를 들어, $1 \equiv 10 \pmod{9}$는 1과 10은 법(모드) 9에 대해서 합동이라는 의미다. 또 다른 예로 $2 \equiv 11 \equiv 20 \equiv 29 \pmod{9}$는 2, 11, 20, 29는 법 9에 대해서 합동이라는 의미다. 여기에서 모드(mod)를 법이라고 하는 이유는 모드에 따라 두 수가 합동이 될 수도 있고 안 될 수도 있기 때문이다. 예를 들어, 1에다 9를 아무리 많이 더하거나 빼도 7이 될 수 없으므로 1과 7은 법 9에 대해서 합동이 아니다. 이렇듯 모드는 합동이 되는 법을

> **연구성과 합동식**
>
> 연구성은 주기가 9인 주기함수이므로 합동식으로 나타낼 수 있다. 합동식은 주기에 따라 반복되는 성질을 갖는 모든 자연현상이나 법칙, 특히 기문둔갑·태을수·자미두수·구성기학 등에서 자주 사용된다.

만드는 역할을 하므로 모드를 법이라고 명명하는 것이다.

합동을 나눗셈에서 알아보면, '두 정수 a, b의 차가 정수 p의 배수'라는 표현은 다음 수식에서 알 수 있듯이 정수 a와 b는 정수 p로 나누었을 때 나머지가 같다는 의미다.

$$\begin{aligned} a &= p \times (몫1) + r(나머지) \\ -\ )\ b &= p \times (몫2) + r(나머지) \\ a - b &= [p \times (몫1) + r] - [p \times (몫2) + r],\ a - b = p \times [(몫1) - (몫2)] \end{aligned}$$

연구성도 주기가 9인 주기함수이므로 잉여류에 속한다. 따라서 합동식을 나눗셈에 적용하는 경우를 더 자세히 알아본다.

$$\begin{array}{r} 3 \rightarrow 몫 \\ 9\ )\overline{\ 31\ } \rightarrow 피제수 \\ 27 \\ \hline 4 \rightarrow 나머지 \end{array}$$

제수 $\rightarrow$ 9

$31 = 9 \times 3 + 4$
위 식의 양변에서 4를 빼면
$31 - 4 = 9 \times 3$
위의 식을 다시 합동식으로 표현하면
$31 \equiv 4 \pmod 9$ → **식7**
즉, 피제수 31과 나머지 4는 법 9에 대해서 합동이다

$$\begin{array}{r} 2 \rightarrow 몫 \\ 9\ )\overline{\ 22\ } \rightarrow 피제수 \\ 18 \\ \hline 4 \rightarrow 나머지 \end{array}$$

제수 $\rightarrow$ 9

$22 = 9 \times 2 + 4$
위 식의 양변에서 4를 빼면
$22 - 4 = 9 \times 2$
위의 식을 다시 합동식으로 표현하면
$22 \equiv 4 \pmod 9$ → **식8**
즉, 피제수 22와 나머지 4는 법 9에 대해서 합동이다

위의 식7과 식8을 연결하면 $22 \equiv 31 \equiv 4 \pmod 9$가 되고, 이 합동식은 9로 나누

었을 때 나머지가 4가 되는 숫자의 집합(잉여류)에 22와 31이 원소가 된다는 것을 의미한다. 이렇듯 합동식은 잉여류를 쉽게 표시하는 방법이다.

한편, 9로 나눌 때 나머지가 같은 숫자들의 집합(잉여류)은 다음처럼 합동식을 이용하여 표시할 수 있다.

① $9 \times$(몫1) + 0 : A = {⋯, -18, -9, 0, 9, 18, ⋯} 또는 ⋯ ≡ -18 ≡ -9 ≡ 0 ≡ 9 ≡ 18 ≡ ⋯(mod 9)

② $9 \times$(몫2) + 1 : B = {⋯, -17, -8, 1, 10, 19, ⋯} 또는 ⋯ ≡ -17 ≡ -8 ≡ 1 ≡ 10 ≡ 19 ≡ ⋯(mod 9)

③ $9 \times$(몫3) + 2 : C = {⋯, -16, -7, 2, 11, 20, ⋯} 또는 ⋯ ≡ -16 ≡ -7 ≡ 2 ≡ 11 ≡ 20 ≡ ⋯(mod 9)

------------- 중략 -------------

⑨ $9 \times$(몫9) + 8 : I = {⋯, -10, -1, 8, 17, 26, ⋯} 또는 ⋯ ≡ -10 ≡ -1 ≡ 8 ≡ 17 ≡ 26 ≡ ⋯(mod 9)

이것을 일반화시켜 정리하면 다음과 같다.

```
제수   Q₁ → 몫
  B ) A  → 피제수
     ⋮
     R  → 나머지
```

$A = B \times Q_1 + R$
위 식의 양변에서 R을 빼면
$A - R = B \times Q_1$
위의 식을 다시 합동식으로 표현하면
$A \equiv R \pmod{B}$ → **식9**
즉, 피제수 A와 나머지 R은 법 B에 대해서 합동이다

```
제수   Q₂ → 몫
   B ) C → 피제수
       ⋮
       ─────
       R → 나머지
```

$C = B \times Q_2 + R$
위 식의 양변에서 R을 빼면
$C - R = B \times Q_2$
위의 식을 다시 합동식으로 표현하면
$C \equiv R \pmod{B}$ → **식10**
즉, 피제수 C와 나머지 R은 법 B에 대해서 합동이다

위의 식9와 식10을 연결하면 $A \equiv C \equiv R \pmod{B}$가 되고, 이 합동식은 B로 나누었을 때 나머지가 R이 되는 숫자의 집합(잉여류)에 A와 C가 원소가 된다는 것을 의미한다.

지금까지 알아본 합동식을 사용하여 연구성 함수 f(x)의 1900년대와 2000년대 예제인 식3, 식4와 식5, 식6의 정의역을 다시 표현하면 다음과 같다.

$\cdots = f(1981-9-9) = f(1981-9) = f(1981) = f(1981+9) = f(1981+9+9) = \cdots = 1$ **식3**

$\rightarrow \cdots \equiv (1981-9-9) \equiv (1981-9) \equiv 1981 \equiv (1981+9) \equiv (1981+9+9)$
$\equiv \cdots \pmod{9}$ **식11**

$\cdots = f(1982-9-9) = f(1982-9) = f(1982) = f(1982+9) = f(1982+9+9) = \cdots = 9$ **식4**

$\rightarrow \cdots \equiv (1982-9-9) \equiv (1982-9) \equiv 1982 \equiv (1982+9) \equiv (1982+9+9)$
$\equiv \cdots \pmod{9}$ **식12**

$\cdots = f(2000-9-9) = f(2000-9) = f(2000) = f(2000+9) = f(2000+9+9) = \cdots = 9$ **식5**

$\rightarrow \cdots \equiv (2000-9-9) \equiv (2000-9) \equiv 2000 \equiv (2000+9) \equiv (2000+9+9)$
$\equiv \cdots \pmod{9}$ **식13**

$$\cdots = f(2001-9-9) = f(2001-9) = f(2001) = f(2001+9) = f(2001+9+9) = \cdots = 8 \quad \boxed{\text{식6}}$$
$$\rightarrow \cdots \equiv (2001-9-9) \equiv (2001-9) \equiv 2001 \equiv (2001+9) \equiv (2001+9+9)$$
$$\equiv \cdots (\text{mod } 9) \quad \boxed{\text{식14}}$$

합동식과 더불어 지금 증명하려는 〈구하려는 연도를 이용하여 연구성을 구하는 방법〉에 반드시 필요한 수학적 개념은 9의 배수 판정법이다. 예를 들어, 2345를 9로 나눌 때 나머지가 얼마인지 쉽게 구하는 방법부터 알아본다.

2345를 십진법으로 전개하면 다음과 같다.

$$2345 = 2 \times 1000 + 3 \times 100 + 4 \times 10 + 5$$
$$= 2 \times (999+1) + 3 \times (99+1) + 4 \times (9+1) + 5$$
$$= 2 \times 999 + 3 \times 99 + 4 \times 9 + (2+3+4+5)$$
$$= \underbrace{9 \times (2 \times 111 + 3 \times 11 + 4 \times 1)}_{\text{9의 배수}} + \underbrace{(2+3+4+5)}_{\text{9로 나눈 나머지}}$$

위 식에서 첫째항 $9 \times (2 \times 111 + 3 \times 11 + 4 \times 1)$은 9의 배수가 되므로, 결국 전체수 2345에서 각 자리 숫자의 합인 둘째항만 9로 나누었을 때 나머지가 얼마인지 계산하면 된다.

다시 말해서 $2345 - (2+3+4+5) = 9 \times (2 \times 111 + 3 \times 11 + 4 \times 1)$가 되므로 이전에 알아본 합동식을 이용하여 $2345 \equiv (2+3+4+5)(\text{mod } 9)$로 나타낼 수 있고, 이것은 전체수 2345를 9로 나누었을 때 나머지가 얼마인지 확인하려면 전체수에서 사용된 각 자리 숫자의 합을 9로 나누어 나머지를 구하면 간편하게 해답을 구할 수 있음을 의미한다.

또한 전체수에서 사용된 각 자리 숫자의 합을 9로 나누어 나머지를 구할 때도

(2 + 3 + 4 + 5) = 14 ≡ (1 + 4)(mod 9)처럼 전체수에서 각 자리의 숫자를 합하여 생긴 숫자(여기서는 14)를 다시 십의자리 숫자와 일의자리 숫자를 합하여 구하면 된다. 즉, 계산 결과가 0, 1, 2, 3, 4, 5, 6, 7, 8이 될 때까지 각 자리의 숫자의 합을 반복한다. 이 작업을 문자로 일반화하면 다음과 같다.

$$\begin{aligned} abcd(10) &= a \times 1000 + b \times 100 + c \times 10 + d \\ &= a \times (999 + 1) + b \times (99 + 1) + c \times (9 + 1) + d \\ &= a \times 999 + b \times 99 + c \times 9 + (a + b + c + d) \\ &= \underline{9 \times (a \times 111 + b \times 11 + c \times 1)} + \underline{(a + b + c + d)} \\ &\qquad\qquad\text{9의 배수} \qquad\qquad\qquad \text{9로 나눈 나머지} \end{aligned}$$

위 식에서 첫째항 $9 \times (a \times 111 + b \times 11 + c \times 1)$은 이미 9의 배수가 되므로, 결국 전체수 abcd(10)에서 각 자리 숫자의 합이 되는 둘째항만 9로 나누었을 때 나머지가 얼마인지를 계산하면 된다.

다시 말해서 $abcd(10) - (a + b + c + d) = 9 \times (a \times 111 + b \times 11 + c \times 1)$가 되므로 이전에 알아본 합동식을 이용하여 $abcd(10) \equiv (a + b + c + d)(mod\ 9)$로 나타낼 수 있고, 이것은 전체수 abcd(10)를 9로 나누었을 때 나머지가 얼마인지 확인하려면 전체수에서 사용된 각 자리 숫자의 합을 9로 나누어 나머지를 구하면 간편하게 해답을 구할 수 있음을 의미한다.

이제부터는 위에서 알아본 합동식과 9의 배수 판정법을 사용하여 〈구하려는 연도를 이용하여 연구성을 구하는 방법〉을 수학적으로 증명해보려고 한다.

연구성의 함수인 f(x)는 전사함수로서 정의역 X = {x | x는 연도}이고, 공역과 치역이 집합 Y = {1, 2, 3, 4, 5, 6, 7, 8, 9}인 주기가 9인 주기함수이다. 따라서 함수값 f(x)가 주기함수인 것을 이용하여 독립변수인 x도 주기가 9가 되는 주기

성을 부여하면 f(x)와 x를 이항연산으로 결합시킬 수 있다.

또한 연구성의 배치 순서표와 『기문법규』에서 말한 "상원갑자(上元甲子)는 감(坎) 일(一)에서 일으킨다. 일(一)은 숫자의 시작이 되고, 양(陽)의 처음이 된다. 감궁(坎宮)으로부터 갑자(甲子)를 역순으로 포국하여 한 바퀴를 돌아서 오(五)에서 마친다. 따라서 중원갑자(中元甲子)는 손(巽) 사궁(四宮)에서 일으켜서 간궁(艮宮)에서 끝난다. 하원갑자(下元甲子)는 태(兌) 칠(七)에서 시작하여 곤(坤)에서 끝난다"는 구절을 이용하여 독립변수인 연도 x와 연구성 함수인 f(x)를 어떻게 결합시킬지를 추정할 수 있다.

■ 연도의 증가와 연구성의 감소 관계표

x	1984	1985	1986	1987	1988	1989	1990	1991	1992	1993
f(x)	7	6	5	4	3	2	1	9	8	7

위의 표에서 연구성이 1년마다 1씩 감소하면 연도는 1씩 증가한다. 그렇다면, 독립변수인 연도가 1년마다 1씩 증가하면서 주기가 9인 함수는 무엇인지를 찾으면 지금 시도하고 있는 증명이 가능해진다. 이러한 성질을 갖는 함수로 연도 x를 9로 나눈 나머지를 함수값으로 갖는 나머지 함수를 설정하면 된다. 왜냐하면, 앞서 9의 배수 판정법에서 증명했듯이 $abcd(10) \equiv (a + b + c + d)(\mod 9)$이므로 양변에 1을 더하면 $[abcd(10) + 1] \equiv [(a + b + c + d) + 1](\mod 9)$가 성립하기 때문이다. 이것을 간단히 증명하면, $abcd(10)$가 $(a + b + c + d)$와 특정한 9의 배수만큼 떨어져 있는데, 양쪽 모두를 각각 1만큼 평행 이동시켜도 $abcd(10)$와 $(a + b + c + d)$의 간격은 여전히 특정한 9의 배수가 되기 때문이다.

이러한 발견을 토대로 연도 x를 정의역의 원소로 가지면서 주기가 9가 되는 주기함수 h(x)를 다음처럼 규정할 수 있다.

연도를 9로 나눈 나머지 함수

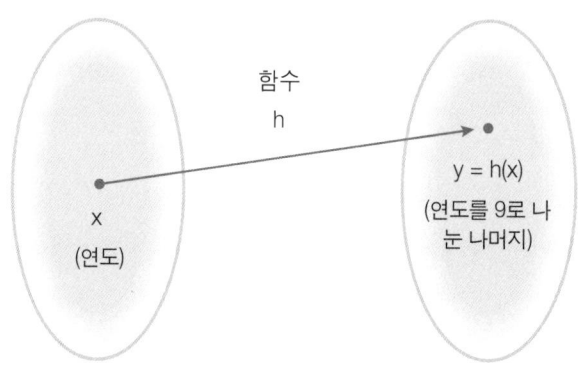

h(x)는 수학식으로 h(x)=h(x+9)가 되는 주기가 9인 주기함수이다. 여기에서 위 그림처럼 x는 연도이고, h(x)는 연도를 9로 나누었을 때 나머지가 함수값이 되는 나머지 함수이다. 단, 함수 h(x)는 전사함수로서 공역과 치역이 집합 Y={0, 1, 2, 3, 4, 5, 6, 7, 8}이다.

〈연도의 증가와 연구성의 감소 관계표〉를 h(x)를 사용하여 다음과 같이 정리할 수 있다.

■ h(x)와 f(x)의 결합표

x	1984	1985	1986	1987	1988	1989	1990	1991	1992	1993
h(x)	4	5	6	7	8	0	1	2	3	4
f(x)	7	6	5	4	3	2	1	9	8	7
h(x)+f(x)	11	11	11	11	11	2(?)	2(?)	11	11	11

위 표에서 h(x) + f(x)의 합이 독립변수인 x값에 상관 없이 모두 11로 일정한데,

h(x)가 0과 1이 되는 해인 1989년과 1990년은 h(x) + f(x)의 합이 2가 되어 규칙에 어긋난다. 따라서 h(x) + f(x) = 11이 모든 x값에 상관 없이 성립하려면 수학적으로 조작해야 한다. 이러한 수학적인 조작에는 크게 2가지 방법이 있는데, 여기서는 두 번째 방법을 사용한다.

첫째는 h(x) + f(x) = 11, 11 ≡ 2(mod 9)이므로 h(x) + f(x) = 11 ≡ 2(mod 9)를 사용하는 방법이다.

둘째는 h(x)의 공역과 치역을 합동식을 이용하여 조정하는 방법이다. 〈h(x)와 f(x)의 결합표〉에서 h(x)가 0이 되는 것을 h(x) + f(x) = 11에 맞추려면 0 ≡ 9(mod 9)를 이용하여 0을 9로 치환시켜야 한다. 또한 〈h(x)와 f(x)의 결합표〉에서 h(x)가 1이 되는 것을 h(x) + f(x) = 11에 맞추려면 1 ≡ 10(mod 9)를 이용하여 1을 10으로 치환시켜야 한다. 따라서 h(x)의 공역과 치역을 {2, 3, 4, 5, 6, 7, 8, 9, 10}으로 만드는 새로운 함수 g(x)가 다음처럼 정의되어야 한다.

$$h(x) \equiv g(x) \pmod 9$$

단, h(x) = 0인 경우에는 0 ≡ 9(mod 9)가 되므로, h(x) = 0은 새로운 함수 g(x)에서는 함수값 g(x) = 9가 된다. 또한 h(x) = 1인 경우에는 1 ≡ 10(mod 9)가 되므로, h(x) = 1은 새로운 함수 g(x)에서는 함수값 g(x) = 10이 된다. h(x)가 0과 1이 되는 경우를 제외한 나머지 함수값에서는 h(x)와 g(x)가 동일한 함수값을 가진다. 이것을 표로 정리하면 다음과 같다.

■ h(x)에서 g(x)로의 함수값 변환표

h(x)	0	1	2	3	4	5	6	7	8
g(x)	9	10	2	3	4	5	6	7	8

g(x)를 사용하여 〈h(x)와 f(x)의 결합표〉를 정리하면 다음 표가 된다.

■ g(x)와 f(x)의 결합표

x	1984	1985	1986	1987	1988	1989	1990	1991	1992	1993
g(x)	4	5	6	7	8	9	10	2	3	4
f(x)	7	6	5	4	3	2	1	9	8	7
g(x)+f(x)	11	11	11	11	11	11	11	11	11	11

f(x)와 g(x)는 정의역 x가 연도로서 동일하고, 또한 주기가 9인 주기함수라는 공통점이 있다. 이러한 공통점과 순환마디 안에서 g(x)는 1년마다 +1만큼 증가하고, f(x)는 1년마다 -1만큼 감소하는 성질을 결합하면 위 표에서처럼 g(x) + f(x) = 일정이라는 중요한 결론에 도달한다.

또한 g(x + 1) + f(x + 1) = [g(x) + 1] + [f(x) - 1] = g(x) + f(x) = 일정이 되므로, … = g(x - 1) + f(x - 1) = g(x) + f(x) = g(x + 1) + f(x + 1) = … = 일정이 되어 모든 x값에 대하여 g(x) + f(x) = 일정함이 성립한다.

연구성 f(x)는 위에서 구한 g(x) + f(x) = 일정함을 이용하여 구할 수 있다. 예를 들어, 1984년의 연구성 f(1984)를 구하면 다음과 같다.

> g(1984) + f(1984)
> = g[(1 + 9) + (8 + 4)] + f(1984)   ∵ abcd(10) ≡ (a + b + c + d)(mod 9)
> = g[9 + (1 + 8 + 4)] + f(1984)   ∵ 덧셈의 교환법칙과 결합법칙
> = g[1 + 8 + 4] + f(1984)   ∵ g(x + 9) = g(x)
> = g[1 + (8 + 4)] + f(1984)   ∵ 덧셈의 결합법칙
> = 1 + g(8 + 4) + f(1984)   ∵ 순환마디 안에서 g(x + 1) = g(x) + 1

= 1 + g(12) + f(1984)　　∵ 8 + 4 = 12

= 1 + g(1 + 2) + f(1984)　　∵ abcd(10) ≡ (a + b + c + d)(mod 9)

= 1 + (1 + 2) + f(1984)

= 11

∴ f(1984) = 11 - [1 + (1 + 2)] = 7

또 다른 예로, 1985년의 연구성 f(1985)를 구하면 다음과 같다.

g(1985) + f(1985)

= g[(1 + 9) + (8 + 5)] + f(1985)　　∵ abcd(10) ≡ (a + b + c + d)(mod 9)

= g[9 + (1 + 8 + 5)] + f(1985)　　∵ 덧셈의 교환법칙과 결합법칙

= g[1 + 8 + 5] + f(1985)　　∵ g(x + 9) = g(x)

= g[1 + (8 + 5)] + f(1985)　　∵ 덧셈의 결합법칙

= 1 + g(8 + 5) + f(1985)　　∵ 순환마디 안에서 g(x + 1) = g(x) + 1

= 1 + g(13) + f(1985)　　∵ 8 + 5 = 13

= 1 + g(1 + 3) + f(1985)　　∵ abcd(10) ≡ (a + b + c + d)(mod 9)

= 1 + (1 + 3) + f(1985)

= 11

∴ f(1985) = 11 - [1 + (1 + 3)] = 6

이제 이것을 문자로 일반화시켜본다. 먼저 x가 1900년대인 경우이다.

x = 19ⒶⒷ년이면,

g(19ⒶⒷ) + f(19ⒶⒷ)

= g[(1 + 9) + (Ⓐ + Ⓑ)] + f(19ⒶⒷ)　∵ abcd(10) ≡ (a + b + c + d)(mod 9)

$$= g[9 + (1 + Ⓐ + Ⓑ)] + f(19ⒶⒷ) \quad \because 덧셈의\ 교환법칙과\ 결합법칙$$
$$= g(1 + Ⓐ + Ⓑ) + f(19ⒶⒷ) \quad \because g(x + 9) = g(x)$$
$$= g[1 + (Ⓐ + Ⓑ)] + f(19ⒶⒷ) \quad \because 덧셈의\ 결합법칙$$
$$= 1 + g(Ⓐ + Ⓑ) + f(19ⒶⒷ) \quad \because 순환마디\ 안에서\ g(x + 1) = g(x) + 1$$
$$= 11$$
$$\therefore f(19ⒶⒷ) = 11 - [1 + g(Ⓐ + Ⓑ)] = 10 - g(Ⓐ + Ⓑ)$$

순환마디 안에서 $g(x + 1) = g(x) + 1$, 여기에서 $2 \leq g(19ⒶⒷ) \leq 10$이므로, $2 \leq 1 + g(Ⓐ + Ⓑ) \leq 10$이고 다시 양변에 $+(-1)$을 하면, $1 \leq g(Ⓐ + Ⓑ) \leq 9$가 되어 $R = \{y \mid y = g(Ⓐ + Ⓑ)\} = \{1, 2, 3, 4, 5, 6, 7, 8, 9\}$로 함수값의 집합인 치역이 변한다. 이로써 증명을 마친다.

다음은 x가 2000년대인 경우이다.

$$x = 20ⒸⒹ년이면,$$
$$g(20ⒸⒹ) + f(20ⒸⒹ)$$
$$= g[(2 + 0) + (Ⓒ + Ⓓ)] + f(20ⒸⒹ) \quad \because abcd(10) \equiv (a + b + c + d)(\bmod 9)$$
$$= g[2 + (Ⓒ + Ⓓ)] + f(20ⒸⒹ) \quad \because 2 + 0 = 2$$
$$= 2 + g(Ⓒ + Ⓓ) + f(20ⒸⒹ) \quad \because 순환마디\ 안에서\ g(x + 2) = g(x) + 2$$
$$= 11$$
$$\therefore f(20ⒸⒹ) = 11 - [2 + g(Ⓒ + Ⓓ)] = 9 - g(Ⓒ + Ⓓ)$$

순환마디 안에서 $g(x + 2) = g(x) + 2$, 여기에서 $2 \leq g(20ⒸⒹ) \leq 10$이므로, $2 \leq 2 + g(Ⓒ + Ⓓ) \leq 10$이고 다시 양변에 $+(-2)$을 하면, $0 \leq g(Ⓒ + Ⓓ) \leq 8$이 되어 $R = \{y \mid y = g(Ⓒ + Ⓓ)\} = \{0, 1, 2, 3, 4, 5, 6, 7, 8\}$로 함수값의 집합인 치역이

변한다. 이로써 증명을 마친다.

2) 한국 나이를 이용하는 방법의 수학적 증명

앞서 한국 나이를 이용하여 연구성(본명성)을 구할 때 2006년은 나이 - 7, 2007년은 나이 - 8, 2008년은 나이 - 9, 2009년은 나이 - 1, 2010년은 나이 - 2, 2011년은 나이 - 3, 2012년은 나이 - 4라고 하였다. 그리고 나이가 10살 이상이면 나이에서 십의자리 숫자와 일의자리 숫자를 더해서 위처럼 빼고, 또한 나이에서 십의자리 숫자와 일의자리 숫자를 더한 계산 결과가 10 이상이면, 그 계산 결과의 십의자리 숫자와 일의자리 숫자를 다시 더해서 위처럼 뺀다고 하였다.

이러한 공식의 근거는 무엇인가? 수학적 증명이나 수학적 모델링의 출발점은 숫자나 도형을 관찰하여 직관적인 단서를 파악하는 것이다. 연구성 f(x)를 찾기 위해 한국 나이를 이용하는 방법 역시 실제 사례를 통해서 직관적인 단서를 잡는 것이 중요하다. 따라서 가장 먼저 다음 두 예처럼 이미 연구성을 알고 있는 1971년생과 1972년생의 나이 변화에 따른 등식의 변화를 추적하는 것부터 증명을 시작한다.

■ 1971년생의 나이에 따른 나머지 함수의 변화와 연구성의 차이

x = 나이	40세(2010년)	41세(2011년)	42세(2012년)
h(x)	h(40) = 4	h(41) = 5	h(42) = 6
f(1971)	2	2	2
h(x) - f(1971)	2	3	4

■ 1972년생의 나이에 따른 나머지 함수의 변화와 연구성의 차이

x = 나이	39세(2010년)	40세(2011년)	41세(2012년)
h(x)	h(39) = 3	h(40) = 4	h(41) = 5
f(1972)	1	1	1
h(x) - f(1972)	2	3	4

위의 두 표에서 h(x)는 앞서 사용한 수식과 같은 것으로, x를 9로 나누었을 때 나머지가 함수값이 되는 나머지 함수이다. 단, 정의역을 연도 대신에 나이로 바꾸었다.

두 표의 공통점은 맨 마지막 칸의 숫자가 같다는 점이다. 즉, 연구성의 차이에 관계 없이 특정한 해에서 (나이의 나머지 함수값) - 연구성은 일정하다는 것이다. 이것을 정리하면 다음과 같다.

① 2010년 : h(x) - 연구성 = 2   ∴ 연구성 = h(x) - 2
② 2011년 : h(x) - 연구성 = 3   ∴ 연구성 = h(x) - 3
③ 2012년 : h(x) - 연구성 = 4   ∴ 연구성 = h(x) - 4

위의 ①, ②, ③을 일반화하면 다음과 같다.

특정한 연도 t년에 h(x) - 연구성 = s(단, s는 상수)라고 가정하면, 그 특정한 연도의 바로 다음 연도(t + 1년)에는 나이도 (x + 1)이 되므로, h(x)에 x 대신 (x + 1)을 대입한다. 따라서 다음과 같은 결론이 나온다.

> h(x + 1) - 연구성 = [h(x) + 1] - 연구성 = [h(x) - 연구성] + 1 = s + 1
> ∴ 순환마디 안에서 h(x + 1) = h(x) + 1

∴ (t + 1년)에는 h(x + 1) - 연구성 = s + 1

이것을 문장으로 표현하면, 특정한 연도 t년에 (나이의 나머지 함수값) - 연구성이 s이면 그 다음 해인 (t + 1)년에는 (나이의 나머지 함수값) - 연구성이 (s + 1)이 된다.

지금까지 알아본 '특정한 연도 t년에 h(x) - 연구성 = s(단, s는 상수)'를 이용하여 연구성을 구한다.

∴ 특정한 연도 t년의 연구성 = h(x) - s → **식15**

단, 위 식의 오른쪽 항 h(x) - s가 음수가 나오는 경우를 대비하여 그 음수를 mod 9에 합동인 양수로 만들기 위해서 합동식이 필요하다. 또한 {연구성} = {1, 2, 3, 4, 5, 6, 7, 8, 9}인데, 오른쪽 항 h(x) - s은 0도 나올 수 있으므로 0을 9로 치환해주는 합동식도 필요하다. 따라서 위 식은 다음 조작을 첨가하면 증명이 완벽해진다.

∴ 특정한 연도 t년의 연구성 ≡ [h(x) - s](mod 9) → **식16**

예를 들어, 2010년에는 s = 2인데 1974년생과 1973년생의 연구성을 구하는 작업은 다음과 같다.

① 1974년생은 한국 나이 x = 37이므로,
h(x) - s = h(37) - 2 = h(3 + 7) - 2 = h(10) - 2 = h(1 + 0) - 2 = 1 - 2 = -1,
(-1) + 9 = 8이므로, -1 ≡ 8(mod 9)
∴ 연구성 = 8

② 1973년생은 한국나이 x = 38이므로,

h(x) - s = h(38) - 2 = h(3 + 8) - 2 = h(11) - 2 = h(1 + 1) - 2 = 2 - 2 = 0,

0 ≡ 9(mod 9)

∴ 연구성 = 9

2. 월반의 포국법

월반을 포국하기 위해서는 월반의 중궁에 들어가는 구성숫자를 구해야 하는데, 이 구성숫자를 월구성(月九星)이라고 한다. 또한 이러한 월구성을 월명성(月命星)이라고 부르기도 한다. 월구성의 생성 원리를 알아야 월구성을 빨리 구하는 방법을 찾아낼 수 있다.

1 월구성의 생성 원리

월은 지구의 공전에 의해서 발생하므로 연구성과 생성 원리가 같다. 따라서 상원갑자년의 상원갑자월에는 월구성 1이 배당되고, 이어서 상원갑자년의 상원을축년에는 월구성 9가 배당된다. 이와 동일한 방식으로 각각의 월에 1부터 9까지의 구성숫자가 1 → 9 → 8 → 7 → 6 → 5 → 4 → 3 → 2의 낙서역행운동으로 배당되어 월구성이 생성된다.

이렇게 천둔에 의해서 생성된 월구성을 지구 위의 사람에게 적용시키려면, 한 해의 시작을 그림자가 짧아지기 시작하는 자월(子月) 동지에서 온도가 올라가는 인월(寅月)로 이동시켜야 한다. 이 작업을 천둔의 지둔화(地遁化)라고 한다.

다시 말하면, 연구성과 동일한 방식으로 생성된 월구성은 그대로 사용하고, 이러한 월구성을 12개씩 자르면 한 해의 연구성이 되는데

월구성
월반의 중궁에 들어가는 구성숫자를 말하며, 월명성이라고도 한다. 월도 연과 마찬가지로 지구 공전에 의해 발생하므로 월구성은 1부터 9까지의 구성숫자가 낙서역행운동으로 배당된다.

자르는 기준을 동지에서 입춘으로 이동시킨 것이 현재의 구성책력의 체계가 되었다. 이제부터 이 내용을 하나하나 자세하게 설명한다.

1) 천둔에 의한 월구성의 출발점과 배치 순서

연과 월은 지구의 공전에 의해서 발생한다. 역학은 사람[人]이 관찰한 천문현상을 통해 태양[日] - 달[月] - 지구 위의 사람[人]으로 구성된 삼체(three body system)의 관계성을 연구하므로, 지구의 공전 효과 역시 사람이 관찰할 수 있는 황도(黃道, 태양이 움직이는 천구상의 운동경로)를 통해서 표현한다.

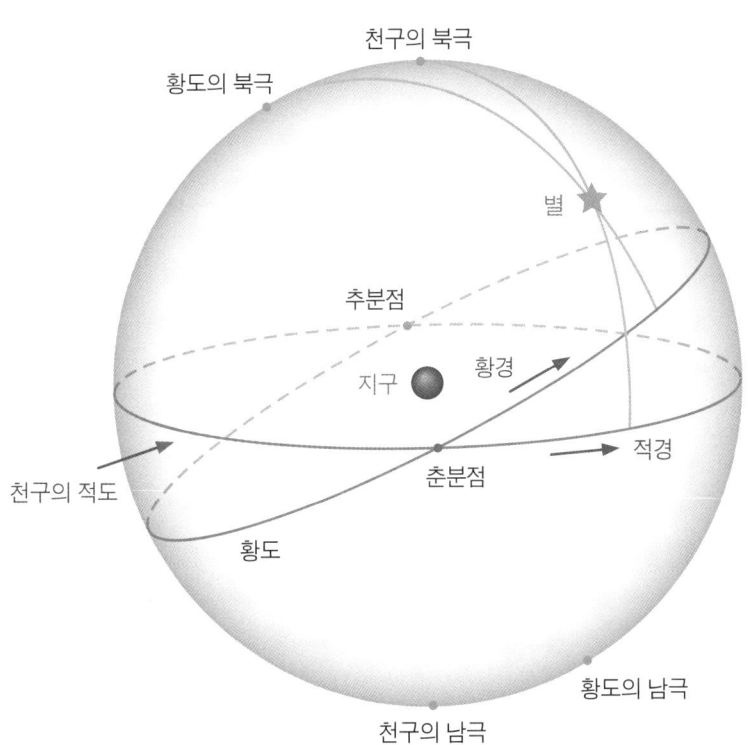

위 그림에서 볼 수 있듯이, 황도에서 춘분점을 기준점으로 삼아 황경(黃經) 0도로 설정하고, 황도를 반시계방향으로 24등분한 24개 절기

월구성의 지둔화

천둔을 따르는 월구성을 지구 위의 사람에게 적용시키는 것이 지둔화로, 한 해의 시작을 그림자가 짧아지기 시작하는 자월(子月) 동지에서 온도가 올라가는 인월(寅月)로 이동시킨다.

를 통하여 지구의 공전 효과를 표현한다. 이때 황도를 24등분하는 작업은 지구의 자전과는 관계 없이 독립적으로 이루어진다. 따라서 지구의 공전을 표시하는 월은 자전하는 지구 위의 관찰자와는 전혀 관련이 없으므로, 지구의 공전은 지구 위의 관찰자 입장에서는 천지인(天地人) 삼재(三才) 중에서 천(天)에만 해당한다. 이런 이유로 인해서 연구성과 월구성은 천둔을 따른다.

앞서 인용한 『기문법규』에서도 "연기(年奇)는 갑자(甲子)를 사용하여 상·중·하의 삼원(三元)으로 나누는 이유로 인해서 적절해진다. 그것의 포국은 법식이 순행인 것을 역으로 거슬러서 천둔을 따른 것이다[年奇以甲子分上中下三元故爲確當 其佈局逆儀順奇從天遁也]"라는 구절을 통하여 연구성과 월구성이 천둔을 따른다는 것을 명시하였다.

지금까지 알아본 바와 같이 연구성과 월구성이 천둔을 따르므로, 월구성도 연구성처럼 60개의 간지와 구성의 최소공배수인 L(60, 9) = 180에 의하여 180개월의 순환주기를 갖는다. 따라서 연구성처럼 월구성도 상중하의 삼원(三元)을 갖고, 월구성의 출발점도 감궁 1이 되어 상원갑자월을 감(坎) 일(一)에서 일으킨다. 또한 월구성도 연구성처럼 매달마다 낙서역행운동을 한다.

이것을 정리하면, 다음 월구성의 배치 순서표처럼 상원갑자월을 감궁의 1에 대응시켜 시작하고, 낙서역행운동을 따라서 다음 을축월(乙丑月)은 이궁의 9가 되고, 그 다음 병인월(丙寅月)은 간궁의 8이 된다.

■ 월구성의 배치 순서표

4 (上元庚午月) …… (中元甲子月)	9 (上元乙丑月) (上元甲戌月) ……	2 (上元壬申月) ……
3 (上元辛未月) …… ……	5 (上元己巳月) …… ……	7 (上元丁卯月) …… …… (下元甲子月)
8 (上元丙寅月) (上元乙亥月) ……	1 (上元甲子月) (上元癸酉月) ……	6 (上元戊辰月) …… ……

〈연구성의 배치 순서표〉와 〈월구성의 배치 순서표〉를 비교하면 서로 배치 구조가 같다. 월구성은 상위개념인 연구성과 유사성을 갖는 프랙탈 구조로 이루어져 있고, 또한 연구성의 입장에서 12개월이 모여서 1년이 되므로 유사성을 갖는 월구성 12개가 모여서 하나의 연구성이 된다. 이렇게 12개의 월구성을 하나의 구성숫자로 대표하는 연구성도 월구성과 유사성을 갖는 프랙탈 구조로 이루어져 있다.

2) 기후 변화에 따른 월구성의 지둔화

앞에서 연구성과 월구성은 천둔을 따른다고 설명하였다. 그러나 역학에서 한 해가 바뀌는 것을 나타내는 태세(太歲)는 천지인(天地人) 삼재 중에서 지(地)와 그 위에 위치한 인(人)을 중심으로 하는 지둔에 해당한다. 따라서 연구성과 월구성을 지둔화하는 보정작업을 해야 한다. 그 이유를 이제부터 자세하게 설명한다.

예로부터 동양에서는 목성을 세성(歲星)이라고 불렀다. 그리고 목성이 태양을 한 바퀴 도는 데 약 12년이 걸리므로(정확하게는 11년 10개월) 목성의 공전궤도를 12등분하여 한 해가 바뀌는 것을 표시하였고, 세성이 보이는 곳을 기준으로 천구의 적도를 12구역으로 나누고 그 영역을 차(次)라고 불렀다. 이렇게 1년마다 바뀌는 목성의 위치를 땅에서 밤하늘을 관찰하며 기록한 천문도를 앙관천문도라 하고, 하늘에서 내려다본 땅의 모습을 그린 천문도를 부찰지리도라고 하였다. 각각의 천문도에 방위를 표시한 것이 앙관천문방위와 부찰지리방위다.

한편, 앙관천문도의 12차를 육합(六合)을 이용하여 지상의 시간인 부찰지리방위의 12진(十二辰, 12지지의 총칭)으로 바꾼다. 바로 이 12진을 사용하여 한 해에 붙이는 간지가 연주(年柱)로서, 세성과 대비하여 태세라고 하였다. 이렇듯 태세는 지상의 시간체계인 부찰지리 방위좌표를 사용하므로, 천지인 삼재 중에서 지(地)와 그 땅 위에 위치한 인(人)을 바탕으로 한 지문에 해당한다. 따라서 천문을 따르는 연구성과 월구성을 지문화하는 보정작업이 필요한 것이다.

그렇다면 어떻게 보정작업을 하는가? 바로 한 해의 시작이 되는 세수(歲首)를 동지에서 입춘으로 평행 이동시키면 된다. 다시 말해서, 천(天)의 입장에서는 동지가 세수가 되고, 지(地)의 입장에서는 입춘이 세수가 되는 것이다.

역학은 실생활의 기후 변화를 중시한다. 원래는 동지부터 태양 고도가 점진적으로 상승하고, 그로 인해서 그림자 길이가 점점 짧아지는 양둔(陽遁)이 시작된다. 하지만 태양복사에너지와 그에 따른 기온은 입춘부터 상승한다. 동지가 들어오는 양력 12월 20일 전후로 한겨울 추위가 매섭고, 입춘이 들어오는 양력 2월 5일 전후로 서서히 봄의 기운이 느껴진다. 이러한 원리 때문에 지(地)의 입장에서는 동지가 아닌 입춘이 세수가 된다. 지표상에서 받는 태양열의 양에 따라 실생활에서 한난조습(寒暖燥濕)이 달라진다. 이런 까닭에 사주명리학이나 기문둔갑 등의 여러 술수에서는 조후(調候)를 중시한다.

✓ **월구성을 지문화한 결과**

한 해의 시작을 동지에서 입춘으로 평행 이동 시켰기 때문에 땅[地]의 입장에서는 입춘이 한 해의 시작이 된다. 따라서 실생활의 기후 변화를 현실적으로 반영하는 장점이 있다.

3) 세수가 변화한 월구성의 배치

세수의 변화를 적용할 때 월구성 배치가 어떻게 달라지는지 알아본다. 먼저 다음 표는 동지가 들어 있는 자월(子月)을 세수로 설정한 결과이다.

■ 천둔에서의 월구성 배치표

甲子年	甲子月	乙丑月	丙寅月	丁卯月	戊辰月	己巳月	庚午月	辛未月	壬申月	癸酉月	甲戌月	乙亥月
월구성	1	9	8	7	6	5	4	3	2	1	9	8
乙丑年	丙子月	丁丑月	戊寅月	己卯月	庚辰月	辛巳月	壬午月	癸未月	甲申月	乙酉月	丙戌月	丁亥月
월구성	7	6	5	4	3	2	1	9	8	7	6	5
丙寅年	戊子月	己丑月	庚寅月	辛卯月	壬辰月	癸巳月	甲午月	乙未月	丙申月	丁酉月	戊戌月	己亥月
월구성	4	3	2	1	9	8	7	6	5	4	3	2
丁卯年	庚子月	辛丑月	壬寅月	癸卯月	甲辰月	乙巳月	丙午月	丁未月	戊申月	己酉月	庚戌月	辛亥月
월구성	1	9	8	7	6	5	4	3	2	1	9	8

다음은 월구성을 지둔화시키기 위해서 세수를 입춘이 들어 있는 인월(寅月)로 평행 이동시킨 결과이다.

■ 세수를 입춘으로 조정한 월구성 배치표

甲子年	丙寅月	丁卯月	戊辰月	己巳月	庚午月	辛未月	壬申月	癸酉月	甲戌月	乙亥月	丙子月	丁丑月
월구성	8	7	6	5	4	3	2	1	9	8	7	6
乙丑年	戊寅月	己卯月	庚辰月	辛巳月	壬午月	癸未月	甲申月	乙酉月	丙戌月	丁亥月	戊子月	己丑月
월구성	5	4	3	2	1	9	8	7	6	5	4	3
丙寅年	庚寅月	辛卯月	壬辰月	癸巳月	甲午月	乙未月	丙申月	丁酉月	戊戌月	己亥月	庚子月	辛丑月
월구성	2	1	9	8	7	6	5	4	3	2	1	9
丁卯年	壬寅月	癸卯月	甲辰月	乙巳月	丙午月	丁未月	戊申月	己酉月	庚戌月	辛亥月	壬子月	癸丑月
월구성	8	7	6	5	4	3	2	1	9	8	7	6

『어정성력고원(御定星曆考原)』 2권에서도 "상원갑자년(上元甲子年)의 정월 중궁은 팔백토성을 일으킨다. 왜냐하면 상원갑자년의 전년도 십일월 갑자월은 일백수성을 일으키고 십이월은 구자화성을 일으키므로, 본년 정월은 팔백토성을 일으키기 때문이다[三元月九星上元甲子正月中宮起八白盖年前之十一月甲子起一白十二月起九紫故本年正月起八白也]"라고 하여 세수를 입춘으로 조정한 월구성 배치표처럼 지문화된 월구성 배치를 명시하였다.

2 월구성을 빨리 구하는 방법

한 해가 12달로 이루어지므로 각 달을 표시하는 월건(月建)에서 10천간을 제거하고 12지지에만 초점을 맞추어 월구성의 주기성을 분석해보면, 12개월과 구성의 최소공배수인 L(12, 9) = 36이므로 12개월×3년에 의해서 월구성은 3년의 순환주기를 갖는다.

$$\begin{array}{r}3)\underline{12, 9}\\4, 3\end{array} \rightarrow \text{최소공배수} = 3 \times 4 \times 3 = 36$$

이해를 돕기 위해서 예를 들어 설명한다. 갑자년 인월의 월구성은 8이고 다시 갑자년 인월에서 3년이 경과한 정묘년 인월의 월구성은 8이 되므로, 월건의 12지지 중 하나인 인월에만 초점을 맞추면 3년마다 동일한 월구성을 갖게 된다.

이렇게 월건에서 10천간을 제거하고 12지지에만 초점을 맞추어 월구성을 살펴보면 월구성은 3년의 순환주기를 가지므로, 앞의 〈세수를 입춘으로 조정한 월구성 배치표〉에서처럼 자오묘유(子午卯酉)년은 인월의 월구성이 모두 8이 된다. 또한 진술축미(辰戌丑未)년은 인월의 월구성이 모두 5가 되고, 인신사해(寅申巳亥)년은 인월의 월구성이 모두 2가 된다. 이러한 규칙을 바탕으로 월구성을 빨리 구하는 법을 공식으로 만들 수 있다.

✓ **월구성의 순환주기**
월구성은 12개월과 구성의 최소공배수인 36월, 즉 3년의 순환주기를 갖는다.

1) 자오묘유년

자오묘유(子午卯酉)년의 월구성 공식은 9 - 절기 기준 음력 달수이다.

예를 들어, 무자년(戊子年) 병진월(丙辰月)은 병진월이 음력 3월이므로, 9에서 음력 달수 3을 뺀다. 따라서 9 - 3 = 6이므로 6이 병진월의 월구성이 된다.

2) 진술축미년

진술축미(辰戌丑未)년의 월구성 공식은 6 - 절기 기준 음력 달수이다.

예를 들어 경진년(庚辰年) 임오월(壬午月)은 임오월이 음력 5월이므로, 6에서 음력 달수 5를 뺀다. 따라서 6 - 5 = 1이므로 1이 임오월의 월구성이 된다.

또 다른 예로, 경진년 을유월(乙酉月)은 을유월이 음력 8월이므로, 6에서 음력 달수 8을 빼면 6 - 8 = -2가 된다. 월구성은 1부터 9까지의 정수만 사용하므로, 계산 결과가 음의 정수가 나오면 합동식을 이용한다. $-2 \equiv 7 \pmod 9$이므로, 7이 을유월의 월구성이 된다. 더 쉽게 계산하려면, 계산 결과 나온 음의 정수에 무조건 +9를 더한 숫자가 그 달의 월구성이 된다.

3) 인신사해년

인신사해(寅申巳亥)년의 월구성 공식은 3 - 절기 기준 음력 달수이다.

예를 들어, 신사년(辛巳年) 계사월(癸巳月)은 계사월이 음력 4월이므로, 3에서 음력 달수 4를 뺀다. 따라서 3 - 4 = -1인데 음의 정수이므로 9를 더해 (-1) + 9 = 8 이므로 8이 계사월의 월구성이 된다.

> ✅ **월구성을 빨리 구하는 방법**
>
> 자오묘유년은 9 – 절기 기준 음력달수, 진술축미년은 6 – 절기 기준 음력달수, 인신사해년은 3 – 절기 기준 음력달수이다. 계산 결과 음의 정수가 나오면 9를 더한 값이 월구성이다.

3. 일반의 포국법

일반을 포국하기 위해서는 일반의 중궁에 들어가는 구성숫자를 구해야 하는데, 이 구성숫자를 일구성(日九星)이라고 한다. 일구성을 일명성(日命星)이라고도 부르기도 한다.

> ✓ **일구성**
>
> 일반의 중궁에 들어가는 구성숫자를 말하며, 일명성이라고도 한다. 연구성이나 월구성과 달리 일구성은 지둔을 따른다. 일구성을 구할 때는 구성책력을 참고하는 것이 가장 쉽다.

1 천둔과 지둔의 차이점

『기문법규(奇門法竅)』에 나오는 천둔(天遁)은 지구의 공전에 대응하는 연구성과 월구성에 사용된다. 따라서 이와 대조적으로 지구의 자전에 대응하는 일구성과 시구성은 지둔(地遁)을 따른다고 해도 큰 무리가 없다.

■ 연구성·월구성과 일구성·시구성 비교

	연구성·월구성	일구성·시구성
생성 원인	지구의 공전	지구의 자전
운동 방식의 주체	천둔(天遁, 하늘의 둔갑)	지둔(地遁, 땅의 둔갑)
관찰자와의 관계	관찰자의 위치와 무관	관찰자의 위치에 의해서 설정
하도낙서와의 관계	하도의 운용	낙서의 운용
낙서에서 운동 방향	낙서역행운동	낙서순행운동(양둔) 낙서역행운동(음둔)

위의 표의 내용은 다음과 같은 근거로 나왔다. 앞서 연구성의 출발점과 배치 순서에서 천둔을 설명할 때 제시한 것처럼, 지구의 공전에 의해 생겨나는 황도(黃道)를 24등분한 절기에 의해서 월(月)이 정의되고 이러한 월이 모여서 연(年)이

생성된다. 지구의 공전은 지구 위의 관찰자인 사람과는 무관하게 발생하므로 연과 월은 관찰자가 서 있는 지(地)와 구분하기 위해서 천(天, 하늘)이라는 단어를 사용하고, 이러한 천(天)이 운동하는 방식을 천둔이라는 단어로 정의하였다.

여기에서 월은 작게는 12지지로 표현되는 월건(月建)이 되며, 크게는 하도(河圖)에서 오행의 배치구조인 사계절이 된다. 봄·여름·가을·겨울의 순서로 운행하는 사계절의 배치구조는 시간의 근본 골격에 해당하므로, 결과적으로 하도는 시간의 근본 골격을 옮긴 그림이 되어 천원지방설(天圓地方說)에서 천원(天圓)이 된 것이다. 따라서 시간의 근본 골격[體]에 사용할 때는 하도수(河圖數)를 취하게 된다.

또한 하도는 본질에 해당하는 체(體)이고 낙서는 본질의 운용에 해당하는 용(用)이므로, 시간의 근본 골격에 해당하는 천(天)을 운용하기 위해서는 낙서운동을 따르며, 낙서순행운동을 따르는 지둔과 구분하기 위해서 낙서역행운동을 따른다. 따라서 천둔은 낙서역행운동을 하는 것이다.

지구 위의 관찰자인 사람과는 무관하게 정의되는 월과는 대조적으로 시(時)는 자전하는 지구 위의 관찰자와 태양과의 상대적인 위치관계로서 설정된다. 따라서 지구의 자전에 의해 생기는 일과 시는 지구 위의 관찰자와 매우 밀접한 관계이므로, 관찰자와 관찰자가 위치한 지(地, 땅)에 배당된다.

이 때문에 일과 시는 지둔을 따른다고 정의하였는데, 다시 천원지방설에서 지방(地方)이 시간의 운용을 표상한 그림인 낙서에 해당되므로 지둔은 낙서순행운동을 의미한다. 또한 지둔의 낙서순행운동이 된다는 것은 낙서의 낙서수 배열은 지(地)의 시간 운용을 표상함을 추론할 수 있다.

천둔이 낙서역행운동이 되는 이유는 예로부터 천(天)과 지(地)의 운동 방식을 구분하기 위해서 서로 운동방식을 반대 방향으로 정의하였기 때문이다.

> ✓ **일구성·시구성의 양둔·음둔**
> 일구성·시구성은 지둔의 원래 모습에 부합하여 정방향에 해당하는 양둔에서는 낙서순행운동을 하고, 지둔의 역방향에 해당하는 음둔에서는 낙서역행운동을 한다.

2 일구성의 생성 원리

일구성의 생성 원리는 연구성의 생성 원리를 참고한다. 일구성은 180년의 주기를 갖는 연구성과 유사성을 갖는 프랙탈 구조로 이루어져 있기 때문이다. 다시 말해, 동지부터 그림자가 짧아지는 양둔은 60갑자가 3번 반복된 상원·중원·하원 갑자의 삼원갑자로 이루어지고, 하지로부터 그림자가 길어지는 음둔 역시 60갑자가 3번 반복된 상원·중원·하원 갑자의 삼원갑자로 이루어진다.

- 일구성의 생성 원리

음둔 : 60갑자×3원 = 180일 = 구성×20

辰	巳	午(夏至)	未
			申
卯			酉
寅		子(冬至)	戌
	丑		亥

양둔 : 60갑자×3원 = 180일 = 구성×20

- 일구성의 배치 순서표

양둔(동지가 가까운 갑자일부터 시작)							음둔(하지가 가까운 갑자일부터 시작)						
甲子日	乙丑日	丙寅日	…	辛酉日	壬戌日	癸亥日	甲子日	乙丑日	丙寅日	…	辛酉日	壬戌日	癸亥日
1	2	3	…	7	8	9	9	8	7	…	3	2	1

위 표처럼 양둔 기간에는 동지에서 가장 가까운 갑자일(甲子日)에 1을 배치한 후 순차적으로 낙서순행운동을 따라 을축일(乙丑日)에 2, 병인일(丙寅日)에 3을 배치하는 방식으로 일구성을 배치해 나간다. 반면, 음둔 기간 동안에는 하지에서 가장 가까운 갑자일에 9를 배치한 후 순차적으로 낙서역행운동을 따라 을축일에 8, 병인일에 7을 배치하는 방식으로 일구성을 배치해 나간다.

연구성과 월구성이 천둔을 따르므로 낙서역행운동을 하는 것과 달리, 일구성과 시구성은 지둔을 따르므로 양둔일 때 낙서순행운동을 한다.

> ✓ **일구성의 생성 원리**
>
> 일구성은 상원·중원·하원 갑자의 삼원갑자로 구성된 양둔과 음둔으로 이루어진다. 양둔 기간에는 동지와 가장 가까운 갑자일에 1을 배당한 후 낙서순행운동을 따라 일구성을 배치한다. 음둔 기간에는 하지와 가장 가까운 갑자일에 9를 배당한 후 낙서역행운동을 따라 일구성을 배치한다.

3 일구성을 빨리 구하는 방법

일구성은 해마다 동지와 하지에 가까운 갑자일에 변하기 때문에 구하는 방법을 공식으로 만들기가 매우 어렵다. 따라서 부록으로 실어놓은 구성책력을 참고하면 가장 쉽고 빠르다.

4. 시반의 포국법

시반을 포국하기 위해서는 시반의 중궁에 들어가는 구성숫자를 구해야 하는데, 이 구성숫자를 시구성(時九星)이라고 한다. 시구성을 시명성(時命星)이라고 부르기도 한다. 시구성의 생성 원리를 파악해야만 시구성을 빨리 구하는 방법을 찾아낼 수 있다.

1 시구성의 생성 원리

1) 지둔에 의한 시구성의 출발점과 배치 순서

일(日)과 시(時)는 지구의 자전에 의해서 발생하고, 역학은 사람이 관찰한 천문현상을 통하여 태양[日]과 달[月] 그리고 지구 위의 사람[人]의 관계를 연구한다. 따라서 지구의 자전에 의해 발생하는 시간 개념은 사람과 태양의 상대적인 위치를 통하여 정의된다.

다음 그림과 같이, 시는 지구 위의 관찰자를 기준으로 설정된다. 즉, 지구 위의 관찰자의 머리 위에 태양이 위치할 때를 오시(午時), 지구 위의 관찰자가 태양과 정반대편에 위치할 때를 자시(子時)라고 한다. 또한, 지구 밖 우주의 하늘에서 땅을 내려다보는 부찰(俯察)의 관점에서 시계반대방향으로 자전하는 지구 위의 관찰자가 서 있는 지평선 아래로 해가 질 무렵을 유시(酉時), 반대로 해가 뜰 무렵을 묘시(卯時)라고 한다.

방위는 관찰자를 기준으로 자전 방향이 항상 동쪽이고, 자전 반대방향이 항상 서쪽이다. 따라서 태양을 비롯한 모든 천체가 관찰자를 기준으로 항상 동쪽에서 떠오른다.

이렇듯 시간 개념은 지구 위의 관찰자 입장에서 설정되므로 천지인(天地人) 삼재(三才) 중에서 지(地)와 인(人)에 해당한다. 이런 이유로 일구성과 시구성은 지둔을 따르고, 역학에서는 지둔에 의해 설정된 시간 개념을 수정 없이 그대로 사용하므로 태양빛이 0이 되는 자시를 하루의 시작으로 삼는다.

또한 천둔을 따르는 세수는 지둔화시키기 위해 동지에서 입춘으로 변화시키는 보정작업을 하지만, 시간 개념 자체가 지둔을 기준으로 하므로 그러한 보정작업이 필요하지 않다.

✓ **시구성**

시반의 중궁에 들어가는 구성숫자를 말하며, 시명성이라고도 한다. 시가 지구의 자전에 의해 발생하고 지구 위의 관찰자 입장에서 설정되므로, 시구성은 지둔을 따른다.

■ 시태양시의 정의

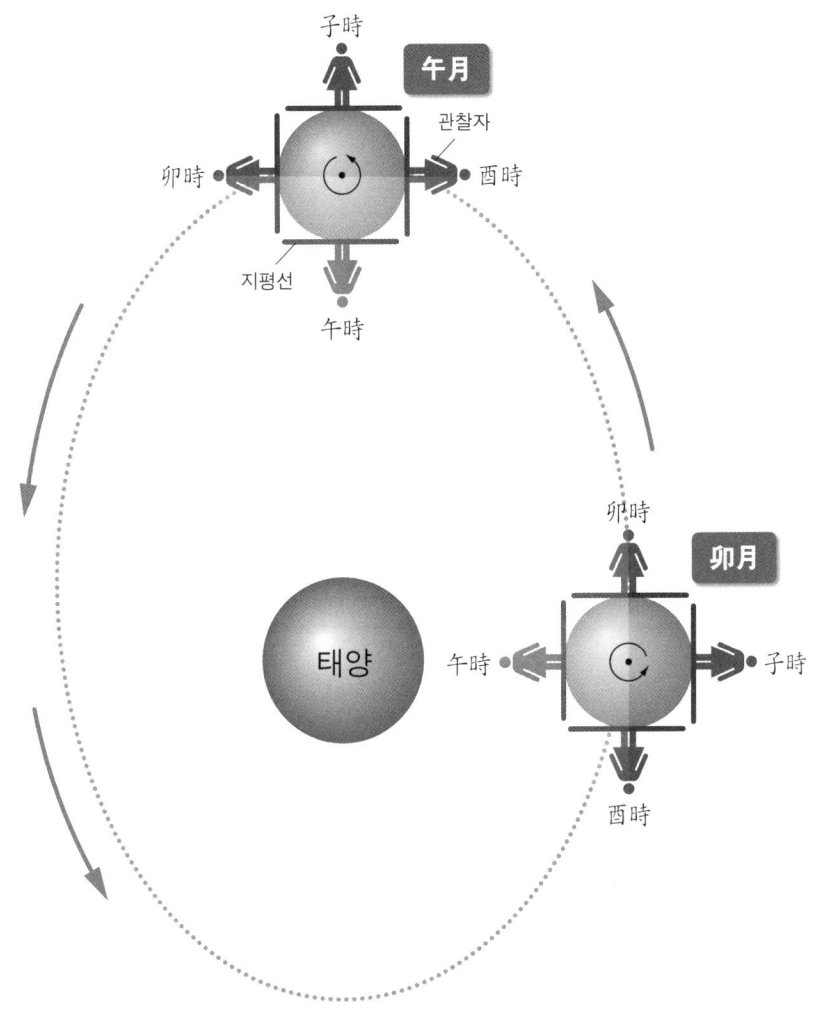

위 그림에서 시태양시(視太陽時)는 어떤 지점에서 측정한 겉보기태양의 시각에 12시를 더한 시각을 말하며, 진태양시(眞太陽時), 겉보기 태양시(apparent solar time) 등 다양한 이름으로 불린다.

2) 시구성의 배치 구조

하루의 시작점이 자시(子時)이므로, 시간적으로 상위개념인 일구성의 입장에서 시구성은 유사성을 갖는 프랙탈 구조로 이루어져 있다.

■ 양둔일 때 시구성의 배치 구조표

甲子日	甲子時	乙丑時	丙寅時	丁卯時	戊辰時	己巳時	庚午時	辛未時	壬申時	癸酉時	甲戌時	乙亥時
시구성	1	2	3	4	5	6	7	8	9	1	2	3
乙丑日	丙子時	丁丑時	戊寅時	己卯時	庚辰時	辛巳時	壬午時	癸未時	甲申時	乙酉時	丙戌時	丁亥時
시구성	4	5	6	7	8	9	1	2	3	4	5	6
丙寅日	戊子時	己丑時	庚寅時	辛卯時	壬辰時	癸巳時	甲午時	乙未時	丙申時	丁酉時	戊戌時	己亥時
시구성	7	8	9	1	2	3	4	5	6	7	8	9
丁卯日	庚子時	辛丑時	壬寅時	癸卯時	甲辰時	乙巳時	丙午時	丁未時	戊申時	己酉時	庚戌時	辛亥時
시구성	1	2	3	4	5	6	7	8	9	1	2	3

■ 음둔일 때 시구성의 배치 구조표

甲子日	甲子時	乙丑時	丙寅時	丁卯時	戊辰時	己巳時	庚午時	辛未時	壬申時	癸酉時	甲戌時	乙亥時
시구성	9	8	7	6	5	4	3	2	1	9	8	7
乙丑日	丙子時	丁丑時	戊寅時	己卯時	庚辰時	辛巳時	壬午時	癸未時	甲申時	乙酉時	丙戌時	丁亥時
시구성	6	5	4	3	2	1	9	8	7	6	5	4
丙寅日	戊子時	己丑時	庚寅時	辛卯時	壬辰時	癸巳時	甲午時	乙未時	丙申時	丁酉時	戊戌時	己亥時
시구성	3	2	1	9	8	7	6	5	4	3	2	1
丁卯日	庚子時	辛丑時	壬寅時	癸卯時	甲辰時	乙巳時	丙午時	丁未時	戊申時	己酉時	庚戌時	辛亥時
시구성	9	8	7	6	5	4	3	2	1	9	8	7

2 시구성을 빨리 구하는 방법

하루가 12지지의 시간으로 이루어지므로 시간을 표시하는 간지에서 오직 12지지에만 초점을 맞추어 시구성의 주기성을 분석해보면, 12지지 시간과 구성의 최소공배수인 $L(12, 9) = 36 = (12지지 시간) \times 3$일에 의해서 3일의 순환주기를 갖는다.

$$3\overline{)12, 9}$$
$$4, 3 \quad \rightarrow \quad 최소공배수 = 3 \times 4 \times 3 = 36$$

이렇게 시구성이 3일의 순환주기를 가지므로 〈양둔일 때 시구성의 배치 구조표〉에서 볼 수 있듯 양둔의 자오묘유일(子午卯酉日)은 자시의 시구성이 모두 1이 되고, 진술축미일(辰戌丑未日)은 자시의 시구성이 모두 4가 되며, 인신사해일(寅申巳亥日)은 자시의 시구성이 모두 7이 된다.

반면 〈음둔일 때 시구성의 배치 구조표〉에 볼 수 있듯 음둔의 자오묘유일은 자시의 시구성이 모두 9가 되고, 진술축미일은 자시의 시구성이 모두 6이 되며, 인신사해일은 자시의 시구성이 모두 3이 된다. 이러한 규칙을 바탕으로 시구성을 빨리 구하는 법을 공식으로 만들 수 있다.

1) 순서수를 이용하는 방법

다음 순서수를 사용하여 시구성을 빨리 구하는 공식을 설명한다. 여기에서 순서수란 시간을 표시하는 간지에서 오직 12지지의 순서를 표시하기 위해 필자가 설정한 숫자이다.

순서수는 순서에 따라 정한다. 즉, 출발점인 자시(子時)를 0으로 설정하고, 다음 축시(丑時)를 1로 설정하고, 그 다음 인시(寅時)를 2로 설정하였다. 나머지 12지지의 시간도 같은 방법으로 순서수를 설정한다.

> ☑ **순서수로 시구성을 구하는 방법**
> 자오묘유일 양둔은 1 + 구하려는 시의 순서수, 음둔은 9 - 구하려는 시의 순서수이다. 진술축미일 양둔은 4 + 구하려는 시의 순서수, 음둔은 6 - 구하려는 시의 순서수이다. 인신사해일 양둔은 7 + 구하려는 시의 순서수, 음둔은 3 - 구하려는 시의 순서수이다.

■ 시에 대응하는 순서수

시	子時	丑時	寅時	卯時	辰時	巳時	午時	未時	申時	酉時	戌時	亥時
순서수	0	1	2	3	4	5	6	7	8	9	10	11

❶ 자오묘유일

양둔일 때는 1 + 구하려는 시의 순서수, 음둔일 때는 9 - 구하려는 시의 순서수가 시구성이다.

예를 들어, 양둔인 무자일(戊子日) 병진시(丙辰時)는 진시(辰時)의 순서수가 4이므로 1 + 4 = 5, 즉 5가 시구성이 된다.

또 다른 예로, 음둔인 무자일 정사시(丁巳時)는 사시(巳時)의 순서수가 5이므로 9 - 5 = 4, 즉 4가 시구성이 된다.

❷ 진술축미일

양둔일 때는 4 + 구하려는 시의 순서수, 음둔일 때는 6 - 구하려는 시의 순서수가 시구성이다.

예를 들어, 양둔인 무술일(戊戌日) 무오시(戊午時)는 오시(午時)의 순서수가 6이므로 4 + 6 = 10이다. 이처럼 계산 결과가 9를 초과할 때는 그 숫자에서 9를 뺀 양의 정수가 시구성이 된다. 따라서 10 - 9 = 1, 10 ≡ 1(mod 9)이므로, 무오시의 시구성은 1이 된다.

또 다른 예로, 음둔인 경술일(庚戌日) 정해시(丁亥時)는 해시(亥時)의 순서수가 11이므로 6 - 11 = -5이다. 이처럼 계산 결과가 음의 정수값일 때는 그 음의 정수값에 9를 더한 숫자가 시구성이 된다. 따라서 (-5) + 9 = 4, (-5) ≡ 4(mod 9)이므로, 정해시의 시구성은 4가 된다.

❸ 인신사해일

양둔일 때는 7 + 구하려는 시의 순서수, 음둔일 때는 3 - 구하려는 시의 순서수가 시구성이다.

예를 들어, 양둔인 경인일(庚寅日) 신사시(辛巳時)는 사시(巳時)의 순서수가 5이므로 7 + 5 = 12이다. 이처럼 계산 결과가 9를 초과할 때는 그 숫자에서 9를 뺀 양의 정수가 시구성이 된다. 따라서 12 - 9 = 3, 12 ≡ 3(mod 9)이므로, 신사시의 시구성은 3이 된다.

또 다른 예로, 음둔인 계해일(癸亥日) 신유시(辛酉時)는 유시(酉時)의 순서수가 9이므로 3 - 9 = -6이다. 이처럼 계산 결과가 음의 정수값일 때는 그 음의 정수값에 9를 더한 숫자가 시구성이 된다. 따라서 (-6) + 9 = 3, (-6) ≡ 3(mod 9)이므로, 신유시의 시구성은 3이 된다.

2) 수장도를 이용하는 방법

수장도(手掌圖), 즉 손바닥에 12지지를 순서대로 표시한 그림을 이용하여 시구성을 구하는 방법도 있다. 앞서 순서수를 외우기 힘들 때는 수장도와 같이 손바닥에 12지지를 표시하고 자(子)를 출발점으로 삼아 축(丑), 인(寅), 묘(卯) 등의 순서로 숫자를 붙여가면 된다. 양둔일 때는 숫자가 1씩 증가하고, 음둔일 때는 숫자가 1씩 감소한다.

예를 들어, 양둔인 무자일(戊子日) 병진시(丙辰時)의 시구성을 구하는 경우이다. 양둔 무자일을 구하는 공식은 1 + 구하려는 시의 순서수이므로, 자(子)가 1, 축(丑)이 2, 인(寅)이 3, 묘(卯)가 4, 진(辰)이 5가 되므로 병진시의 시구성은 5가 된다.

또 다른 예로, 음둔인 경술일(庚戌日) 정해시(丁亥時)의 시구성을 구해보자. 음둔인 경술일의 시구성을 구하는 공식은 6 - 구하려는 시의 순서수이므로, 손바닥 위의 자(子)가 6, 축(丑)이 5, 인(寅)이 4, 묘(卯)가 3, 진(辰)이 2, 사(巳)가 1, 오

(午)가 다시 9, 미(未)가 8, 신(申)이 7, 유(酉)가 6, 술(戌)이 5, 해(亥)는 4가 되므로 정해시의 시구성은 4가 된다.

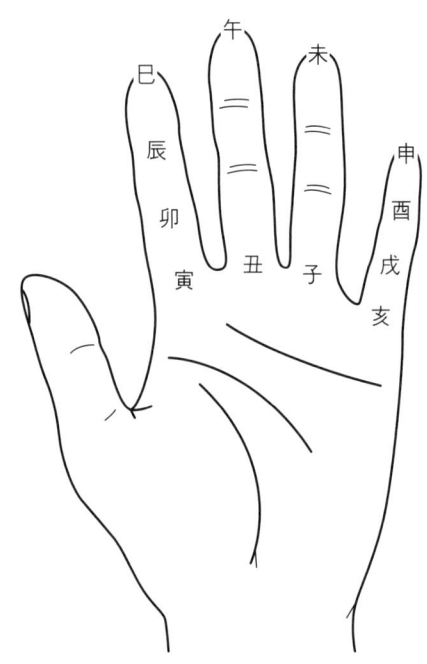

3) 일진을 이용하는 방법

마지막으로 일진을 이용하여 시구성을 구하는 방법으로, 다음 〈일진에 따른 시구성〉을 참고한다.

먼저 양둔인 무자일(戊子日) 병진시(丙辰時)는 양둔일의 자일(子日)과 시간인 진(辰)이 만나는 숫자 5가 시구성이다.

또 다른 예로, 음둔인 경술일(庚戌日) 정해시(丁亥時)는 음둔일의 술일(戌日)과 시간인 해(亥)가 만나는 숫자 4가 시구성이다.

■ 일진에 따른 시구성

시간		子	丑	寅	卯	辰	巳	午	未	申	酉	戌	亥
양둔일	子卯午酉日	1	2	3	4	5	6	7	8	9	1	2	3
	丑辰未戌日	4	5	6	7	8	9	1	2	3	4	5	6
	寅巳申亥日	7	8	9	1	2	3	4	5	6	7	8	9
음둔일	子卯午酉日	9	8	7	6	5	4	3	2	1	9	8	7
	丑辰未戌日	6	5	4	3	2	1	9	8	7	6	5	4
	寅巳申亥日	3	2	1	9	8	7	6	5	4	3	2	1

5. 연월일시 구성반의 포국법 종합

지금까지 살펴본 연구성·월구성·일구성·시구성을 빨리 구하는 방법을 모두 사용하여 연월일시 구성반을 그려본다.

시간은 2011년 양력 4월 20일 임오시(壬午時)이다. 여기서 2011년은 신묘년(辛卯年), 양력 4월은 음력 3월로 임진월(壬辰月), 20일은 을사일(乙巳日)이다.

여기서 연반과 월반을 포국할 때 주의할 점이 있다. 먼저, 연반의 중궁에 기입하는 연구성은 2010년은 8, 2011년은 7, 2012년은 6, 2013년은 5처럼 낙서역행운동을 따르지만, 일단 연구성을 중궁에 기입하면 연반의 나머지 칸에 기입하는 구성숫자는 낙서순행운동을 따른다.

월반을 포국할 때 역시 마찬가지다. 월반의 중궁에 기입하는 월구성 자체는 낙서역행운동에 의해 배당되지만, 일단 월구성을 중궁에 기입하면 월반의 나머지 칸에 기입하는 구성숫자는 낙서순행운동을 따른다.

1) 연반

연구성을 구하는 공식을 적용하면, 2000년대이므로 9 - (1 + 1) = 7이다.

6	2	4
5	7	9
1	3	8

2) 월반

묘년(卯年)의 음력 3월이므로 월구성을 구하는 공식을 적용하면 9 - 절기 기준 음력달수이므로 9 - 3 = 6이다.

5	1	3
4	6	8
9	2	7

✔ **예제의 연구성·월구성·일구성·시구성 구하는 방법**

① 연구성 : 구하려는 연도로 연구성을 찾는 방법을 사용한다. 2000년대는 20ⓒⓓ년 : 9 - (ⓒ + ⓓ)이다.
② 월구성 : 신묘년은 9 - 절기 기준 음력달 수이다.
③ 일구성 : 일구성을 구할 때는 구성책력을 참고하는 것이 가장 쉽다.
④ 시구성 : 순서수로 시구성을 구한다. 을사일은 7 + 구하려는 시의 순서수이고, 임오시이므로 순서수는 6이다.

3) 일반

일구성은 구성책력을 보고 구하는 것이 가장 쉽고 정확하다. 을사일(乙巳日)이고 일구성은 3이다(부록 구성책력 참고).

2	7	9
1	3	5
6	8	4

4) 시반

양둔에 사일(巳日) 오시(午時)이므로 시구성을 구하는 공식을 적용하면 7 + 구하려는 시의 순서수이므로 7 + 6 = 13, 13 - 9 = 4이다.

3	8	1
2	4	6
7	9	5

이제 네 가지 구성반 중에서 연반과 월반, 일반과 시반을 구궁에 같이 표시하면 다음과 같다.

■ 연반과 월반을 구궁에 같이 표시한 명반

6 5	2 1	4 3
5 4	7 6 辛卯年 壬辰月	9 8
1 9	3 2	8 7

■ 월반과 일반을 구궁에 같이 표시한 명반

5 2	1 7	3 9
4 1	6 3 壬辰月 乙巳日	8 5
9 6	2 8	7 4

■ 일반과 시반을 구궁에 같이 표시한 명반

2 3	7 8	9 1
1 2	3 4 乙巳日 壬午時	5 6
6 7	8 9	4 5

6. 한 해의 시작과 하루의 시작

한 해의 시작인 세수(歲首)에 대하여 지금까지 많은 가설이 나왔고, 논쟁이 계속되어왔다. 고대 중국에서는 왕조가 바뀔 때마다 정권의 정당성을 확보하기 위하여 인위적으로 세수를 바꾸기도 하였고, 역학에서도 12지지의 처음이면서 양둔의 시작점인 동지가 들어 있는 자월(子月)을 세수로 주장하는 학설과 기온이 올라가기 시작하는 입춘이 들어 있는 인월(寅月)을 세수로 주장하는 학설이 서로 대립해왔다.

이러한 논란이 종식되지 않았던 가장 큰 이유는 인문학적 논증과 자연과학적 증명보다는 고대 문헌에서 역사적 근거만을 찾아 주장이나 설득의 증거로 제시하였고, 또한 역학을 현실의 삶에 대응시켜서 적중률과 타당성을 확보하려는 실증주의적 학풍이 부족하였기 때문이다.

그런데 이러한 문제점은 구성기학의 이론 체계를 사용하여 해결할 수 있다. 구성기학은 세수와 하루의 시작에 대한 명확한 기준을 제시할 뿐만 아니라 현실적으로 활용할 수 있는 적극적인 개운법을 제시한다. 이처럼 실증주의적인 학풍을

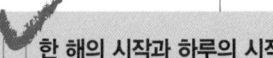

한 해의 시작과 하루의 시작

연은 지구 공전에 의해 발생하므로 천둔을 따르지만, 사람에게 미치는 영향을 중시하여 한 해의 시작을 동지에서 입춘으로 이동시킨다(지둔화). 한편 시는 지둔에 의해 설정되며, 하루의 시작을 태양빛이 0이 되는 자시로 정한다.

가진 구성기학의 이론 체계를 사용하여 역학의 전반적인 이론 체계를 정밀화시키는 작업은 역학의 과학화에 많은 기여를 할 것으로 기대된다.

구성기학에서는 한 해의 시작과 하루의 시작을 천둔과 지둔의 관점에서 설명한다. 앞서 설명한 내용이지만, 다시 한번 명확하게 알아본다.

1) 황도와 적도의 차이점

황도는 지구의 공전궤도를 태양의 공전궤도를 빌려서 나타낸 것이며, 적도는 지구의 자전궤도를 나타낸 것이다. 따라서 지구의 공전에 의해 발생하는 월(月)은 황도를 24등분한 절기를 경도 좌표로 사용하여 황도좌표계에 표시된다. 그리고 지구의 자전에 의해 발생하는 시(時)는 적도를 24등분한 경도 좌표를 사용하여 적도좌표계에 표시된다. 이처럼 월과 시는 발생 원인이 다르며, 그로 인해서 사용하는 좌표계도 서로 다르다.

2) 지구 공전의 지둔화와 한 해의 시작

앞서 월반의 포국법에서 설명한 것처럼, 공전에 의해 발생하는 연(年)과 월(月)은 황도좌표계의 황경(黃經, 황도의 경도)을 사용하므로 천둔을 따른다. 그러나 역학에서 사람의 운을 측정한다는 것은 그 사람이 위치한 시공간의 에너지상태를 측정한다는 의미이므로, 천둔을 따르는 연과 월이 사람에게 미치는 영향을 측정하기 위해서는 사람이 관찰할 수 있는 현상이나 측정값으로 전환시켜야 한다. 이를 위해 한 해의 시작이 되는 세수(歲首)를 동지에서 입춘으로 평행 이동시키는 지둔화를 해야 한다. 그래서 천(天)의 입장에서 세수는 동지가 되고, 지(地)와 인(人)의 입장에서 세수는 입춘이 된다.

3) 지둔과 하루의 시작

일(日)과 시(時)는 자전하는 지구 위의 관찰자 입장에서 설정되므로, 천지인 삼재 중에서 지(地)와 인(人)에 해당한다. 역학은 사람에게 직접적·최종적으로 영향을 미치는 것을 중시하므로 지둔에 의해 설정된 시간 개념을 그대로 사용한다. 따라서 하루의 시작을 태양빛이 0이 되는 자시(子時)로 설정한다. 또한 천둔을 따르는 세수는 동지에서 입춘으로 지둔화되지만, 시간 개념은 원래부터 지둔에 의해 설정되므로 보정작업(지둔화)이 필요하지 않다.

7. 윤둔의 설치 원리

1 윤둔 설치의 필요성

일반적으로 구성책력을 살펴보면, 일구성이 양둔일 때는 1부터 9까지 올림차순으로 1씩 증가하고, 음둔일 때는 9부터 1까지 내림차순으로 1씩 감소한다. 그러나 다음에 예로 든 2008년 구성책력을 살펴보면 9 → 8 → 7 → 7 → 8 → 9처럼 일구성이 매우 특이하게 배열된 것을 발견할 수 있다. 이 특이한 숫자 배열의 정체가 바로 윤둔(閏遁)이다.

윤둔은 윤달과 같은 원리로 만들어진다. 태음력이 윤달을 추가하여 절기를 기준으로 하는 태양력과 조화를 맞추는 것처럼, 구성책력에서도 양둔 일구성의 시작일과 음둔 일구성의 시작일이 각각 양둔의 기준점인 동지와 음둔의 기준점인 하지로부터 너무 멀리 떨어지는 오차를 교정하기 위해 윤둔을 설정한다.

> **✓ 윤둔의 의미**
>
> 양둔 일구성의 시작일과 음둔 일구성의 시작일이 각각의 기준점인 동지와 하지로부터 너무 멀리 떨어지는 것을 교정하는 방법. 약 11.5년마다 윤둔을 두는데, 60일 중에서 양둔과 음둔에 각각 30일을 포함시킨다.

■ 2008년 음력 11월의 구성책력

양력	11	12	13	14	15	16	17	18	19	20	21	22	23	24	25	26	27	28	29	30
음력	14	15	16	17	18	19	20	21	22	23	24	25	26	27	28	29	12.1	2	3	4
구성	六白	五黃	四綠	三碧	二黑	一白	九紫	八白	七赤	七赤	八白	九紫	一白	二黑	三碧	四綠	五黃	六白	七赤	八白
일진	乙酉	丙戌	丁亥	戊子	己丑	庚寅	辛卯	壬辰	癸巳	甲午	乙未	丙申	丁酉	戊戌	己亥	庚子	辛丑	壬寅	癸卯	甲辰

2 윤둔의 설치 방법

1) 윤둔이 설치되는 해를 찾는 법

1년은 365 + 1/4일이고, 양둔 기간과 음둔 기간의 일구성은 각각 180일이므로 1년마다 5 + 1/4일이 남고, 약 11.5년마다 60갑자에 해당하는 60일이 1번 더 생긴다(①~③의 계산식을 참조한다). 따라서 구성책력에서 양둔 일구성이 시작되는 날과 음둔 일구성이 시작되는 날이 각각 양둔의 기준점인 동지나 음둔의 기준점인 하지로부터 너무 멀어지게 된다. 그러므로 약 11.5년마다 윤둔을 두어 60일의 절반인 30일은 양둔에 포함시켜 윤양둔(閏陽遁)이 되게 설정하고, 나머지 30일은 음둔에 포함시켜 윤음둔(閏陰遁)이 되게 설정한다.

① (365 + 1/4)일 - (180 + 180)일 = (5 + 1/4)일

② $\dfrac{(5 + 1/4)일}{1년} \times X년 = 60일$

③ $X년 = 60일 \times \dfrac{1년}{(5 + 1/4)} ≒ 11.5년$

이때 윤둔 기간 60갑자일을 정확히 이등분하여, 나머지 절반이 시작되는 날인 31번째 갑오일이 양둔의 기준점인 동지나 음둔의 기준점인 하지에 가장 근접하는 해에 윤둔을 설정한다. 이렇게 정한 해에 윤둔을 설정하면, 윤둔의 원래 목적대로 양둔 일구성이 시작되는 날과 음둔 일구성이 시작되는 날이 각각 양둔의 기준

점인 동지나 음둔의 기준점인 하지에 거의 일치하여 오차가 0에 가까워진다.

■ 윤둔 설치 방법

甲子	甲戌	甲申	甲午	甲辰	甲寅
윤음둔 시작	윤음둔 진행	윤음둔 진행	윤양둔 시작	윤양둔 진행	윤양둔 진행
윤양둔 시작	윤양둔 진행	윤양둔 진행	윤음둔 시작	윤음둔 진행	윤음둔 진행

2) 윤둔을 설치하는 절기

그러면 동지와 하지 중에서 어디에 윤둔을 설치하는가? 윤둔의 원래 목적대로 양둔 일구성이 시작되는 날과 음둔 일구성이 시작되는 날이 각각 양둔의 기준점인 동지나 음둔의 기준점인 하지에 거의 일치하도록, 윤둔 기간 60갑자일의 절반이 시작되는 날인 31번째 갑오일이 양둔의 기준점인 동지에 더 접근하는가 또는 음둔의 기준점인 하지에 더 접근하는가를 계산하여 가장 오차가 작은 곳에 윤둔을 설치한다.

예를 들어 2008년의 구성책력을 살펴보면, 하지로부터 갑오일까지의 차이는 2일이고, 동지로부터 갑오일까지의 차이는 1일이므로 동지 근처가 오차가 더 작다. 따라서 윤둔은 동지에 설정한다. 실제로 윤둔이 설치된 1974년, 1985년, 1997년 등의 구성책력을 조사해 보면 갑오일로부터 동지와 하지 중에서 오차가 작은 곳에 윤둔이 설치된 것을 확인할 수 있다.

> **윤둔의 효과**
> 윤둔을 설치하면 일구성의 양둔이나 음둔 시작일과 기준 절기인 동지나 하지의 오차가 줄어든다. 그 결과 일구성이 계절감각을 유지할 수 있고 구성기학의 적중률이 향상된다.

음력 5월 18일	음력 5월 19일	음력 5월 20일
壬辰 夏至	癸巳	甲午

음력 11월 22일	음력 11월 23일	음력 11월 24일
癸巳	甲午	乙未　冬至

■ 윤둔을 설정하지 않은 경우의 구성책력

2008년 음력	4월 19일 癸亥	4월 20일 甲子	4월 21일 乙丑	…	음둔 180일 경과	10월 22일 癸亥	10월 23일 甲子	10월 24일 乙丑	…	11월 21일 壬辰	11월 22일 癸巳	11월 23일 甲午	11월 24일 乙未	11월 25일 丙申
일구성	9	9	8	…		1	1	2	…	2	3	4	5 冬至	6

위의 표에서 확인할 수 있듯이, 윤둔을 설정하지 않은 경우에는 양둔이 시작되는 갑자일이 양둔의 기준점인 동지로부터 31일 떨어져 있어서 일구성의 양둔 시작점과 계절감각에서 많은 차이를 보인다. 또한, 연쇄적으로 다른 일구성도 계절감각과 많은 차이를 보인다. 따라서 실제 임상현장에서 사람이 느끼는 일구성의 에너지와 구성책력에서 이론상 제시한 일구성의 에너지가 일치하지 않아서 구성기학의 적중률에 심각한 타격을 초래한다.

■ 윤둔을 설정한 경우의 구성책력

2008년 음력	4월 19일 癸亥	4월 20일 甲子	4월 21일 乙丑	…	음둔 180일 경과	10월 22일 癸亥	10월 23일 甲子	10월 24일 乙丑	…	11월 21일 壬辰	11월 22일 癸巳	11월 23일 甲午	11월 24일 乙未	11월 25일 丙申
일구성	9	9	8	…		1	9	8	…	8	7	7	8 冬至	9

앞의 표는 윤둔을 설정한 구성책력이다. 그 결과 윤양둔이 시작되는 갑오일이 양둔의 기준점인 동지와 단 하루의 오차만 발생해 일구성의 양둔 시작점과 계절감각이 거의 일치하게 된다. 또한, 연쇄적으로 다른 일구성도 계절감각과 거의 일치하게 된다. 따라서 실제 임상현장에서 사람이 느끼는 일구성의 에너지와 구성책력에서 이론상 제시한 일구성의 에너지가 거의 일치하여 구성기학의 적중률이 향상된다.

8. 반복된 숫자의 변환 방식과 사용 원리

1 배합괘를 이용한 숫자 변환

『귀곡자(鬼谷子)』「폐합(捭闔)」을 보면 "양이 극에 달하면 음이 되고, 음이 극에 달하면 양이 된다[陽極終陽 陰極反陽]"고 하여 음양 변환의 원리를 설명하였다. 이 원리는 구성기학, 그 중에서도 양둔과 음둔의 교차로 이루어진 구성기학 책력 체계에 흡수되어 사용되었다. 또한 일시반에서 구성숫자가 같을 때는 음양 변환의 원리를 사용하여 시반의 구성숫자를 배합괘(配合卦)를 이용하여 전환하는데, 양효(陽爻)는 음효(陰爻)로 바뀌고 음효는 양효로 바뀐다.

여기에서 배합괘란, 양효는 음효와 짝을 이루고 음효는 양효와 짝을 이루는 규칙을 따라 하나의 괘를 이루는 모든 효를 음양을 바꾸어 만드는 배우자 괘이다. 예를 들어, 순수한 양으로 이루어진 건괘(☰)의 배합괘는 곤괘(☷)가 되고, 이괘(☲)의 배합괘는 감괘(☵)가 된다. 배합괘 대신에 착괘(錯卦)라고도 한다.

> **✓ 배합괘의 의미**
>
> 배우자괘라고도 하며, 음양 변화의 원리에 따라 하나의 괘를 구성하는 모든 효의 음양을 바꾸어 만드는 괘이다. 이때 양효는 음효와 짝을 이루고, 음효는 양효와 짝을 이룬다. 예를 들어, 효가 모두 양인 건괘는 효가 모두 음인 곤괘가 된다.

$$1(☰) \rightleftarrows 9(☷)$$
$$2(☷) \rightleftarrows 6(☰)$$

$$3(☰) \rightleftarrows 4(☷)$$
$$7(☰) \rightleftarrows 8(☷)$$

아래 표에서 왼쪽 구궁도의 중궁 5는 다음과 같은 변환 원리를 따른다.

① 남자의 경우 중궁의 5는 간궁에 기대어 의탁하므로, 8로 생각하여 간괘(☶)가 변한 태괘(☱) 즉, 7이 된다.
② 여자의 경우 중궁의 5는 곤궁에 기대어 의탁하므로, 2로 생각하여 곤괘(☷)가 변한 건괘(☰) 즉, 6이 된다.

■ 배합괘를 이용한 구성숫자의 변환

4 (巽宮☴)	9 (離宮☲)	2 (坤宮☷)
3 (震宮☳)	5 (中宮)	7 (兌宮☱)
8 (艮宮☶)	1 (坎宮☵)	6 (乾宮☰)

→

3 (☳)	1 (☵)	6 (☰)
4 (☴)	남자 : 7 여자 : 6 (中宮)	8 (☶)
7 (☱)	9 (☲)	2 (☷)

위에서 왼쪽 구궁은 배합괘를 사용하여 변환시키기 전 상태인 낙서의 구궁을 지칭하는 팔괘와 구성숫자를 표시하였고, 오른쪽 구궁은 배합괘를 사용해서 변환시킨 결과를 표시하였다.

낙서에 해당하는 왼쪽 구궁의 손괘는 배합괘를 사용하여 진괘로 변환되고, 더불어 손괘를 상징하는 구성숫자 4도 진괘를 상징하는 구성숫자 3으로 변환되었다. 같은 방식으로 배합괘를 이용하여 왼쪽 구궁에 들어 있는 각각의 팔괘와 구성숫자를 변환시킨 결과를 오른쪽 구궁에 표시하였다.

예1_ 남자인 경우

9 9	5 5	7 7
8 8	1 1 日 時	3 3
4 4	6 6	2 2

→

9 1	5 7	7 8
8 7	1 9 日 時	3 4
4 3	6 2	2 6

예2_ 여자인 경우

9 9	5 5	7 7
8 8	1 1 日 時	3 3
4 4	6 6	2 2

→

9 1	5 6	7 8
8 7	1 9 日 時	3 4
4 3	6 2	2 6

위 두 예에서는 왼쪽 일시반을 배합괘를 이용하여 시반의 구성숫자만 오른쪽 일시반처럼 바꾸었다.

2 숫자 변환이 사용되는 경우

연월일시 중에서 관찰자 입장에서 정의된 지둔은 일시반이다. 일시반 중에서도 시반은 관찰자와 태양의 상대적인 위치로 정해진 시(時)에 의해서 포국되므로 가장 직접적으로 관찰자와 관련되어 있으면서, 시보다 상위개념인 연월일에 의해서 종속적인 영향을 받는다. 따라서 숫자가 중복될 때 음양 전환에 의해서 배합괘로 전환되는 것은 오직 시반의 구성뿐이다. 자미두수 명반에서 시에 의해 포국되는 문창(文昌)과 문곡(文曲)이 주변 환경에 의해서 길성(吉星)이 되기도 하고, 흉성(凶星)이 되기도 하는 이치와 같은 원리이다. 숫자 변환에 대해서 정리하면 다음과 같다.

① 연월반에서는 숫자가 중복되어도 숫자를 변환시키지 않는다. 연과 월은 연월일시 중에서 무거운 상위 개념이므로 잘 움직이지 않기 때문이다.
② 일시반에서 숫자가 중복되는 경우에는 시반의 숫자만 배합괘를 이용하여 숫자를 변환시킨다. 단, 이런 경우에도 처음에는 시반에서 중복된 숫자 그대로 해석하고, 그 시간대의 후반부에 변환된 숫자를 사용하여 일시반을 해석한다. 변환된 숫자를 그 시간대의 후반부에 사용하는 이유는 음양 전환이 발생하려면 시간이 걸리기 때문이다.

✓ 배합괘를 사용하는 경우

연월일시 구성반 중에서 일시반의 구성숫자가 서로 같을 때 시반의 구성숫자만 배합괘를 이용하여 변환시킨다. 시(時)가 가장 직접적으로 사람[人]과 관련되어 있으면서 상위개념인 연월일의 영향을 받기 때문이다. 단, 문점 시간의 전반부에서는 배합괘가 필요 없고 후반부에만 참조한다. 배합괘를 사용하면 시간 말미의 상황을 더 잘 추론할 수 있다.

part 1 구성기학의 기초 이론

길신과 흉살의 포국법 4

연반·월반·일반·시반의 구성반은 점을 치는 순간 각각의 궁에 머무르는 별[星]이 그 궁에 의해서 어떻게 물들고, 그로 인해 어떤 행동을 하는지 해석하는 도구가 된다. 이때 각각의 구성반은 9개 구궁에 에너지가 균등하게 분포하기 때문에 구성반 자체로는 길흉을 판단할 수 없다. 구성반에 점을 치는 순간을 표시하는 간지 또는 특정한 구성숫자의 배치에 의해 흉살이나 길신이 발생할 때 비로소 길흉을 판단할 수 있다.

길신은 말 그대로 행운을 불러오는 길한 작용을 하고, 흉살은 방해와 재난을 불러오는 흉한 작용을 한다. 앞서 길신과 흉살에 대해 기본적인 설명을 했다면, 여기서는 길신과 흉살이 구성반에서 어떻게 작용하는지를 자세하게 설명한다.

1. 흉살

구성기학에서 활용하는 흉살에는 오황살(五黃殺)·암검살(暗劍殺)·파살(破殺)·대충(對沖)·본명살(本命殺)·본명적살(本命的殺)이 있다. 이 중에서 오황살·암검살·파살·대충은 구성기학을 점학으로 활용할 때 주로 사용하고, 본명살과 본명적살은 방위를 찾을 때 앞의 흉살에 추가하여 사용한다.

> ✓ **흉살의 발생 원리**
> 파살은 점을 치는 순간의 연월일시 간지 중 지지에 의해서 발생하고, 오황살·암검살·대충·본명살·본명적살은 구성반에 배치된 특정 구성숫자나 본명성에 의해 발생한다.

1 흉살의 특성

구성기학에서 사용하는 흉살은 서로 발생하는 원인도 다르고, 작용하는 내용도 다르다. 먼저 발생 원리를 살펴보면, 파살은 점을 치는 순간의 연월일시 간지 중에서 지지에 의해서 발생하고, 다른 흉살들은 구성반에 배치된 특정한 구성숫자나 문점한 사람의 본명성에 의해서 발생한다. 모두 구성기학에서 활용하지만 이렇게 차이가 있는 까닭은 무엇일까? 그것은 구성기학이 역학 중에서도 상(象)과 수(數)라는 표상기호를 연구하는 상수학(象數學)이기 때문이다.

구성기학에서는 팔괘를 구궁에 배치하여 최종적으로 구궁을 상으로 사용하고, 구성숫자를 수로 사용한다. 상에 해당하는 궁은 앉은 자리를 의미하므로 공간이 되고, 공간이므로 방위좌표를 가지며, 방위좌표로는 12지지를 사용한다. 또한 궁 안에는 구성숫자가 낙서운동을 하면서 날아와 머무르는데 이것을 비박(飛泊)이라고 한다. 따라서 궁은 공간의 표상기호가 되고, 구성숫자는 시간의 표상기호가 된다.

또한 궁은 정지한 공간으로서 체(體)에 해당하고, 그 정지한 공간에는 시간의 흐름에 따라 구성숫자가 용(用)으로서 채워진다. 역학의 여러 고서에서도 체는 움직이지 않고 정지한 것·고요한 것으로 보았고, 용은 움직이는 것으로 보았다. 나아가 고요한 것은 주인이 되고 체가 되며, 움직이는 것은 손님이 되고 용이 된다고 보았다.

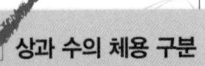

상과 수의 체용 구분

구성기학에서 상은 팔괘가 배치된 정지 공간인 구궁을 의미하며, 체가 된다. 수는 구성숫자를 말하며, 구궁 안을 움직이는 시간을 상징하고, 용이 된다.

■ 표상기호 체계의 분석

상(象)	팔괘	구궁에 배치되어 정지된 공간을 상징	방위 측정 가능	체(體)
수(數)	구성숫자	낙서운동을 따라서 움직이는 시간을 상징	응기 시기 측정 가능	용(用)

지금까지 살펴본 표상기호 체계의 차이점을 통해 흉살별 특성을 분석할 수 있다.

흉살의 발생 원리에 의해 먼저 궁을 파괴시키고, 그 결과로 궁 안에 머무르는 구성숫자까지 파괴시키는 경우가 있다. 그런가 하면 먼저 구성숫자를 파괴시키고, 그 결과로 구성숫자를 포함하는 궁까지 연쇄적으로 오염시키는 경우가 있다. 따라서 궁과 구성숫자를 살펴보면 흉살의 발생 원리를 찾아낼 수 있고, 흉살마다 차이점을 분석할 수 있으며, 흉살별 포국법과 사용법까지 알 수 있다.

2 오황살

1) 발생 원리

연반·월반·일반·시반에 오황토성(五黃土星)인 구성숫자 5가 들어간 궁은 무조건 오황살에 의해서 파괴된다. 오황살은 먼저 구성숫자가 파괴되어 그 결과로 구성숫자를 포함하는 궁까지 연쇄적으로 오염시키는 경우이다.

오황살은 스스로 자체적으로 부패되어 발생하는 흉살이므로, 자신의 잘못으로 인해서 재앙과 불행을 일으키는 자발적인 재난이다.

2) 포국법

연반·월반·일반·시반에서 구성숫자가 5인 오황토성은 무조건 오황살이 된다. 예를 들어, 2011년 신묘년(辛卯年)의 연반에서 오황살을 찾으면 다음과 같다.

예1

6	2	4
5 오황살	7 辛卯年	9
1	3	8

오황살

연월일시 구성반에 구성숫자 5가 들어간 궁은 오황살에 의해 파괴된다. 구성숫자가 먼저 파괴되어 궁까지 오염시키며, 자신의 잘못으로 재앙과 불행을 부른다.

앞의 연반은 진궁에 오황토성인 구성숫자 5가 들어 있다. 따라서 진궁이 오황살을 맞았다.

3) 해석

오황살은 스스로 썩은 것이다. 따라서 문점자(問占者)의 본명성의 체에 해당하는 궁이 오황살을 맞으면 문점자는 주로 병에 걸리거나 아픈 상태이다.

또한 본명성이 특정한 궁에서 오황살과 동회하는 경우에는 오황살을 잘못된 것, 시끄러운 것, 부패한 것, 하자가 있는 것으로 풀이한다. 동회는 본명성이 특정한 궁에서 다른 구성숫자와 같이 모인 현상을 말하며, 본명성이 주어가 되어 다른 구성숫자를 목적어나 부사어로 사용한다. 실전 해석은 이어지는 구성기학의 운추론에서 더욱 상세하게 설명할 것이다.

예2

7	3	5 오황살
6	8 庚寅年	1
2	4	9

위는 2010년 경인년(庚寅年)의 연반으로, 본명성인 이흑토성(구성숫자 2)의 체에 해당하는 곤궁이 오황살을 맞았다. 따라서 본명성이 이흑토성인 사람들은 2010년에 병에 걸리거나 아플 가능성이 높았다. 실제로 2010년에 병사한 사람들의 문상을 가보았더니 본명성이 이흑토성인 사람들이 매우 많았다.

여기에서 본명성의 체는 본명성에 해당하는 구성숫자가 구성 정위반(正位盤)인 낙서에서 원래 위치한 궁을 말한다. 구성숫자 2는 구성 정위반에서 곤궁에 위치하므로, 경인년 연반에서 본명성이 2인 사람의 체는 곤궁이 된다.

3 암검살

1) 발생 원리

연반·월반·일반·시반에서 오황살이 들어 있는 궁을 마주보는 궁의 구성숫자는 무조건 암검살을 맞는다. 다시 말해서, 구성반에서 구성숫자 5를 마주보는 구성숫자는 암검살을 맞는다. 최초의 원인은 오황살이고, 그 오황살에 의해 암검살이 발생하며, 다시 암검살을 맞은 구성숫자를 안고 있는 궁까지 파괴된다. 따라서 암검살은 오황살이라는 외적인 원인에 의해서 피동적으로 발생하는 재앙이다. 오황살로부터 암검살 방향으로 재앙의 원인이 이동하는 것이다.

2) 포국법

연반·월반·일반·시반에서 오황살을 마주보는 구성숫자는 무조건 암검살을 맞는다.

예 1

6	2	4
5 오황살	7 辛卯年	9 암검살
1	3	8

2011년 신묘년(辛卯年)의 연반에서 암검살을 찾으면 위와 같다. 연반의 구성숫자 배치에서 진궁의 오황살을 마주보는 구성숫자인 9가 태궁에서 암검살을 맞았다.

암검살

연반·월반·일반·시반에서 오황살을 마주보는 궁의 구성숫자는 무조건 암검살을 맞는다. 암검살을 맞은 구성숫자에 의해 구성숫자를 안고 있는 궁까지 파괴되므로 그 구성숫자가 상징하는 신체 부위가 질병의 직접적인 원인이 된다.

예2

7	3	5 오황살
6	8 庚寅年	1
2 암검살	4	9

또한 2010년 경인년(庚寅年)의 연반에서 암검살을 찾으면 위와 같다. 연반의 구성숫자 배치에서 곤궁의 오황살을 마주보는 구성숫자인 2가 간궁에서 암검살을 맞았다.

3) 해석

암검살을 맞은 궁은 체와 용이 모두 파괴된 것이고, 암검살을 맞은 숫자는 용과 좌궁용(坐宮用)이 모두 파괴된 것이다. 좌궁용은 필자가 고안한 용어로, 용인 구성숫자가 앉은 궁을 좌궁(坐宮)이라 하는데, 구성 정위반에서 좌궁의 구성숫자를 용으로 삼기 때문에 이 구성숫자를 좌궁용이라고 부른다.

① 암검살을 맞은 구성숫자에 의해서 그 구성숫자를 안고 있는 궁까지 파괴되므로, 원인이 암검살을 맞은 구성숫자이고, 결과가 그 구성숫자를 안고 있는 궁이다. 이러한 원리는 질병의 종류를 추론할 때 매우 요긴하게 쓰인다.

구성기학에서는 질병이 발생했을 때 구성숫자가 먼저 파괴되고 그 결과로 궁까지 오염되는 경우가 있고, 반대로 궁이 먼저 파괴되는 경우가 있다. 구성숫자가 먼저 파괴되는 경우에는 그 구성숫자가 상징하는 신체 부위가 질병의 직접적인 원인이 되고, 궁이 먼저 파괴되는 경우는 그 궁이 상징하는 신체 부위가 질병의 직접적인 원인이 된다. 이어지는 구성

✓ **중궁의 구성숫자와 암검살**

연월일시 구성반의 중궁에 들어가는 구성숫자는 암검살을 맞은 궁을 알려주는 지표 역할을 한다. 즉, 중궁의 구성숫자가 구성 정위반(낙서)에서 위치하는 궁이 바로 암검살을 맞는다.

기학의 운추론에서 더욱 자세하게 다룰 것이다.
② 연반·월반·일반·시반에서 중궁에 들어가는 연구성·월구성·일구성·시구성은 암검살을 맞은 궁을 알려준다.

특정 구성숫자의 체는 항상 그 구성숫자가 구성 정위반인 낙서에서 원래 위치한 궁이 된다. 예를 들어, 구성숫자 1은 원래 구성 정위반에서 감궁에 위치하므로, 모든 구성반에서 구성숫자 1의 체는 감궁이 된다. 같은 원리로 모든 구성반에서 구성숫자 2의 체는 곤궁, 구성숫자 3의 체는 진궁, 구성숫자 4의 체는 손궁, 구성숫자 5의 체는 중궁, 구성숫자 6의 체는 건궁, 구성숫자 7의 체는 태궁, 구성숫자 8의 체는 간궁, 구성숫자 9의 체는 이궁이 된다.

예1

9	5 오황살	7
8	1	3
4	6 암검살	2

위는 중궁의 구성숫자가 1인 구성반으로, 구성숫자 5가 들어간 이궁이 오황살에 의해 파괴되고, 구성숫자 5를 마주보는 6이 암검살을 맞으며, 최종적으로 암검살에 의해 감궁이 파괴된다. 결과적으로 중궁의 구성숫자 1은 본인의 체에 해당하는 감궁이 암검살을 맞는 궁임을 알려주는 지표 역할을 한다.

예2

6	2	4
5 오황살	7 辛卯年	9 암검살
1	3	8

위는 2011년 신묘년(辛卯年)의 연반으로, 중궁의 구성숫자 7은 그 구성숫자의 체에 해당하는 태궁이 암검살을 맞는 궁임을 알려주는 지표 역할을 한다.

예3

7	3	5 오황살
6	8 庚寅年	1
2 암검살	4	9

위는 2010년 경인년(庚寅年)의 연반으로, 중궁의 구성숫자 8은 그 구성숫자의 체에 해당하는 간궁이 암검살을 맞는 궁임을 알려주는 지표 역할을 한다.

4 파살

1) 발생 원리

점을 치는 순간의 연월일시 지지는 연반·월반·일반·시반의 중궁에 기입된다. 이 지지에 의해서 연반·월반·일반·시반의 삼합선이 그려지고, 파살을 맞는 궁이 결정된다. 따라서 연반·월반·일반·시반의 중궁에 기입된 지지는 공간이 되는 궁과 관련된 길신과 흉살을 결정하는 통제센터로 사용된다. 참고로 삼합선은 길신이 위치한 궁을 쉽게 파악할 수 있게 해주는 표지판이다.

한편, 구궁은 그 안의 12지지를 시공간 좌표로 사용하고, 역으로 구궁 안의 12지지는 그 궁에 소속된 시간과 공간의 좌표를 표시한다. 구궁 안의 지지는 각각 방향이 반대인 지지와 충(沖)을 하므로 자오충(子午沖)·축미충(丑未沖)·인신충(寅申沖)·묘유충(卯酉沖)·진술충(辰戌沖)·사해충(巳亥沖)이 발생한다. 이렇게 중궁의 지지를 충하는 구궁 안의 지지는 파살을 맞게 된다.

파살은 궁이 가지는 시공간 좌표가 파괴되므로, 궁이 먼저 파괴되고 그 영향으로 그 궁에 머무르는 구성숫자까지 연쇄적으로 파괴된다. 이와 반대로 오황살과 암검살은 구성숫자가 먼저 파괴되고, 그 영향으로 궁이 파괴된다.

파살은 문점한 시간의 지지에 의해서 발생하는 흉살이므로 구성숫자와는 전혀 관련이 없다. 또한 문점한 시간의 지지를 포함하는 궁이 원인이 되어 충을 하는 지지를 파괴시키므로, 파살을 맞는 궁의 입장에서는 수동적·피동적으로 재난이 발생한다. 따라서 파살은 수동태(受動態)에 의한 운추론에 가장 많이 사용된다. 이 부분은 이어지는 구성기학의 운추론에서 자세히 설명한다.

■ 구궁 안의 12지지 분포와 지지충

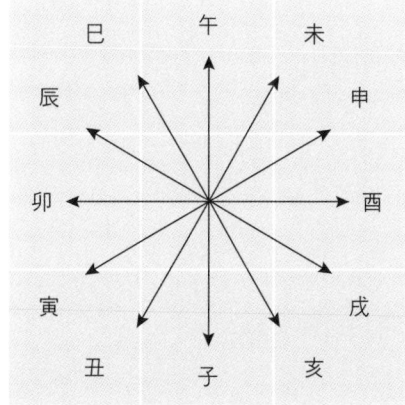

 파살

연월일시 구성반의 중궁에 기입된 지지를 충하는 구궁 안의 지지는 파살을 맞는다. 문점 시간의 지지에 의해 발생하는 흉살이므로 구성숫자와는 전혀 관련이 없이 피동적으로 발생하는 재난이다.

예1

辰巳	午	未 申 파살
卯	庚寅年	酉
寅 丑	子	戌 亥

위에서 중궁에 기입된 경인년(庚寅年)의 지지 인(寅)은 신(申)과 충을 한다. 따라서 구궁 안에서 신(申)의 자리가 파살을 맞는다.

예2

辰巳	午	未 申
卯	辛卯年	酉 파살
寅 丑	子	戌 亥

위에서 중궁에 기입된 신묘년(辛卯年)의 지지 묘(卯)는 유(酉)와 충을 한다. 따라서 구궁 안에서 유(酉)의 자리가 파살을 맞는다.

2) 포국법

점을 치는 순간의 연월일시 지지는 연반·월반·일반·시반의 중궁에 기입되는데, 이 지지를 충하는 구궁 안의 지지는 파살을 맞는다.

3) 해석

문점자의 본명성의 체에 해당하는 궁이 흉살을 맞으면 문점자는 주로 병에 걸리거나 아픈 상태이다. 구성기학에서는 질병이 발생했을 때 구성숫자가 먼저 파괴되고 그 결과로 궁까지 오염되는 경우가 있고, 반대로 궁이 먼저 파괴되는 경우가 있다. 파살은 흉살 중에서 유일하게 체에 해당하는 궁을 먼저 파괴시키므로 흉살 중에서 가장 강력하면서도 빠르게 체를 파괴시킨다.

5 대충

1) 발생 원리

대충은 연월반·월일반·일시반 등의 구성반에서 서로 마주보는 궁에 같은 구성숫자가 배치될 때 발생하며, 대충을 형성하는 수에 의해서 그 수를 안고 있는 궁까지 파괴된다. 여기서 서로 마주보는 궁이란 다음 그림처럼 궁의 배치상 방향이 반대인 궁을 말한다.

■ 서로 마주보는 궁의 배치

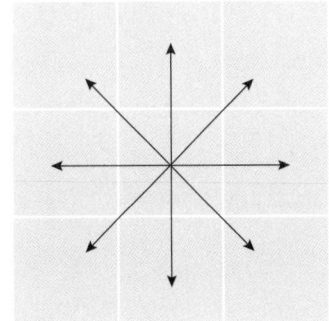

 대충

연월반·월일반·일시반 등에서 서로 마주보는 궁에 같은 구성숫자가 배치될 때를 대충이라고 하며, 대충을 이루는 수에 의해서 그 수가 위치한 궁까지 파괴된다. 구궁 중에서 어느 궁끼리 마주보는가에 따라 대충의 종류가 나뉜다.

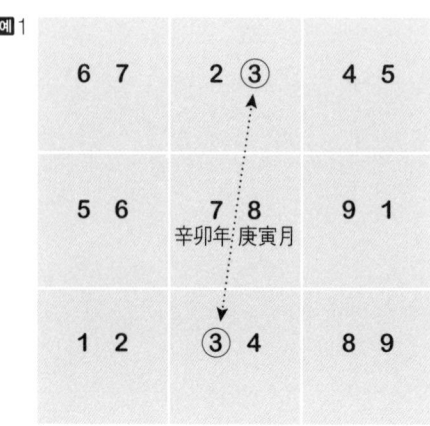

위의 신묘년(辛卯年) 경인월(庚寅月)의 연월반에서 구성숫자 3이 서로 마주보는 궁인 이궁과 감궁에 배치되어 있으므로, 3대3 대충이 이궁과 감궁에 걸쳐서 발생하였다.

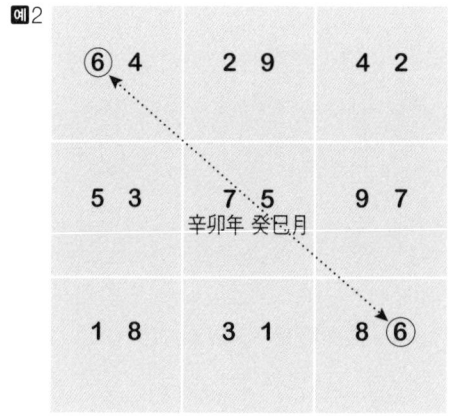

위의 신묘년 계사월(癸巳月)의 연월반에서 구성숫자 6이 서로 마주보는 궁인 손궁과 건궁에 배치되어 있으므로, 6대6 대충이 손궁과 건궁에 걸쳐서 발생하였다.

한편 일시반에서는 일반의 구성숫자가 기본 골격이고, 그 기본 골격을 따라서 시반의 구성숫자가 배치된다. 그러므로 일반과 시반의 구성숫자 배치가 서로 맞물려서 마주보는 궁에 같은 구성숫자가 위치해야만 비로소 대충이 발생하게 된다.

다시 말해서, 대충은 일반과 시반의 구성숫자 모두가 밀착되어 참여하고 책임을 공유하는 흉살이다. 이런 원리 때문에 특정한 일시반에 의해 생성되는 대충은 시간이 달라지면 해소되고, 다시 새로운 대충이 발생한다. 따라서 일반에서 대충을 맞은 구성숫자가 좋은 상태이면, 다음 시간으로 바뀔 때 시반 중궁의 시구성도 바뀌므로 대충이 해소되고 문제상황이 해결된다. 월일반과 연월반의 대충도 같은 원리로 작동한다.

예3

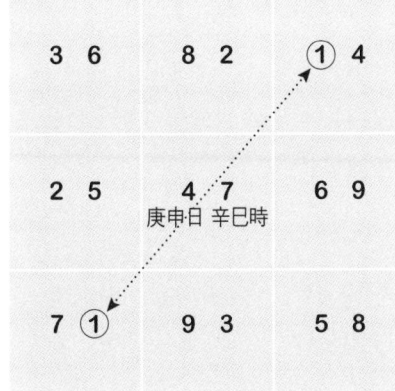
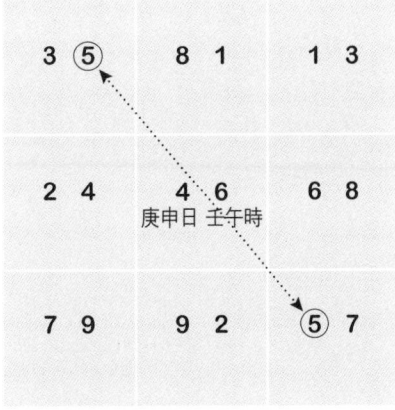

위에서 왼쪽은 문점한 순간인 경신일(庚申日) 신사시(辛巳時)의 일시반이고, 오른쪽은 같은 날 임오시(壬午時)의 일시반이다. 왼쪽 일시반에서 1대1 대충이 곤궁과 간궁에 걸쳐서 발생했지만, 다음 시간인 오른쪽 일시반에서 곤궁과 간궁에 걸쳐서 발생한 1대1 대충이 해소된 것을 확인할 수 있다.

대충이 흉한 작용을 하는 원리를 파악하기 위해서는 동회와 본명적살을 알아야 한다.

먼저, 동회는 말 그대로 함께 모인다는 의미로, 같은 궁에 2개의 구성숫자가 위치할 때 본명성을 주인으로 보아서 '본명성이 다른 구성숫자와 동회한다'고 말하고, 본명성 이외의 다른 구성숫자는 손님으로 간주하여 '본명성과 피동회(被同會)한다'고 말한다. 동회와 피동회는 둘 다 같은 궁 안에 구성숫자가 모였다는 의미지만, 무엇을 주(主)로 보는가에 따라 구분해서 사용한다. 예를 들어, 연월반에서 월운을 볼 때는 월반이 중심이 되므로 월반의 본명성이 같은 궁 안에 위치한 연반의 구성숫자와 동회한다고 표현하고, 연반의 본명성이 같은 궁 안에 위치한 월반의 구성숫자와 피동회한다고 표현한다. 한편 궁이라는 같은 공간(환경)에 있으면서 두 구성숫자는 서로 밀접한 관련성을 갖고 영향력을 공유하게 된다.

다음으로, 본명적살은 방위를 선택할 때 주로 쓰는 흉살로, 본명성이 위치한 궁과 마주보는 궁은 본명적살을 맞게 된다.

동회·피동회와 본명적살의 개념을 앞서 살펴본 신묘년 계사월의 연월반을 통해 설명한다.

■ 예4

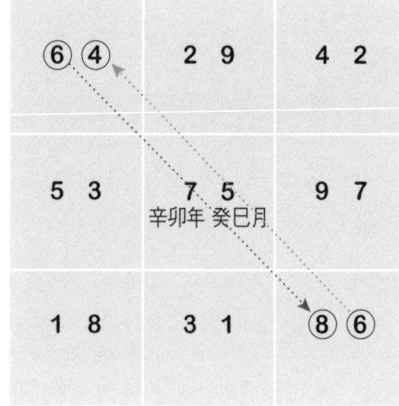

위 연월반에서 문점한 사람의 본명성이 6이라고 가정한다. 연월반은 월운을 보는 것이 주된 목적이므로 월반이 중심이 되어 동회라는 표현을 쓴다. 건궁에 있는 월반의 본명성 6은 구성숫자 8과 동회하고, 손궁에 있는 연반의 본명성 6은 월반의 구성숫자 4와 피동회한다. 그리고 본명성이 6이므로 월반 입장에서는 본명성이 건궁에 위치하므로 손궁이 본명적살을 맞게 되고, 연반 입장에서는 본명성이 손궁에 위치하므로 건궁이 본명적살을 맞게 된다(오른쪽 연월반 참조).

지금까지 설명한 동회와 본명적살의 개념을 결합하면 대충이 흉작용을 하는 원리를 유추할 수 있다. 대충에 참여한 구성숫자와 동회하는 구성숫자가 모두 본명적살로 작용하므로, 본명적살의 흉한 작용력이 다시 대충에 참여한 구성숫자까지 파괴시키는 것이다.

앞의 연월반에서 본명성이 6이므로 건궁의 본명성은 연반에서 본명적살을 맞은 8과 동회하여 흉한 작용력을 받고, 다시 손궁의 본명성은 월반에서 본명적살을 맞은 4와 피동회하여 흉한 작용력을 받는다. 따라서 본명성과 동회한 구성숫자가 모두 본명적살의 흉한 작용을 대충궁(對沖宮) 모두에서 실행하므로, 결과적으로 대충을 이루는 구성숫자가 스스로를 파괴시키는 형상이다.

여기에서 '구성숫자가 스스로를 파괴시킨다'고 표현한 이유는 본명적살이 본인을 상징하는 본명성에 의해서 발생하는 흉살이기 때문이다. 따라서 대충은 자발적으로 일으키는 재난이 되고, 그런 면에서는 오황살과 매우 유사하다.

2) 해석

대충은 먼저 구성숫자가 파괴되어, 그 결과로 구성숫자를 포함하는 궁까지 연쇄적으로 파괴시키는 흉살이다. 따라서 항상 대충을 맞은 구성숫자가 재난의 원인이 되고, 그 대충을 맞은 구성숫자가 위치한 궁이 재난의 결과가 된다.

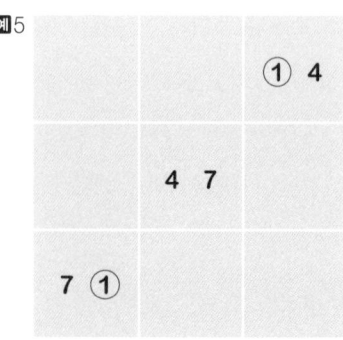

예5

위 일시반은 1대1 대충에 의해서 곤궁과 간궁이 파괴되었다. 1은 물, 곤궁은 상가 또는 집, 간궁은 부동산이므로 물난리가 원인이 되어서 상가와 부동산에 재난이 발생하였다. 대충의 해석 순서대로 1대1 대충에 참여하는 구성숫자 1을 재난의 원인으로, 대충이 위치한 궁인 곤궁과 간궁을 결과로 해석한다.

6 본명살

연반·월반·일반·시반의 구성반에서 본명성이 위치한 궁을 본명살을 맞았다고 표현한다.

7 본명적살

연반·월반·일반·시반의 구성반에서 본명성이 위치한 궁을 마주보는 궁은 본명적살을 맞게 된다.

이제까지 구성기학에서 활용하는 여러 가지 흉살들을 살펴보았다. 이 흉살들이 작용하는 인과관계를 정리하면 다음과 같다.

> **본명살과 본명적살**
> 연월일시의 구성반에서 본명성이 위치한 궁은 본명살을 맞게 되고, 본명성이 자리잡은 궁을 마주보는 궁은 본명적살을 맞게 된다.

■ 흉살의 종류와 인과관계

종류	원인	결과	해석
파살	궁이 먼저 파괴됨	구성숫자까지 연쇄적으로 파괴됨	궁이 먼저 파괴되고, 그 영향으로 궁에 담긴 구성숫자까지 파괴됨
오황살 암검살 대충	구성숫자가 먼저 파괴됨	궁까지 연쇄적으로 파괴됨	구성숫자가 먼저 파괴되고, 그 영향으로 구성숫자를 담고 있는 궁까지 파괴됨

2. 삼합선과 길신

구성기학의 길신은 점을 치는 순간의 연월일시 지지에 따라서 결정된다. 삼합선은 길신이 위치한 궁을 쉽게 파악할 수 있게 해주는 표지판이다. 길신을 이해하기 위해서는 삼합선의 개념부터 알아야 한다.

1 삼합선

1) 삼합의 정의

지지 3개가 모여서 하나로 합하기 때문에 삼합(三合)이라고 하며, 삼합의 결과로 하나의 큰 세력인 국(局)을 형성하게 된다.

지지 삼합을 쉽게 외우는 방법이 있다. 12지지를 자축인묘진사오미신유술해(子丑寅卯辰巳午未申酉戌亥) 순서대로 늘어놓은 다음, 균등하게 4칸씩 떨어져 있는 지지 3개를 모으면 삼합이 형성된다.

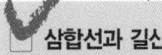

삼합선과 길신

구성기학의 길신은 연월일시 지지에 의해 정해지며, 이 길신이 위치한 궁을 파악할 수 있게 해주는 표지가 삼합선이다. 삼합에서 해묘미(亥卯未)는 목(木), 인오술(寅午戌)은 화(火), 사유축(巳酉丑)은 금(金), 신자진(申子辰)은 수(水)를 이룬다.

■ 지지 삼합의 종류

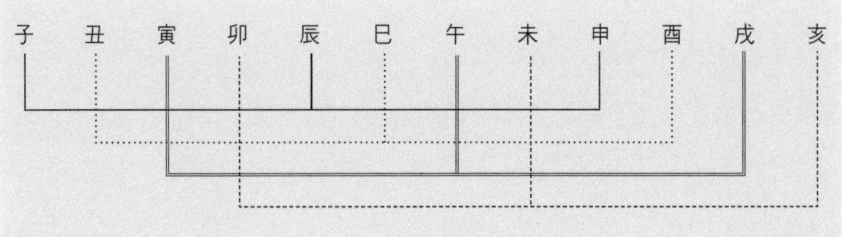

위에서 삼합이 시작되는 첫 번째 지지인 인신사해(寅申巳亥)는 장생지(長生支)라고 하고, 삼합의 가운데 지지인 자오묘유(子午卯酉)는 왕지(旺支)라고 하며, 자오묘유의 오행에 의해서 삼합으로 이루어지는 국(局)의 오행이 결정된다.

예를 들어, 해묘미(亥卯未) 삼합은 왕지인 묘(卯)가 목(木) 오행이므로 해묘미 삼합은 목국(木局)을 형성한다. 또한 인오술(寅午戌) 삼합은 왕지인 오(午)가 화(火) 오행이므로 인오술 삼합은 화국(火局)을 형성한다. 사유축(巳酉丑) 삼합은 왕지인 유(酉)가 금(金) 오행이므로 사유축 삼합은 금국(金局)을 형성한다. 신자진(申子辰) 삼합은 왕지인 자(子)가 수(水) 오행이므로 신자진 삼합은 수국(水局)을 이룬다.

한편, 삼합의 마지막에 위치한 지지인 진술축미(辰戌丑未)는 묘지(墓支)라고 한다.

- **목국(木局)** : 해묘미(亥卯未)가 모여 목(木)으로 변한다.
- **화국(火局)** : 인오술(寅午戌)이 모여 화(火)로 변한다.
- **금국(金局)** : 사유축(巳酉丑)이 모여 금(金)으로 변한다.
- **수국(水局)** : 신자진(申子辰)이 모여 수(水)로 변한다.

다음은 삼합선을 그려서 삼합을 표시한 그림이다.

- 해묘미 목국 삼합선

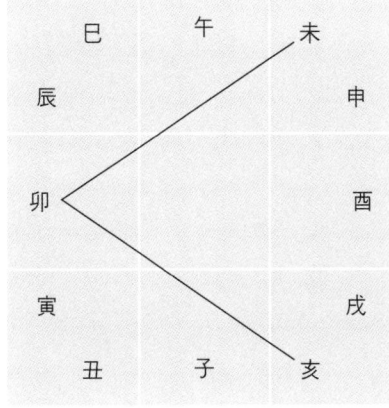

- 인오술 화국 삼합선

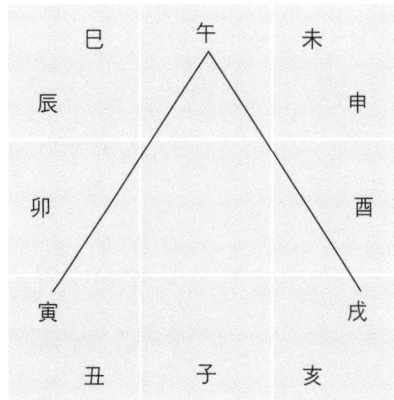

- 사유축 금국 삼합선

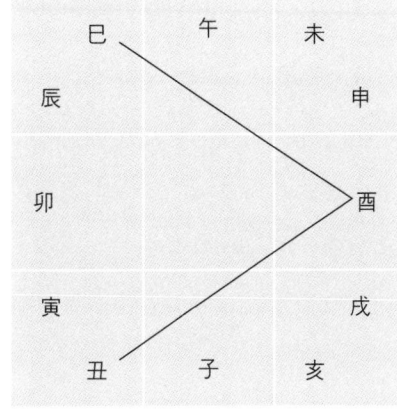

- 신자진 수국 삼합선

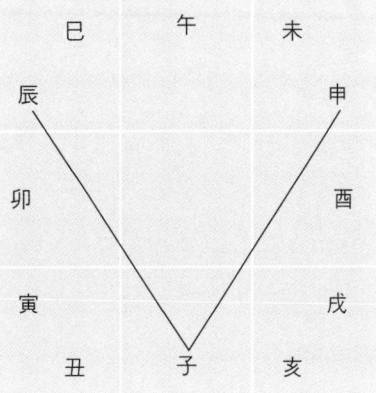

2) 삼합선의 포국

점을 치는 연월일시 지지의 삼합을 V자 모양으로 연반·월반·일반·시반에 표시한다.

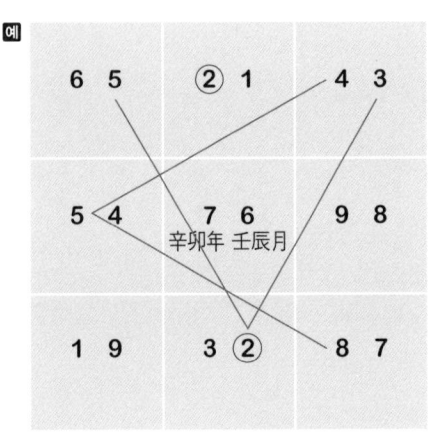

위의 구성반은 신묘년(辛卯年) 임진월(壬辰月)의 연월반이다. 연반에서 신묘년이므로 연지 묘(卯)가 속한 삼합은 해묘미(亥卯未) 삼합이다. 따라서 먼저 해묘미 목국 삼합선을 그린다. 또한 월반에서 임진월이므로 월지 진(辰)이 속한 삼합은 신자진(申子辰) 삼합이다. 따라서 신자진 수국 삼합선을 위에 그린다.

삼합선을 그릴 때는 연반과 월반을 구분할 수 있도록 반드시 삼합선을 분리하여 그린다.

2 길신

1) 길신의 종류

구성기학에서 주로 사용하는 길신으로는 태세신, 친도, 천덕이 있다. 앞서 길신과 흉살을 다룰 때 자세하게 설명하였지만, 내용을 숙지할 수 있도록 간략하게 다시 설명한다.

❶ 태세신

점을 치는 순간의 연월일시 중에서 연의 지지에 해당하는 방향으로, 연반에서만 사용한다. 예를 들어 연지가 자(子)이면 태세신은 자방(子方)이다. 나머지 연지 역시 같은 방식으로 태세신이 정해진다.

❷ 천도

화를 복으로 바꾸는 길신으로 연반·월반·일반·시반의 모든 구성반에서 사용하며, 점을 치는 순간의 연월일시 지지에 의해 천도 방향이 결정된다.

즉, 지지가 삼합의 장생지인 인신사해(寅申巳亥)이면 바로 그 삼합의 왕지인 오자유묘(午子酉卯)가 천도 방향이 되고, 지지가 삼합의 왕지인 오자유묘(午子酉卯)이면 바로 그 삼합의 묘지인 술진축미(戌辰丑未)가 천도 방향이 되며, 지지가 삼합의 묘지인 술진축미(戌辰丑未)이면 바로 그 삼합의 왕지인 오자유묘(午子酉卯)가 천도 방향이 된다.

❸ 천덕

흉을 길로 바꾸는 길신으로 연반·월반·일반·시반의 모든 구성반에서 사용되며, 점을 치는 순간의 연월일시 지지에 따라서 천덕 방향이 결정된다.

즉, 지지가 삼합의 장생지인 인신사해(寅申巳亥)이면 바로 그 삼합의 왕지인 오자유묘(午子酉卯)가 속한 이궁·감궁·태궁·진궁이 천덕 방향이 되고, 지지가 삼합의 왕지인 오자유묘(午子酉卯)이면 바로 그 삼합의 묘지인 술진축미(戌辰丑未)가 속한 건궁·손궁·간궁·곤궁이 천덕 방향이 되며, 지지가 삼합의 묘지인 술진축미(戌辰丑未)이면 바로 그 삼합의 왕지인 오자유묘(午子酉卯)가 속한 이궁·감궁·태궁·진궁이 천덕 방향이 된다.

> **✓ 태세신·천도·천덕**
>
> 태세신은 점을 치는 순간의 연월일시 중에서 연의 지지에 해당하는 방향으로, 연반에서만 사용한다.
>
> 천도와 천덕은 연월일시 구성반에서 모두 사용한다. 먼저 천도는 지지가 삼합의 장생지이면 그 삼합의 왕지, 지지가 삼합의 왕지이면 그 삼합의 묘지, 지지가 삼합의 묘지이면 그 삼합의 왕지가 천도 방향이 된다.
>
> 천덕은 각각 천도에 해당하는 지지가 속한 궁의 방향이다.

앞에서 살펴본 것처럼, 구성기학에서는 천간보다는 지지에 초점을 맞추어 길신을 사용한다. 즉, 지지에 의해서 정해지는 태세신·천도·천덕이 길신으로 주로 사용되고, 이들 길신은 점을 치는 순간의 연월일시 지지에 의해서 그려지는 삼합선 안에 모두 포함된다. 또한 길신이 모두 삼합선 안에 포함되므로, 실제 구성기학을 해석하는 임상현장에서는 간단하게 삼합선만 표시하여 삼합선이 지나는 궁은 길신이 작용한다고 판단한다.

2) 길신과 삼합선의 역할

길신은 흉살을 해액(解厄)하는 작용을 한다. 그런데 길신이 삼합선에 포함되므로, 결과적으로 삼합선이 흉살을 해액하는 작용력을 갖는 것이 된다. 따라서 삼합선이 지나는 궁에 흉살이 존재할 때는 흉살에 의해서 재난이 발생하지만, 반드시 그 흉살을 해액하는 구제책이 생겨나서 실행된다.

즉, 시반에서 흉살을 맞은 궁에 삼합선이 지나면 그 시간 안에 흉살을 해액하는 구제책이 실행되고, 일반에서 흉살을 맞은 궁에 삼합선이 지나면 그 날 안에 흉살을 해액하는 구제책이 실행된다. 또한 월반에서 흉살을 맞은 궁에 삼합선이 지나면 그 달 안에 흉살을 해액하는 구제책이 실행되고, 연반에서 흉살을 맞은 궁에 삼합선이 지나면 그 해 안에 흉살을 해액하는 구제책이 실행된다.

> **길신과 삼합선의 작용**
>
> 구성기학에서 길신은 흉살을 풀어주는 긍정적인 작용을 한다. 이때 길신이 삼합선에 포함되므로 삼합선이 흉살을 해액하는 작용력을 갖게 된다. 그 결과 삼합선이 지나는 궁에 흉살이 있으면 흉살 때문에 재난이 발생하지만, 반드시 그 흉살을 해액하는 구제책이 생긴다.

3. 포국 실전연습

여기서는 연월일시 구성반에 길신, 흉살, 삼합선을 추가하여 포국을 최종적으로 완성해본다. 예제로는 2011년 양력 4월 20일 임오시(壬午時)의 연월반과 월일반, 일시반을 그려본다. 참고로 2011년은 신묘년(辛卯年), 양력 4월 20일은 음력 3월임진월(壬辰月) 을사일(乙巳日)이다.

❶ 연월반

① 연반의 오황살은 진궁에 위치하고, 월반의 오황살은 손궁에 위치한다. 오황살은 따로 표시하지 않는다.

② 연반의 암검살은 중궁의 연구성이 7이므로, 7의 체(體)에 해당하는 태궁에 위치하고 ⓐ로 표시한다. 또한 월반의 암검살은 중궁의 월구성이 6이므로, 6의 체(體)에 해당하는 건궁에 위치하고 ⓐ로 표시한다.

③ 연반의 파살은 묘년(卯年)이므로 유(酉)가 되고, 유(酉)가 들어가는 태궁에 ⓟ로 표시한다. 월반의 파살은 진월(辰月)이므로 술(戌)이 되고, 술(戌)이 들어가는 건궁에 ⓟ로 표시한다.

④ 대충은 이궁과 감궁에 2대2 대충이 발생하였고, 원문자 ②로 표시한다.

⑤ 삼합선은 연반에서 묘년(卯年)이므로, 삼합 해묘미(亥卯未)의 지지인 해(亥)·묘(卯)·미(未)를 연결하여 삼합선을 그린다. 또한 월반에서 진월(辰月)이므로, 삼합 신자진(申子辰)의 지지인 신(申)·자(子)·진(辰)을 연결하여 삼합선을 그린다.

■ 완성된 연월반

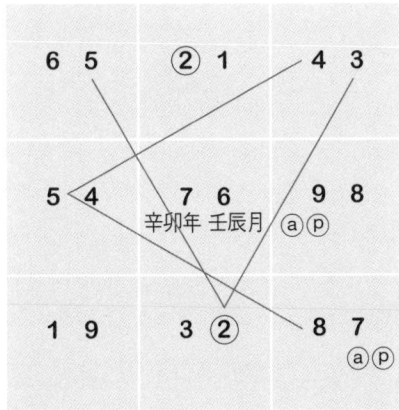

❷ 월일반

① 월반의 오황살은 손궁에 위치하고, 일반의 오황살은 태궁에 위치한다. 오황살은 따로 표시하지 않는다.

② 월반의 암검살은 중궁의 월구성이 6이므로, 6의 체(體)에 해당하는 건궁에 위치하고 ⓐ로 표시한다. 또한 일반의 암검살은 중궁의 일구성이 3이므로, 3의 체(體)에 해당하는 진궁에 위치하고 ⓐ로 표시한다.

③ 월반의 파살은 진월(辰月)이므로 술(戌)이 되고, 술(戌)이 들어가는 건궁에 ⓟ로 표시한다. 일반의 파살은 사일(巳日)이므로 해(亥)가 되고, 해(亥)가 들어가는 건궁에 ⓟ로 표시한다.

④ 대충은 곤궁과 간궁에 9대9 대충이 발생하였고, 원문자 ⑨로 표시한다.

⑤ 삼합선은 월반에서 진월(辰月)이므로, 삼합 신자진(申子辰)의 지지인 신(申)·자(子)·진(辰)을 연결하여 삼합선을 그린다. 또한 일반에서 사일(巳日)이므로, 삼합 사유축(巳酉丑)의 지지인 사(巳)·유(酉)·축(丑)을 연결하여 삼합선을 그린다.

■ 완성된 월일반

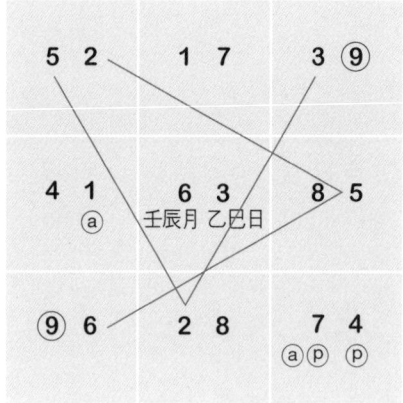

❸ 일시반

① 일반의 오황살은 태궁에 위치하고, 시반의 오황살은 건궁에 위치한다. 오황살은 따로 표시하지 않는다.

② 일반의 암검살은 중궁의 일구성이 3이므로, 3의 체(體)에 해당하는 진궁에 위치하고 ⓐ로 표시한다. 또한 시반의 암검살은 중궁의 시구성이 4이므로, 4의 체(體)에 해당하는 손궁에 위치하고 ⓐ로 표시한다.

③ 일반의 파살은 사일(巳日)이므로 해(亥)가 되고, 해(亥)가 들어가는 건궁에 ⓟ로 표시한다. 시반의 파살은 오시(午時)이므로 자(子)가 되고, 자(子)가 들어가는 감궁에 ⓟ로 표시한다.

④ 대충은 이궁과 감궁에 8대8 대충이 발생하였고, 원문자 ⑧로 표시한다.

⑤ 삼합선은 일반에서 사일(巳日)이므로, 삼합 사유축(巳酉丑)의 지지인 사(巳)·유(酉)·축(丑)을 연결하여 삼합선을 그린다. 또한 시반에서 오시(午時)이므로, 삼합 인오술(寅午戌)의 지지인 인(寅)·오(午)·술(戌)을 연결하여 삼합선을 그린다.

■ 완성된 일시반

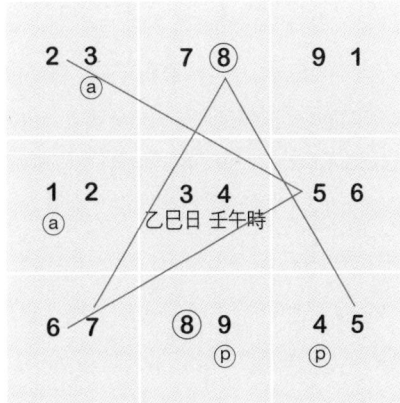

점을 치는 순간의 연월일시로 구성반을 작성한 후에는 운을 추론한다. 여기서 구궁과 구성숫자가 무엇을 가리키는지 제대로 해석해야 예측의 적중률을 높일 수 있다.

구궁과 구성숫자는 사람과 사람을 둘러싼 사물 등 우주만물을 9개 집합으로 분류해놓은 상징기호이다. 예로부터 구성기학에서는 구궁과 구성숫자를 구성이라고 통칭하였고, 구성의 의미를 구성 상의(象意)라고 하였다.

구성 상의로 구성반을 해석할 때 궁은 체(體)로 보고, 구성숫자는 용(用)으로 본다.

궁은 움직이지 않고 고정된 공간으로서 우리가 거주하는 공간과 장소를 의미하며, 9개의 궁은 각각 서로 다른 공간을 상징한다. 또한 구성숫자가 공간인 궁을 방문하여 머물면 그 궁의 공간적 의미에 물들고, 그 결과 궁의 공간적 의미가 사람의 행위나 행동을 해석하는 서술어로 확장된다. 한편 구성숫자는 손님이 되어 공간인 궁을 방문하므로 사람의 활동을 의미하거나, 사람으로 해석된다.

구성 상의는 각각 체와 용으로 쓰이며 의미가 확대된다. 먼저 구궁은 궁 안에 12지지를 시공간의 좌표로 갖고 있으므로 방위와 계절을 상징하고, 각각의 궁을 대표하는 팔괘 역시 서로 다른 뜻을 가지고 있으며 여기서 상의가 파생되고 의미가 확장된다.

따라서 구성기학 점학의 적중률을 높이기 위해서는 구궁과 구성숫자의 의미가 어떻게 확대되어가는지를 잘 알아야 한다.

구성기학의 운추론 02

Chapter 1 운추론의 원리와 방법
  1. 구성 상의의 의미와 분류
  2. 운을 추론하는 방법
  3. 체용 구성기학

Chapter 2 운추론의 실제 사례
  1. 체에 대한 운추론
  2. 용과 좌궁용에 대한 운추론

part 2 구성기학의 운추론

1 운추론의 원리와 방법

1. 구성 상의의 의미와 분류

구성반을 포국한 후 운을 추론하기 위해서는 구궁과 구성숫자가 무엇을 가리키는지를 읽어주어야 한다. 구궁과 구성숫자는 우주만물을 9개 집합으로 분류한 상징기호이기 때문이다. 구성기학에서는 구궁과 구성숫자를 구별하지 않고 구성이란 단어로 통합하여 구성 상의(象意)라고 관습적으로 불러왔다. 결국 구성 상의를 알아야 구성반을 읽어낼 수 있다.

예를 들어, 일백수성(구성숫자 1)은 물을 상징하므로 공간으로 쓰이는 감궁은 물이 있는 장소를 의미한다. 또한 구성숫자가 손님이 되어 궁에 머물면서 궁의 공간적 의미에 물들기 때문에 궁의 공간적 의미는 서술어로 사용된다. 따라서 일백수성의 체인 감궁의 의미는 물에 빠지므로 숨쉬기 힘들 만큼 고통을 겪는다 또는 물에 빠져 모습이 보이지 않으므로 숨는다 또는 물에 빠지면 추우므로 체온을 유지하기 위해 서로 붙어 있게 되므로 섹스를 한다 등으로 상의가 확장된다.

또한 구성숫자는 손님이 되어 공간인 궁을 방문하여 머무르기 때문에 행위의 주체인 사람이나 사물을 상징한다. 따라서 일백수성이 사물을 상징할 때는 물과 관련된 물건인 물이나 술을 상징하고, 사람을 상징할 때는 섹스를 해서 낳는 자식이나 자식과 같은 부하직원 등을 상징한다.

구성 상의는 『주역(周易)』「설괘전(說卦傳)」으로부터 도출된 이후, 위와 같이 다양한 뜻이 추가되었다. 이 책에서는 앞서 일백수성을 설명한 방식으로 궁이 공간으로 쓰이는 경우와 궁의 공간적 의미가 서술어로 쓰이는 경우, 구성숫자가 사람으로 쓰이는 경우, 구성숫자가 사물로 쓰이는 경우로 구성 상의를 분류하여 설명한다.

구성 상의의 의미

구성기학에서 구궁과 구성숫자를 통틀어 구성이라고 부르고, 구성이 가지는 의미를 구성 상의라고 한다. 구성 상의로 구성반을 해석할 때 궁은 체로 보고, 구성숫자는 용으로 본다.

1 궁과 수를 기준으로 하는 분류

먼저 구성 상의를 체(體)에 해당하는 궁과 용(用)에 해당하는 수(구성숫자)의 관점에서 분류한다.

1) 궁이 공간으로 쓰인다

궁은 움직이지 않는 고정된 공간이다. 구성기학에서도 궁은 우리가 거주하는 공간과 장소를 의미하며, 9개의 궁은 제각각 서로 다른 공간을 상징한다.

■ 구궁의 공간적 의미

巽宮	離宮	坤宮
바람이 부는 장소, 바람처럼 돌아다닐 수 있는 장소, 도로, 해외, 먼 곳	불이 있는 장소, 불처럼 조명이 있는 (사물을 밝히는) 장소, 공부(연구)하는 장소, 밝은 곳	어머니가 있는 장소, 집, 가정, 상가
震宮	**中宮**	**兌宮**
천둥번개가 치는 장소, 놀라운 일이 발생하는 곳, 해가 뜨는 장소, 시작하는 곳	묘지, 쓰레기장, 썩는 곳, 움직임이 없는 장소, 예전부터 머물던 장소, 익숙한 곳	즐거움이 있는 장소, 유흥업소, 음식이 있는 장소, 돈이 있는 장소, 은행
艮宮	**坎宮**	**乾宮**
산, 산처럼 물건이 쌓여 있는 장소, 창고, 변화하는 장소, 계단, 여관, 침대	물이 있는 장소, 숨는 자리, 고통·고민이 있는 곳, 섹스하는 장소	아버지처럼 윗사람이 있는 장소, 회사, 대기업, 하늘, 절, 관공서, 병원, 높은 장소

2) 궁의 공간적 의미가 서술어로 쓰인다

구성숫자가 공간인 궁을 방문하여 머물면 그 궁의 공간적 의미에 물들고, 그 결과 궁의 공간적 의미가 사람의 행위나 행동을 해석하는 서술어로 확장된다.

① 손궁은 바람이 부는 장소, 바람처럼 돌아다닐 수 있는 장소를 의미하는데, 이런 의미가 확대되어 해외로 여행을 가거나 이사를 한다 등의 서술어가 된다.

② 이궁은 불이 있는 장소, 불처럼 사물을 밝히는 장소를 의미하는데, 이런 의미가 확대되어 공부한다 또는 연구한다 등의 서술어가 되고, 더 나아가 불처럼 환하게 드러난다는 의미가 확대되어 폭로한다는 서술어가 된다.

③ 곤궁은 어머니가 있는 장소, 집의 공간적 의미가 확대되어 어머니처럼 일하다, 노동하다, 일하러 취직을 하다, 집에 거주하다, 귀가하다 등의 서술어가 된다.

④ 태궁은 유흥업소의 의미가 확대되어 먹고 놀고 즐긴다, 연애한다 등의 서술어가 된다.

⑤ 건궁은 윗사람이 있는 장소가 확대되어 발탁 또는 퇴사한다, 국가·회사·상급기관의 문제가 생긴다 등의 서술어가 된다.

⑥ 감궁은 물이 있는 장소가 확대되어 물에 빠지므로 숨쉬기 힘들 만큼 고통을 겪는다 또는 물에 빠져 모습이 보이지 않으므로 숨는다 등으로 상의가 확대되거나, 물에 빠지면 추우므로 체온을 유지하기 위해서 서로 붙어 있게 되므로 섹스를 한다 등의 뜻으로 상의가 확장된다.

⑦ 간궁은 변화하는 장소의 의미가 확대되어 변화가 생긴다, 전직한다, 생사가 바뀐다 등의 서술어가 된다.

⑧ 진궁은 천둥과 번개가 치는 장소가 확대되어 놀라는 일이 발생하다, 천둥처럼 말뿐이고 말뿐이므로 사기를 당하다 등의 서술어가 된다.

⑨ 중궁은 묘지가 확대되어 죽을 만큼 답답하다, 움직일 수 없다, 사면초가에 처하다, 부패하다 등의 서술어가 된다.

> ✓ **궁의 해석**
> 궁은 움직이지 않는 고정된 공간으로 실생활의 장소를 의미하기도 하고, 의미가 확대되어 그 장소와 관련된 행위나 행동을 뜻하기도 한다.

■ 구궁의 서술적 의미

巽宮 결혼한다, 대인거래를 한다, 해외여행을 한다, 신용이 있다, 자격 여부를 판단한다, 무역에 종사한다, 이사한다, 바람이 난다	離宮 연구(공부)한다, 소송을 한다, 계약한다, 구설수가 생긴다, 문서상 문제가 생긴다, 폭로된다, 이별한다, 원인을 알 수 없는 수술을 한다	坤宮 양손의 떡처럼 양자택일 문제로 갈등한다, 노동을 한다, 취직한다, 가정을 꾸민다, 집에 거주한다, 귀가한다
震宮 시작한다, 교통사고처럼 놀랄 일이 발생한다, 천둥처럼 말뿐이다, 사기당한다, 소리가 시끄럽다	中宮 사면초가에 처한다, 부패한다, 도난당한다, 묘지에 묻힌 것처럼 답답하다, 움직이지 않으면 제왕처럼 권위를 갖는다	兌宮 먹고 놀고 즐긴다, 연애한다, 언쟁한다, 돈을 번다, 겁탈을 당한다, 원인을 알 수 있는 수술 문제가 생긴다
艮宮 변화가 생긴다, 전직한다, 생사가 바뀐다, 부동산문제가 생긴다	坎宮 섹스한다, 숨는다, 고통이나 고민에 빠진다	乾宮 확장한다, 발탁 또는 퇴사한다, 국가·회사·상급기관의 문제가 생긴다, 주변과 마찰이 생긴다

3) 수가 사람으로 쓰인다

구성 상의가 사람을 의미할 때는 궁이 사람의 체(體)가 되어 주로 건강상태를 의미하고, 그 궁을 대표하는 구성숫자가 사람의 활동을 의미하는 용(用)으로 사용된다. 또한 구성숫자는 손님이 되어 공간을 의미하는 궁을 방문하므로 이동할 수 있는 개체인 사람이 된다.

다음 표에는 구성숫자와 괘가 함께 표시되어 있다. 구성숫자의 상의도 원래는 팔괘의 상의에서 도출되었으므로, 구성숫자에서 가족관계를 유추할 때는 팔괘로부터 시작하기 때문이다.

■ 구성숫자의 의미가 사람일 때

4 ☰☰ 장녀, 중년여자	9 ☰ 차녀, 학자, 지성인, 서구적인 미남미녀	2 ☷ 어머니, 늙은 여성노동자, 동료, 지인, 애인
3 ☳ 장남, 새로 만난 사람, 젊은 사람, 동양적인 미남미녀	5 죽은 사람, 귀신, 성격 나쁜 사람	7 ☱ 소녀
8 ☶ 가장 어린 아들, 상속인, 형제, 친척	1 ☵ 차남, 부하직원, 자식, 중년남자	6 ☰ 아버지, 남자, 윗사람

각각의 궁이 나타내는 가족관계나 인간관계는 후천팔괘에 근거를 두며, 그 원리는 다음과 같다.

건곤괘(乾坤卦)는 부모이다. 건곤괘를 제외한 나머지 괘에서는 양효(陽爻)와 음효(陰爻) 중 하나만 존재하는 것이 그 괘를 상징하는 표시 역할을 한다. 하나만 존재하는 효가 양효이면 남자 육친이고, 하나만 존재하는 효가 음효이면 여자 육친이다.

또한 가족관계는 사람[人]을 중심으로 하므로 지(地)부터 출발한다. 따라서 가장 아래에 있는 초효(初爻)가 가장 첫째가 되고, 가운데 효가 둘째가 되며, 맨 위의 상효(上爻)가 막내가 된다.

> ✓ **구성숫자의 해석**
>
> 구성숫자는 사람과 사물로 해석한다. 구성숫자가 사람일 때 궁은 사람의 체로서 건강상태를 의미하고, 구성숫자가 사물일 때 궁은 물건의 체로서 물건의 안전을 의미한다.

① 일건천(一乾天) 건삼련(乾三連) : 건괘는 3개의 효가 모두 연결되어 있다. 그래서 건삼련(乾三連)이라 한다. 가족으로는 모두 양이므로 아버지가 된다.

② 이태택(二兌澤) 태상절(兌上絶) : 태괘는 가장 위에 있는 효가 끊어져 있다. 그래서 태

상절(兌上絶)이라 한다. 가족으로는 상효가 음이므로 가장 나이 어린 소녀가 된다.

③ 삼리화(三離火) 이허중(離虛中) : 이괘는 빈 곳이 가운데 효이므로 이허중(離虛中)이라 한다. 가족으로는 가운데가 음이므로 차녀가 된다.

④ 사진뢰(四震雷) 진하련(震下連) : 진괘는 가장 아래 효만 연결되어 있다. 그래서 진하련(震下連)이라 한다. 가족으로는 처음이 양이므로 장남이 된다.

⑤ 오손풍(五巽風) 손하절(巽下絶) : 손괘는 가장 아래 효가 끊어져 있다. 그래서 손하절(巽下絶)이라 한다. 가족으로는 처음이 음이므로 장녀가 된다.

⑥ 육감수(六坎水) 감중련(坎中連) : 감괘는 가운데 효만 연결되어 있다. 그래서 감중련(坎中連)이라 한다. 가족으로는 가운데가 양이므로 차남이 된다.

⑦ 칠간산(七艮山) 간상련(艮上連) : 간괘는 상효만 연결되어 있다. 그래서 간상련(艮上連)이라 한다. 가족으로는 세 번째가 양이므로 막내아들이 된다.

⑧ 팔곤지(八坤地) 곤삼절(坤三絶) : 곤괘는 3개의 효가 모두 끊어져 있다. 그래서 곤삼절(坤三絶)이라 한다. 가족으로는 모두 음이므로 어머니가 된다.

4) 수가 물건으로 쓰인다

구성 상의가 물건을 의미할 때는 궁이 물건의 체(體)가 되어 주로 물건의 안전을 의미하고, 그 궁을 대표하는 구성숫자가 물건의 쓰임을 의미하는 용(用)으로 사용된다. 또한 구성숫자는 손님이 되어 공간을 의미하는 궁을 방문하므로 이동할 수 있는 개체인 사물이 된다.

■ 구성숫자의 의미가 사물일 때

4 긴 것, 전화, 국수, 목재로 만든 것, 파이프	9 필름, 영상, 문서, 책, 카드, 그림, 약, 화학약품	2 땅, 상가, 집
3 악기, 천둥, 번개, 컴퓨터, 전기전자 제품	5 쓰레기, 부패물, 도난당한 물건	7 과일, 음식, 현금, 칼, 지갑
8 부동산, 통장, 상자	1 물, 술	6 자동차, 반지, 귀중품, 이동수단, 구두

2 유사한 구성 상의의 구별

구성 상의, 그 중에서도 궁은 서로 유사한 의미를 가진 경우가 있다. 그러나 똑같은 의미를 가진 것은 아니고 서로 차이가 있다. 이러한 차이 때문에 운추론의 적중률을 떨어뜨릴 수 있으므로 다음 설명하는 내용을 잘 알아두어야 한다.

공간을 의미하는 궁은 만물의 체(體)가 되어 주로 몸체의 상태나 크기를 의미하고, 그 궁을 대표하는 구성숫자는 만물의 활동을 의미하는 용(用)으로 사용된다. 따라서 아래의 설명에서 궁은 만물의 체가 되고, 구성숫자는 만물의 용이 된다.

1) 금전과 재산

① 태궁 : 현금. 돈의 크기는 태궁을 보고, 돈의 유입 여부는 7을 본다.

② 간궁 : 부동산, 큰돈. 문점자가 궁금해하는 사람이 돈이 있다고 할 때 진짜 얼마나 있는지를 알려면 간궁을 본다.

③ 진궁 : 정기적금, 월세. 3과 7이 동회하면 정기적금 또는 월세의 의미다.

2) 어려움

① 중궁 : 고립, 사면초가, 부패. 예를 들어, 3이 중궁에 위치하면 희망(3)이 없다(중궁).

② 곤궁 : 곤궁이 파괴되면 양손의 떡처럼 양자택일의 어려움에 빠진다.

③ 감궁 : 고민과 고통을 숨어서 감내해야만 한다.

3) 관재(官災)

① 이궁 : 비밀이 탄로나거나 소송에 휘말린다.

② 건궁 : 법원 등의 관공서로부터 처벌을 받는다.

4) 이성문제

① 태궁 : 연애나 유흥을 수반한 연애, 겁탈을 의미한다.

② 이궁 : 이별을 의미한다.

③ 감궁 : 숨은 이성문제, 섹스를 동반한 교제를 의미한다.

④ 손궁 : 결혼을 전제로 한 교제를 의미한다.

5) 교통사고

① 건궁 : 자동차의 체(體)로, 교통사고로 차체가 망가지는 경우에는 건궁이 파괴된다.

② 진궁 : 교통사고처럼 갑작스런 사고, 깜짝 놀라는 일이 발생한다. 단, 교통사고에서 차가 파괴되는지를 보려면 반드시 건궁을 살핀다.

6) 수술

① 태궁 : 원인을 아는 수술을 의미한다.

② 이궁 : 원인을 알 수 없는 수술을 의미한다.

7) 마찰과 언쟁

① 이궁 : 구설수로 인한 마찰 또는 갈등을 의미한다.

② 건궁 : 회사나 주변 윗사람과의 마찰 또는 갈등을 의미한다.

③ 진궁 : 진궁이 천둥과 번개를 뜻하므로 큰소리가 나는 언쟁을 의미한다.

④ 태궁 : 말로 인한 언쟁을 의미한다.

8) 선거와 발탁

① 이궁 : 선거 당선 여부를 본다.

② 건궁 : 윗사람의 추천을 통한 발탁 여부를 본다.

9) 직장 · 직업 · 사업

① 건궁 : 회사나 직장에서 인사 명령권 여부를 본다.

② 곤궁 : 자신의 의지대로 노동을 하는지를 본다. 건궁은 자신의 의지와는 상관 없이 인사 명령권자의 발탁 여부를 보고, 곤궁은 인사 명령권자의 발탁과는 상관 없이 본인이 일하려는 의도를 가지고 있는가를 본다.

③ 손궁 : 사업을 의미한다.

3 구성 상의 유추과정

구궁과 구성숫자는 각각 체와 용으로 쓰이며 의미가 확대된다. 따라서 점학의 적중률을 높이기 위해서는 각각의 의미가 확대되어가는 것을 알아야 한다.

다음 표는 구성 상의를 유추하는 과정을 정리한 것으로, 방위 · 상의 · 계절 · 연상 등을 표시하였다. 먼저 구궁은 궁 안에 12지지를 시공간의 좌표로 갖고 있으므로 공간 좌표가 의미하는 방향은 [방위]로, 시간 좌표가 의미하는 계절은 [계절]로 표시하였다. 또한 각각의 궁을 대표하는 팔괘의 의미를 [상의]로 표시하고, 상의가 파생되고 의미가 확장되는 과정을 [연상]으로 표시하였다.

예를 들어, 진궁은 팔괘의 상의가 천둥이므로 천둥은 소리가 나고, 이 소리는 음(音)이 되어 음악으로까지 구성 상의가 확장된다. 또한 진궁은 번개를 상징하므로 번개처럼 반짝이는 아이디어로 구성 상의가 확장된다. 계절을 보면, 진궁은 만물이 새롭게 태어나는 봄이므로 시작이라는 구성 상의로까지 확장된다. 나머지 구성도 이러한 방식으로 상의가 확장된다.

■ 구성 상의 유추 과정

4 ☴	9 ☲	2 ☷
[방위] 동남 [상의] 바람 [계절] 늦봄 · 초여름 [연상] 바람 → 먼 곳 → 여행 바람 → 순풍 → 신용 → 자격	[방위] 남 [상의] 불 [계절] 여름 [연상] 불 → 태양 → 밝다 → 폭로되다 · 밝혀지다 불 → 태양 → 미인	[방위] 서남 [상의] 대지 · 땅 [계절] 늦여름 · 초가을 [연상] 대지 → 어머니 → 근로 → 보좌역
3 ☳	5	7 ☱
[방위] 동 [상의] 번개 · 천둥 [계절] 봄 [연상] 천둥 → 음 → 음악 번개 → 아이디어 봄 → 시작	[방위] 중앙 [상의] 중앙 [계절] 환절기 [연상] 중앙 → 지배 → 제왕 → 최고의 것 → 에너지 지배 → 생사를 지배 → 부패 · 죽음	[방위] 서 [상의] 못 · 입 [계절] 가을 [연상] 입 → 말 → 회화(會話) → 기쁨
8 ☶	1 ☵	6 ☰
[방위] 동북 [상의] 산 [계절] 늦겨울 · 초봄 [연상] 산 → 움직이지 않는 → 멈추는 → 저축 초봄 → 변화의 시기 → 변화	[방위] 북 [상의] 물 [계절] 겨울 [연상] 물 → 자궁 → 생식 → 섹스 겨울 → 곤란 → 고생	[방위] 서북 [상의] 하늘 [계절] 늦가을 · 초겨울 [연상] 하늘 → 큰 → 주인 → 권위 → 높은 기관

2. 운을 추론하는 방법

1 궁이 주어인 경우

궁이 주어가 되면 구성숫자가 서술어가 된다.

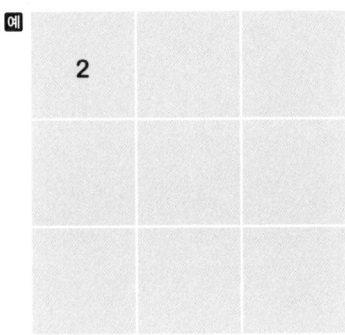

위 명반은 손궁이 주어가 되고 구성숫자 2가 서술어가 되므로, 장녀[손궁]가 노동을 한다[2]고 해석한다.

2 궁이 서술어인 경우

궁이 서술어가 되면 구성숫자가 주어가 된다. 바로 궁이 가지는 공간적 의미가 서술어로 쓰이는 경우이다.

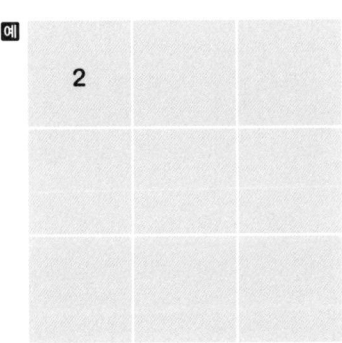

위 명반은 앞의 예와 같은 명반이다. 여기서는 구성숫자 2가 주어가 되고 손궁이 서술어가 되므로, 여자[2]가 바람이 나거나 멀리 간다[손궁]고 해석한다.

❸ 궁을 주어 + 서술어로 해석하는 경우

이 책에서 주로 사용하는 구성기학 운추론 방법은 체용(體用)과 동회의 반복 사용이다. 체용의 반복 사용을 연좌법(連坐法), 동회의 반복 사용을 연동법(連同法)이라고 한다. 그래서 필자는 이 책의 구성기학 운추론 방법을 〈체용 구성기학〉이라고 이름 붙였다. 궁이 주어로도 쓰이고 서술어로도 쓰이는 해석법은 바로 체용 구성기학의 핵심이 되는 운추론 방법이다.

정위반에서 구성숫자가 위치한 궁이 바로 구성숫자의 체(體)가 되고, 구성반에서 시간의 흐름에 따라서 날아와 머무는 구성숫자는 용(用)이 된다. 이런 관점에서 체를 해석할 때는 궁이 주어가 되고, 그 궁에 있는 구성숫자가 서술어가 된다. 반대로 용을 해석할 때는 구성숫자가 주어가 되고, 그 구성숫자가 위치한 궁이 서술어가 된다.

참고로 이 책에서는 체가 되는 궁을 표시할 때는 팔괘를 사용하고, 용이 되는 구성숫자를 표시할 때는 숫자를 사용한다.

> ☑ **체용 구성기학의 운추론 방법**
> 궁이 주어로도 쓰이고 서술어로도 쓰인다. 즉, 체를 해석할 때는 궁이 주어, 그 궁에 있는 구성숫자가 서술어가 된다. 반대로 용을 해석할 때는 구성숫자가 주어, 그 구성숫자가 위치한 궁이 서술어가 된다.

예

2	7	9 ⓟ
1 ⓐ	3 표日	5
6	8	4

위 구성반(명반)에서 여자를 상징하는 구성숫자 2를 해석해보자. 구성숫자는 용

에 해당하므로 구성숫자를 주어로 삼고, 그 구성숫자가 위치한 궁을 서술어로 해석한다는 원칙에 따라 여자[2]가 바람나거나 멀리 간다[손궁]고 해석한다.

또한 곤궁은 구성숫자 2의 체에 해당한다. 체를 해석할 때는 궁이 주어가 되고, 그 궁에 위치한 구성숫자가 서술어가 되므로, 여자[곤궁]가 정신을 잃었다[9 + ⓟ]고 해석한다.

4 동회하는 숫자를 목적어 또는 부사어로 해석하는 경우

동회하는 두 구성숫자는 같은 궁에서 똑같은 환경에 놓이게 된다. 따라서 궁의 공간적 의미가 서술어로 확장되는 경우에는 동회하는 구성숫자도 그 서술어를 공유하게 된다. 다시 말해서, 동회하는 구성숫자는 목적어 또는 부사어로 해석한다.

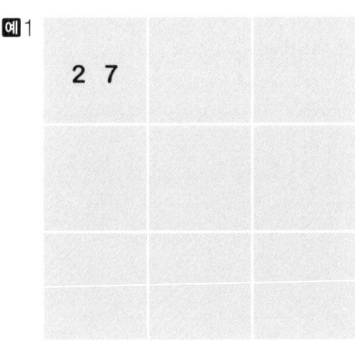

예 1

위 구성반에서 2가 주어가 되면 7은 돈이 되어, 여자[2]는 돈[7]과 함께 멀리 간다[손궁]고 해석한다. 이 의미를 확장하면 여자[2]는 돈을 벌러[7] 멀리 간다[손궁]고 해석한다.

> ✓ **구성숫자가 동회할 때의 운추론**
> 두 구성숫자가 하나의 궁에 같이 있을 때, 궁의 공간적 의미가 서술어로 확장되면 두 구성숫자 역시 그 서술어를 공유하게 된다. 즉, 동회하는 구성숫자는 목적어 또는 부사어로 해석한다.

예2

위 구성반에서 2가 주어가 되면 9는 공부가 되어, 여자[2]는 공부[9]와 함께 멀리 간다[손궁]고 해석한다. 이 의미를 확장하면 여자[2]는 공부하러[9] 멀리 간다[손궁]고 해석한다.

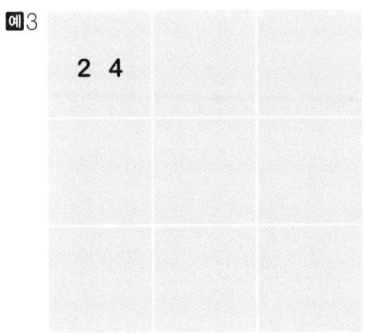
예3

위 구성반에서 2가 주어가 되면 4는 사업이 되어, 여자[2]는 사업[4]과 함께 멀리 간다[손궁]고 해석한다. 이 의미를 확장하면 여자[2]는 사업을 하러[4] 멀리 간다[손궁]고 해석한다.

5 구성숫자와 궁을 교대로 해석하는 경우

궁을 서술어로 연달아 사용하는 방법으로, 주어인 구성숫자의 체가 되는 궁을 주목하여 그 궁을 서술어로 해석하면서, 동시에 그 궁에 머무르는 구성숫자를 주어로 해석한다. 이러한 과정을 연달아 되풀이한다.

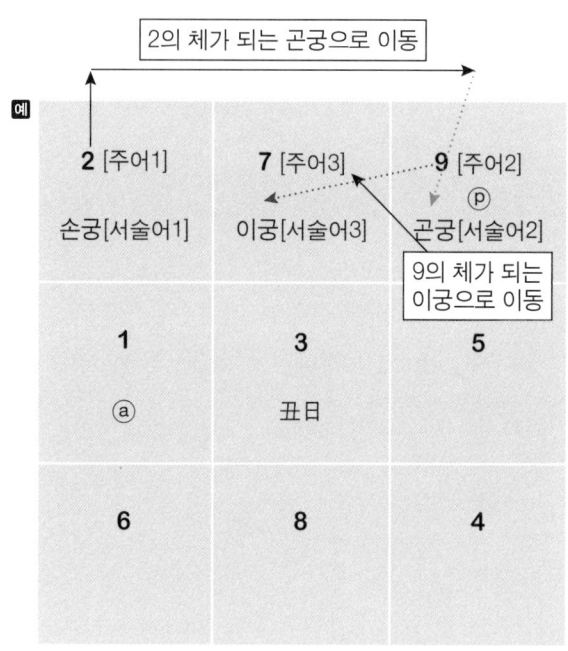

위는 앞서 예로 든 구성반으로, 여자[2]가 바람났거나 멀리 갔다[손궁]고 해석하였다. 이것을 다음과 같이 주어의 체가 되는 궁으로 이동하면서 연달아 해석할 수 있다.

① 여자[2]의 체가 되는 곤궁을 살펴보면, 문서 · 동영상 · 정신[9]이 집에서 파괴되었다[곤궁 + ⓟ]는 뜻이다.
② 문서 · 동영상 · 정신[9]의 체가 되는 이궁을 살펴보면, 돈 · 즐거움 · 연애 · 유흥[7]이 머릿속에 있다[이궁]는 뜻이다.
③ 돈 · 즐거움 · 연애 · 유흥[7]의 체가 되는 태궁을 살펴보면, 부패 · 죽음 · 도난[5]이 돈의 궁에 위치한다[태궁], 다시 말해서 오황살로 인해 태궁까지 파괴되어 돈이 없

다[태궁]는 뜻이다.

④ 부패 · 죽음 · 도난[5]의 체인 중궁을 살펴보면, 희망[3]이 무덤에 들어갔다[중궁]는 뜻이다.

⑤ 희망[3]의 체가 되는 진궁을 살펴보면, 섹스를 수반한 애정[1]이 발각되어 놀란다[진궁 + ⓐ]는 뜻이다.

⑥ 섹스를 수반한 애정[1]의 체가 되는 감궁을 살펴보면, 부동산[8]이 잠수를 탔다[감궁]는 뜻이다.

⑦ 부동산[8]의 체가 되는 간궁을 살펴보면, 남자[6]가 부동산의 몸 안[간궁]에 들어가 있으므로 남자가 부동산을 소유하고 있다[간궁]는 뜻이다. 또는 남자[6]가 변하였다[간궁]고 해석할 수 있다.

⑧ 남자[6]의 체가 되는 건궁을 살펴보면, 바람[4]이 남자의 몸 안[건궁]에 들어가 있으므로 바람이 남자를 조종한다는 뜻이다. 또는 바람[4]이 확장되었다[건궁]고 해석할 수 있다.

⑨ 바람[4]의 체가 되는 손궁을 살펴보면, 여자[2]가 바람났거나 멀리 갔다[손궁]는 뜻이다.

위 구성반의 해석은 ① ~ ⑨를 거치며 맨 처음 해석인 여자[2]가 바람났거나 멀리 갔다[손궁]로 회귀하게 된다. 위 구성반에는 이 중에서 ① ~ ②의 과정을 화살표로 표시하였다.

한편, 다음에 설명할 좌궁용(坐宮用)에서는 위의 순서를 역으로 다시 해석할 수 있다.

☑ **구성숫자와 궁을 교대로 해석하는 경우**

명반을 해석할 때 주어가 되는 구성숫자의 체는 정위반의 궁이다. 이 방법은 정위반의 궁을 서술어로 해석하는 동시에 그 궁에 머무르는 구성숫자를 주어로 해석한다. 이 과정을 되풀이하면 처음의 해석으로 회귀한다.

6 용이 되는 수를 개별적으로 해석하는 경우

궁이 서술어인 경우를 사용하여, 모든 구성숫자를 용의 관점에서 개별적으로 해석한다.

예		
2	7	9 ⓟ
1 ⓐ	3 丑日	5
6	8	4

위 구성반은 앞서 예로 든 구성반과 동일하다. 수를 용으로 보면 다음과 같이 해석할 수 있다.

단, 이 경우에는 앞서와 달리 구성숫자의 체가 되는 정위반의 궁은 관련지어 해석하지 않는다.

① 여자[2]는 바람이 났다[손궁].
② 남자[6]는 부동산을 소유하고 있다[간궁].
③ 부동산[8]은 숨겨졌다[감궁].
④ 문서[9]는 집에서 파괴되었다[곤궁 + ⓟ].
⑤ 돈[7]은 문서궁에서 문서의 형태로 존재한다[이궁].
⑥ 바람 · 사업 · 대인관계[4]는 남자궁에서 남자를 만나는 형태로 존재한다[건궁].

7 중궁을 원인으로 해석하는 경우

중궁에 위치한 구성숫자(연구성 · 월구성 · 일구성 · 시구성)는 운추론의 근거가 되는 사건의 상황을 뜻한다. 그 이유는 중궁에 위치한 구성숫자가 암검살이 들어가는 정위반의 궁을 나타내기 때문이다.

예		
2	7	9 ⓟ
1 ⓐ	3 丑日	5
6	8	4

위 구성반에서 중궁의 구성숫자 3은 원래 정위반에서 삼벽목성이 위치하는 진궁에 암검살이 위치함을 나타낸다. 따라서 체인 진궁도 파괴되고, 용인 3도 중궁에 위치하여 중궁의 상의인 사면초가에 처했다고 해석한다. 정리하면, 용인 3의 구성 상의는 시작 또는 놀라는 일이 발생한 것이고 중궁은 사면초가에 처한 것이므로, 궁을 서술어로 보아 시작 또는 놀라는 일이 발생한 것[3]이 사면초가에 처해서 무덤에 들어간 것처럼 상황이 어렵다[중궁]고 해석할 수 있다.

여기에 좌궁용(坐宮用)의 개념을 추가하면 더욱 자세하게 해석할 수 있다. 진궁에 위치한 암검살로 파괴된 1의 좌궁용 3이 중궁에 들어간 것이므로, 암검살로 파괴된 1[진궁의 1]이 조종하는 깜짝 놀라는 일[3]이 사면초가에 처한 것[중궁]이 되고, 여기서 궁을 서술어로 보아 발각된 색정[진궁의 암검살로 파괴된 1]이 조종하는 깜짝 놀라는 일[3]이 사면초가에 처한 것[중궁]이라고 해석한다. 이 문장을 다듬으면, 발각된 색정에 의해서 발생한 깜짝 놀라는 일이 사면초가에 처해서 무덤에 빠진 것처럼 움직일 수가 없다고 해석할 수 있다.

✓ **중궁의 구성숫자 해석**
중궁에 위치하는 구성숫자는 암검살이 들어가는 정위반의 궁을 나타낸다. 따라서 중궁의 구성숫자를 보고 운추론의 근거가 되는 사건의 상황을 추론할 수 있다.

8 중면법

중면법(中免法)은 연반·월반·일반·시반을 모두 사용하며, 특히 일반이 모든 추론의 중심이 된다. 즉, 일반 중궁의 구성숫자를 추론의 원인이 되는 사건의 모양새로 잡고, 일반에서 본명성이 위치한 궁의 상의를 읽는다. 이어서 시반, 월반, 연반에서 일반의 본명성이 위치한 궁과 같은 궁에 들어 있는 구성숫자의 상의를 흉살, 길신, 오행의 생극관계를 고려하여 해석한다.

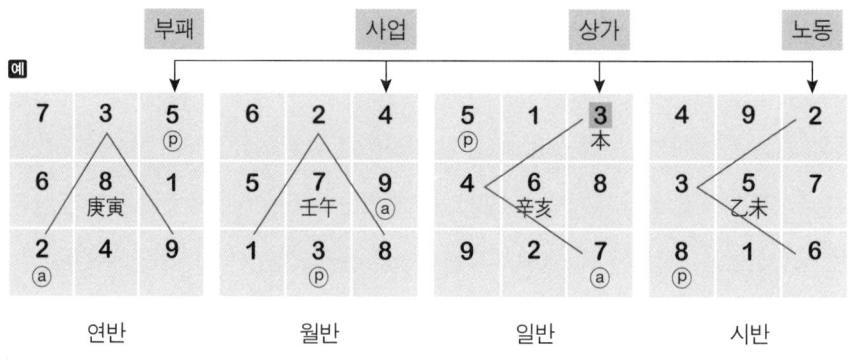

위 연월일시 구성반은 2010년 양력 6월 30일 14시에 1970년생 남자[삼벽목성]가 방문하여 작성한 것이다. 이 남자에게 어떤 문제가 있는지 다음 순서대로 추론을 진행해 나간다.

① 일반의 중궁 6은 회사나 소속기관의 어려움이 원인이 되었음을 알려준다. 실제로 이 남자는 다니던 회사에서 근무하기 어려운 상황이 발생하여 퇴사하였다.

② 일반의 본명성이 곤궁에 위치하였다. 곤궁의 상의는 상가, 가정, 집, 사무실이다. 비록 본명성인 삼벽목성이 곤궁을 목극토(木剋土)로 극해서 일하는 정도가 약하지만, 삼합선이 지나므로 운이 좋다. 따라서 본명성은 상가 또는 사무실에 약간은 편안하게 있다고 추론할 수 있다.

③ 시반의 곤궁에 위치한 2는 노동 또는 일하는 것을 의미한다. 또한 삼합선이 지나

므로 운이 좋다.

④ 월반의 곤궁에 위치한 4는 사업을 의미한다. 따라서 본명성 3인 남자가 일하려고[시반] 사무실[일반]을 얻어서 사업[월반]을 한다고 추론할 수 있다.

⑤ 연반의 곤궁에 위치한 파살을 맞은 5는 부패 또는 어려움을 의미한다. 따라서 본명성 3인 남자가 일하려고[시반] 사무실[일반]을 얻어서 사업[월반]을 하는데, 사업이 잘 안 된다고[연반] 해석할 수 있다.

중면법

일반을 중심으로 운을 추론한다. 즉, 일반 중궁의 구성숫자를 사건의 모양새로 보고 일반에서 본명성이 위치한 궁의 상의를 해석한 다음, 시반·월반·연반에서 일반의 본명성이 위치한 궁과 같은 궁에 있는 구성숫자의 상의를 해석한다.

9 초면법

중면법이 일반의 본명성을 중심으로 문점자의 과거부터 현재까지의 상황을 읽는데 유용하다면, 초면법(初免法)은 연반·월반·일반·시반의 모든 구성반에서 본명성을 사용하여 문점자의 과거부터 현재까지의 상황뿐만 아니라 현재부터 미래에 걸쳐 진행될 운도 추론할 수 있는 장점이 있다. 그 특징은 다음과 같다.

① 문점한 시간의 연반·월반·일반·시반을 모두 사용한다.
② 연월일시에서 가장 작은 단위인 시부터 해석해 나간다.
③ 앞서 월반의 포국법에서 설명한 것처럼 연구성에 의해서 월구성이 정해지므로, 연은 주(主)이면서 독립변수이고, 월은 종(從)이면서 종속변수이다. 또한 시반의 포국법에서 설명한 것처럼 일구성에 의해서 시구성이 정해지므로, 일은 주이면서 독립변수이고, 시는 종이면서 종속변수이다.
④ ③에 근거하여 각각 주가 되는 것, 종이 되는 것끼리 짝을 짓는다. 따라서 연반은 일반과 짝을 짓고, 월반은 시반과 짝을 짓는다.
⑤ 시간 체계의 내림차순인 연 → 월 → 일 → 시는 현재부터 미래를 의미하고, 올림차순인 시 → 일 → 월 → 연은 과거부터 현재까지의 상황을 의미한다.
⑥ ⑤에 근거하여 제1감정은 시반에서 본명성이 위치한 궁과 같은 궁을 월반에서 찾

아 그 궁에 들어간 구성숫자를 함께 해석한다. 해석할 때는 본명성과 궁, 동회하는 구성숫자의 오행 생극관계, 흉살, 삼합선의 통과 여부 등을 참고한다. 제1감정은 과거부터 현재의 전반부에 벌어지는 상황을 보여준다.

⑦ ⑤에 근거하여 제2감정은 일반에서 본명성이 위치한 궁과 같은 궁을 연반에서 찾아 그 궁에 들어간 구성숫자를 함께 해석한다. 해석할 때는 본명성과 궁, 동회하는 구성숫자의 오행 생극관계, 흉살, 삼합선의 통과 여부 등을 참고한다. 제2감정은 과거부터 현재의 후반부에 벌어지는 상황을 보여준다.

⑧ ⑤에 근거하여 제3감정은 연반에서 본명성이 위치한 궁과 같은 궁을 일반에서 찾아 그 궁에 들어간 구성숫자를 함께 해석한다. 해석할 때는 본명성과 궁, 동회하는 구성숫자의 오행 생극관계, 흉살, 삼합선의 통과 여부 등을 참고한다. 제3감정은 현재부터 미래의 전반부에 벌어지는 상황을 보여준다.

⑨ ⑤에 근거하여 제4감정은 월반에서 본명성이 위치한 궁과 같은 궁을 시반에서 찾아 그 궁에 들어간 구성숫자를 함께 해석한다. 해석할 때는 본명성과 궁, 동회하는 구성숫자의 오행 생극관계, 흉살, 삼합선의 통과 여부 등을 참고한다. 제4감정은 현재부터 미래의 후반부에 벌어지는 상황을 보여준다.

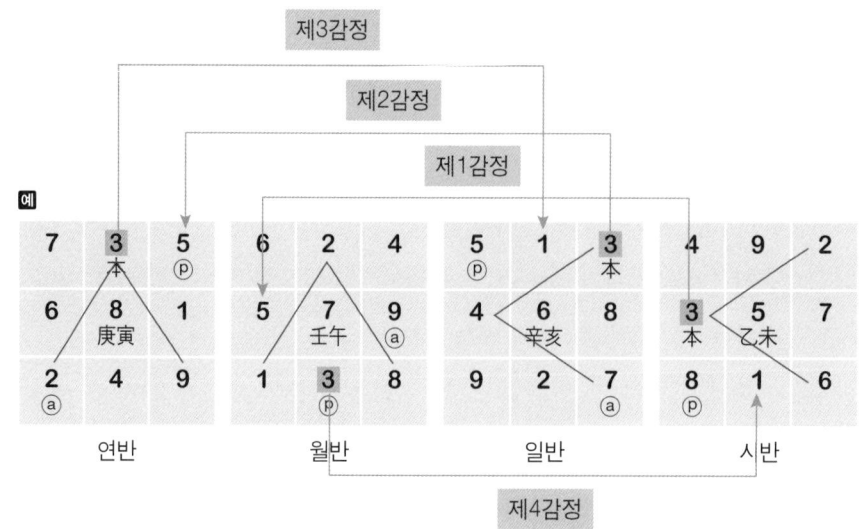

위 내용은 중면법에서 예로 든 상황을 초면법을 사용하여 해석한 것이다. 즉, 2010년 양력 6월 30일 14시에 1970년생 남자[삼벽목성]가 상담을 위해 방문했는데, 이 남자에게 어떤 문제가 있는지 추론한 것이다.

위 추론 과정을 다음과 같이 구성반을 나누어 보기 쉽게 바꿀 수도 있다.

초면법
연월일시 모든 구성반에서 본명성을 사용하여 문점자의 과거부터 현재까지의 상황뿐만 아니라 현재부터 미래에 걸쳐 진행될 운을 추론한다.

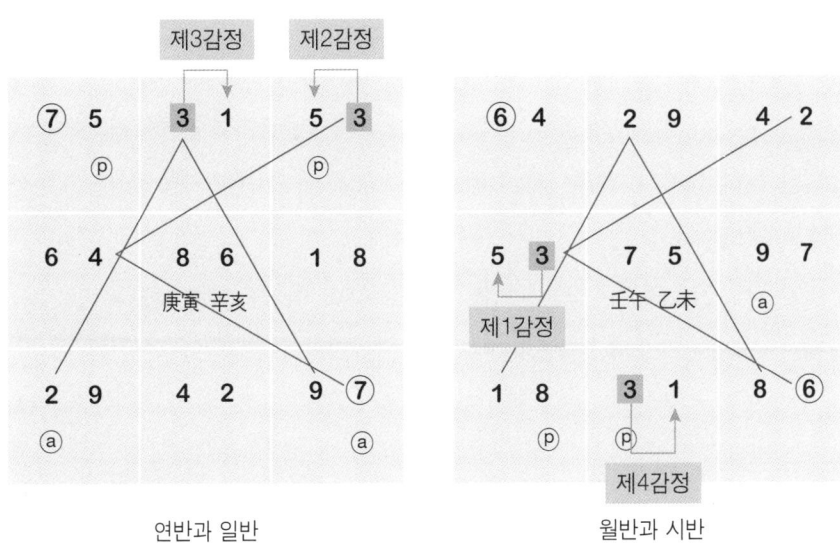

연반과 일반 　　　　　　월반과 시반

① **제1감정** : 과거부터 현재까지의 전반기. 시반의 진궁에 있는 본명성 3이 잘못된 것 · 시끄러운 것[월반의 5]을 시작하였다[진궁].

② **제2감정** : 과거부터 현재까지의 후반기. 일반의 곤궁에 있는 본명성 3이 잘못된 것[연반의 파살을 맞은 5]으로 인해서 일하기가 어렵다[곤궁].

③ **제3감정** : 현재부터 미래의 전반기. 연반의 이궁에 있는 본명성 3이 어려움 · 고충[일반의 1]으로 인해서 계약하기가 어렵다[이궁].

④ **제4감정** : 현재부터 미래의 후반기. 월반의 감궁에 있는 본명성 3이 어려움 · 고충[시반의 1]으로 인해서 구멍[수렁]에 빠졌다[감궁].

10 오면법

오면법(奧免法)은 일반에서 중궁의 구성숫자와 본명성이 위치한 궁, 이웃하는 두 궁, 그리고 본명성을 마주보는 궁을 사용하여 문점자의 현재 상태와 그 원인, 그리고 최종적으로 어떻게 될 것인가를 추론한다. 오면법의 특징은 다음과 같다.

> **✓ 오면법**
> 일반에서 중궁이 위치한 구성숫자는 원인, 본명성이 위치한 궁의 상태는 문점자의 입장, 본명성이 위치한 궁과 이웃하는 두 궁의 상태는 문점자를 둘러싼 주변상황, 본명성과 마주보는 궁(대충궁)은 문점자의 최종 귀착점을 의미한다.

① 일반에서 사용한다.
② 중면법처럼 일반의 중궁에 위치한 구성숫자가 원인이 된다.
③ 일반에서 본명성이 위치한 궁의 상태가 문점자의 입장을 의미한다.
④ 일반에서 본명성이 위치한 궁과 이웃하는 두 궁의 상태가 문점자를 둘러싼 주변상황을 의미한다.
⑤ 일반에서 본명성과 마주보는 궁(대충궁)이 문점자의 최종 귀착점이 된다.
⑥ 궁과 구성숫자의 오행 생극관계와 흉살, 길신을 고려하여 길흉을 판단한다.

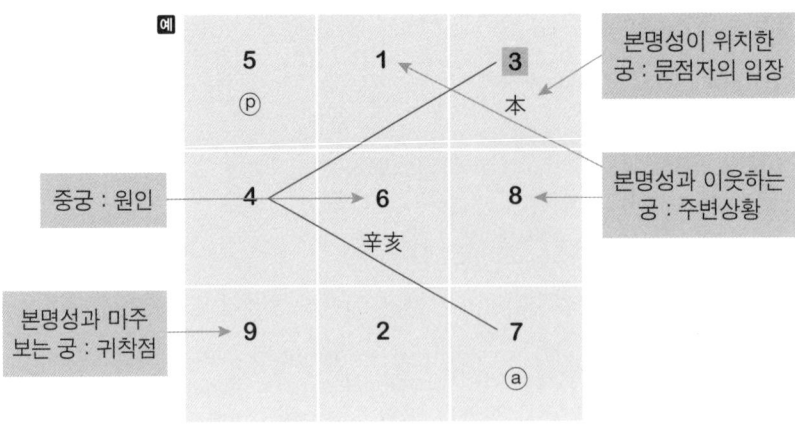

위 일반은 2010년 양력 6월 30일 14시에 1970년생 남자[삼벽목성]가 상담을 위해 방문한 상황이다.

① 중궁의 6은 원인이 되고, 회사나 소속기관 또는 아버지를 비롯한 윗사람에게 어려움이 있음을 암시한다.

② 본명성 3은 곤궁에 위치한다. 곤궁의 상의는 상가, 가정, 집, 사무실이다. 비록 본명성인 삼벽목성이 곤궁을 목극토(木剋土)로 극해서 일하는 정도가 약하지만, 삼합선이 지나므로 운이 좋다. 따라서 본명성은 상가 또는 사무실에 약간은 편안하게 있다고 추론할 수 있다.

③ 이웃하는 궁 중 하나인 이궁에는 1이 위치한다. 따라서 일백수성이 이궁을 수극화(水剋火)로 극하므로 고민·어려움[1]이 계약상[이궁] 발생한다.

④ 이웃하는 궁 중 하나인 태궁에는 8이 위치한다. 따라서 팔백토성이 태궁을 토생금(土生金)으로 생하므로 부동산·통장[8]은 돈[태궁]이 된다. 다시 말해서 통장에 돈이 들어 있다.

⑤ 본명성을 마주보는 간궁에는 9가 위치한다. 따라서 구자화성이 간궁을 화생토(火生土)로 생하므로 문서나 계약[9]에 변화가 발생한다[간궁]고 최종 판단한다.

11 수동태법

수동태법(受動態法)은 주체인 나를 파괴시키는 것이 무엇인가를 알아내기 위해서 필요하다. 수동태법의 발생 원리는 파살의 발생 원리와 동일하다. 다시 말해, 파살에 의해서 수동태법이 나타나는 것이다.

중궁에 기입한 지지를 충하는 지지를 포함하는 궁은 파살을 맞아서 파괴된다. 중궁에 기입한 지지가 위치하는 궁이 원인으로 작용하여, 결과적으로 그 궁을 마주보는 궁이 파살을 맞아 파괴되는 것이다. 또한 파살을 맞은 궁이 파괴되면 그 궁에 머무르는 구성숫자까지 파괴된다. 인과관계로 본 작동 원리를 궁은 궁끼리, 숫자는 숫자끼리 분류하면 다음과 같이 정리할 수 있다.

① 최초의 원인인 중궁에 기입한 지지를 포함하는 궁에 머무르는 숫자는, 최후의 결

과가 되는 파살을 맞은 궁에 머무르는 숫자와 일대일로 대응된다. 따라서 중궁에 기입한 지지를 포함하는 궁에 머무르는 숫자는 파살을 맞은 궁에 머무르는 숫자의 근원적인 파괴자가 된다.

② 최초의 원인인 중궁에 기입한 지지를 포함하는 궁은, 최후의 결과가 되는 파살을 맞은 궁과 일대일로 대응된다. 따라서 중궁에 기입한 지지를 포함하는 궁의 공간 방위좌표는, 파살을 맞은 궁에 머무르는 숫자의 근원적인 파괴자가 최초로 위치한 방위좌표가 된다.

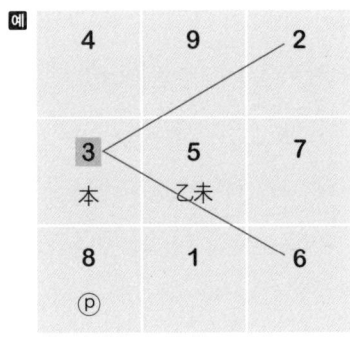

위 을미시(乙未時)의 시반을 수동태법으로 해석하면 다음과 같다.

① 부동산[간궁에 있는 8]이 집에 있는 여자[곤궁에 있는 2]에 의해서 없어졌다[간궁의 파살].
② 집에 있는 여자는 명반을 해석하는 시간에 문점자를 기준으로 미(未) 방향에 있다.

> **수동태법**
> 주체인 나를 파괴시키는 것이 무엇인지를 알아낼 수 있으며, 파살에 의해 나타난다. 중궁에 기입한 지지를 포함한 궁이 원인으로 작용하여, 그 궁을 마주보는 궁이 파살을 맞아 파괴된다.

12 길흉 판단에서 신살과 오행 생극의 차이점

구성반은 특정한 공간에서 점을 칠 때 시간과 공간을 구분하는 기준일 뿐, 구성반 자체가 길흉을 나타내는 것은 아니다. 길흉은 어디까지나 길신과 흉살에 달려 있다. 이런 기준을 충실하게 지켜야 운추론이 정확해진다.

그러나 이러한 판단 기준에도 불구하고 중면법, 초면법, 오면법에서 갑작스럽게 오행 생극작용이 등장하여 구성기학을 공부하는 사람들을 혼란스럽게 만들고 있다. 따라서 신살과 오행 생극작용의 차이점을 확실하게 알아야 한다.

- 신살과 오행 생극의 차이점

	길흉 부여	궁과 구성숫자의 협력관계
신살	O	X
궁과 구성숫자의 오행 생극 관계	X	O

구성반에 길흉을 부여하는 것은 흉살과 길신이다. 궁 안에 머무르는 구성숫자의 오행은 궁의 오행과 생극관계를 형성하는데, 이런 생극관계는 구성반에 길흉을 부여하지 않고 구성숫자가 주변 환경으로부터 협력을 받는 정도만 결정한다.

예1

9(火) ← 坎宮(水)

예를 들어, 앞의 구성반처럼 9(구자화성)가 감궁에 들어간 경우 9[문서 · 계약 · 차녀 · 카드 등]는 감궁에서 수극화(水剋火)를 당하므로 힘이 전혀 없다. 따라서 흉하지는 않지만, 문서[9]가 주변 환경[감궁]으로부터 도움을 받지 못한다. 비교를 위해서 아래의 구성반을 살펴보자.

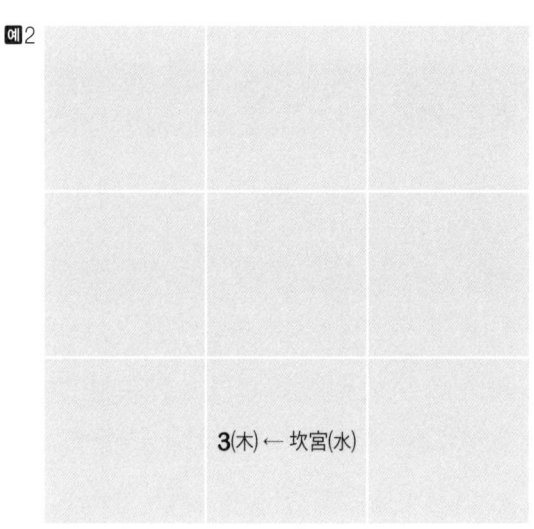

예2

3(木) ← 坎宮(水)

위 구성반처럼 3(삼벽목성)이 감궁에 들어간 경우 3[새로운 일]은 감궁이 수생목(水生木)을 해주므로 힘이 세다. 그러나 흉살과 길신이 없으므로 길흉을 판단할 수 없고, 단지 새로운 일[3]이 주변 환경[감궁]으로부터 도움을 많이 받는다.

3. 체용 구성기학

이 책에서 주로 사용하는 구성기학 운추론 방법은 체용(體用)을 반복 사용하는 연좌법(連坐法)과 동회를 반복 사용하는 연동법(連同法)이다. 이 중에서 동회를 반복 사용하는 것은 실제로는 용의 변형에 해당한다. 이런 이유로 이 책의 구성기학 운추론 방법을 체용 구성기학이라고 이름 붙였다.

체용은 동양철학에서 흔히 사용되는 용어로, 필자는 구성기학을 연구하면서 체와 용이 담당하는 고유한 분야와 기능에 주목하게 되었다. 구성기학에서는 체와 용이 의미하는 뜻이 운추론에 그대로 적용된다. 실제로 구성기학의 연월일시 구성반에서 체가 파괴되면 몸체가 파괴되거나 질병이 발생하는데, 이를 모집단 전부를 조사하여 통계를 내면 99% 이상의 적중률을 보인다.

또한 운을 추론할 때는 체와 용을 동시에 보는 체용겸용(體用兼用)을 하지 않는다는 것을 알아야 한다. 어떤 경우에는 체만 해석하고, 또 어떤 경우에는 용만 해석하며, 또 어떤 경우에는 체와 용을 통합하여 해석한다. 이렇게 체와 용을 분리하거나 통합하여 해석하는 이유는 체와 용이 담당하는 고유한 분야와 기능이 따로 존재하기 때문이다.

> **체와 용의 정의**
> 정위반의 구성숫자가 위치한 궁이 바로 그 구성숫자의 체이고, 시간에 따라 달라지는 연월일시 구성반의 구성숫자가 용이다.

1 체

1) 체의 정의

정위반의 구성숫자가 위치한 궁이 바로 구성숫자의 체(體)가 되고, 구성기학 명반에서 시간의 흐름에 따라서 머무는 구성숫자가 용(用)이 된다.

예

시반

9	5	7
8	1 己巳	3
4	6 ⓐ	2 ⓟ

구성 정위반

四祿木星 (巽宮☴)	九紫火星 (離宮☲)	二黑土星 (坤宮☷)
三碧木星 (震宮☳)	五黃土星 (中宮)	七赤金星 (兌宮☱)
八白土星 (艮宮☶)	一白水星 (坎宮☵)	六白金星 (乾宮☰)

앞에서 왼쪽은 기사시(己巳時)의 시반으로, 중궁에 들어 있는 구성숫자 1의 체는 오른쪽 정위반에서 일백수성에 해당하는 감궁이다. 따라서 왼쪽 기사시의 시반은 용으로 작용하는 구성숫자 1이 중궁에 위치하고, 구성숫자 1의 체인 감궁은 암검살을 맞은 구성숫자 6으로 인해서 파괴된 상태이다.

2) 체의 기능과 역할

체(體)는 말 그대로 몸 또는 몸체를 의미한다. 사람의 경우에는 본명성이 정위반에서 위치하는 궁이 체가 된다. 이런 체가 암검살, 오황살, 파살, 대충으로 인해 파괴되면 사람의 몸이 아프게 된다.

한편 차의 경우에는 차를 상징하는 구성숫자가 6이고, 체는 건궁이 된다. 교통사고로 인해서 차체가 망가지면 건궁이 흉살로 인해서 파괴되는 현상이 구성기학 명반에 반드시 나타난다.

집이나 상가를 상징하는 구성숫자는 2이고, 체는 곤궁이 된다. 따라서 물난리나 화재, 전기나 전자 제품의 고장으로 인해서 집이나 상가가 제 기능을 하지 못하면 반드시 곤궁이 흉살로 인해서 파괴되는 현상이 구성기학 명반에 반드시 나타난다.

> ✓ **사람과 여러 가지 사물의 체**
> 사람의 경우에는 본명성이 정위반에서 위치하는 궁이 체가 되고, 차의 경우에는 건궁이 체가 되며, 집이나 상가의 경우에는 곤궁이 체가 된다.

3) 체만 해석하는 경우

체만 해석하는 경우를 다음 사례들을 통해 알아본다.

❶ 질병 · 다침

본명성의 체가 파괴되면 질병이나 사건사고로 인해서 다친 것이다.

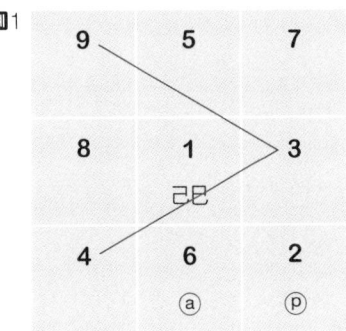

위는 기사시(己巳時)의 시반으로, 본명성이 1인 72년생 남자에 대하여 문의한 것이다. 해석하면, 본명성 1의 체인 감궁이 구성숫자 6이 암검살을 맞은 것 때문에 파괴되었다. 따라서 72년생 남자는 몸이 파괴되어 아픈 상태이다. 더 자세히 살펴보면, 자동차를 의미하는 구성숫자 6이 암검살을 맞고, 그것이 원인이 되어 결국 감궁까지 파괴시켰다. 또한 암검살은 오황살에 의하여 피동적으로 발생하는 재난이다. 따라서 다른 사람에 의해서 피동적으로 파괴된 자동차[암검살을 맞은 구성숫자 6]가 연쇄적으로 감궁을 파괴한 것이다.

이런 해석을 현실적으로 구체적인 물상을 바탕으로 다시 해석한다. 즉, 72년생 남자가 타고 있던 자동차가 다른 사람이 일으킨 충돌사고로 인해 파괴되고, 연쇄적으로 그 자동차에 타고 있던 본명성 1인 72년생 남자까지 다치게 되었다.

> **체만 해석하는 경우**
>
> 본명성의 체가 파괴되면 질병이나 다친 것이고, 건궁이 파괴되면 교통사고로 차체가 망가진 것이며, 곤궁이 파괴되면 집이나 상가가 파괴된 것이다.

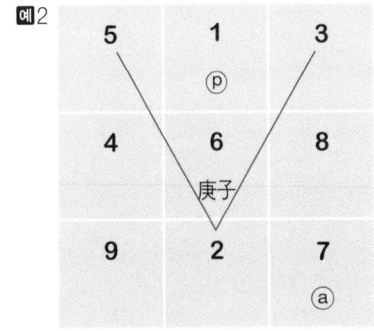

앞은 경자시(庚子時)의 시반으로, 본명성이 9인 73년생 여자에 대한 문의이다. 해석하면, 본명성 9의 체인 이궁이 파살에 의해서 파괴되었다. 중궁에 들어가는 지지에게 충을 당하는 지지가 위치한 궁은 파살을 맞는다. 파살은 체 자체를 파괴시키는 흉살이므로 본명성이 9인 73년생 여자는 아프거나 다치게 된다.

여기서 어떤 질병인지 확인하기 위해서는 파살의 발생 원리를 살펴야 한다. 파살의 발생 원인이 감궁의 2이므로 2의 구성 상의인 부인병에 해당하고, 그 결과로 이궁이 파괴되었으므로 이궁의 구성 상의인 심장, 눈, 시력, 정신, 유방 중 한 곳이 아프다. 이 중에서 부인병에 해당하므로 유방암이 된다. 실제로 73년생 여자는 유방암에 걸려서 생사 여부를 문의하였다.

참고로 구성이 뜻하는 신체 부위와 질병은 다음과 같다.

■ 구성이 뜻하는 신체 부위와 질병

4 · 巽宮	9 · 離宮	2 · 坤宮
호흡기 관련 질병, 감기, 모발, 천식, 왼손, 내장, 중풍, 전염병, 중풍	정신, 머리, 눈, 심장, 시력, 유방, 발열, 두통, 귀, 얼굴	복부, 비장, 오른손, 불면증, 식욕부진, 소화불량, 장, 위궤양, 위암
3 · 震宮	5 · 中宮	7 · 兌宮
간장, 신경계통, 결핵, 공포증, 후두, 천식	변비, 암, 유산, 복부 관련 질병, 치질, 피부 반점	오른쪽 폐, 치아, 입에 관한 병, 신경쇠약
8 · 艮宮	1 · 離宮	6 · 乾宮
관절, 왼쪽다리, 허리, 디스크, 맹장, 등, 코, 축농증, 근육통	생식기, 구멍병(콧구멍·귀·음부), 눈동자, 신장, 방광, 항문, 성병, 알코올중독, 우울증, 월경불순, 냉병, 호르몬	왼쪽 폐, 머리, 신경과민, 편도선, 혈압, 천연두, 골절, 편도선, 두통

❷ 교통사고

차를 상징하는 구성숫자는 6이고, 체는 건궁이다. 교통사고로 인해 차체가 망가지면, 건궁이 흉살 때문에 파괴되는 현상이 구성기학 명반에 반드시 나타난다. 따라서 교통사고로 인해서 탑승자가 다치고 차체까지 망가지면, 탑승자 본명성의 체와 차의 체인 건궁이 모두 흉살로 파괴된다.

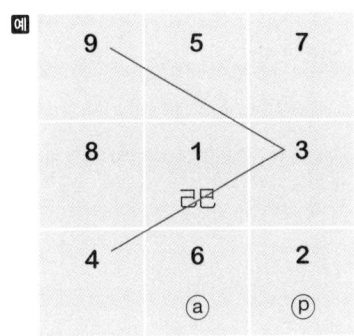

앞서의 예를 다시 분석한다. 위 기사시(己巳時)의 시반에서는 본명성이 1인 72년생 남자에 대하여 문의하였다. 해석하면, 본명성 1의 체인 감궁이 자동차의 용인 구성숫자 6이 암검살을 맞은 것 때문에 파괴되었다. 따라서 72년생 남자는 몸이 파괴되어 아픈 상태이다.

또한 자동차의 체인 건궁을 살펴보면, 파살에 의해서 건궁 자체가 파괴되었다. 따라서 자동차 차체가 파괴되었음을 확인할 수 있다.

그리고 건궁에 지인을 상징하는 구성숫자 2가 위치하므로, 자동차에 지인이 운전자로 타고 있었고 그 지인의 본명성은 9임을 알 수 있다. 왜냐하면, 수동태 용법에서 손궁의 9로 인해 차가 파괴되었고, 다시 구성숫자 9의 체인 이궁이 오황살로 파괴된 것은 자발적으로 재난을 일으켜서 본인이 죽었거나 죽을 만큼 다쳤다는 것을 알려주기 때문이다. 이러한 해석 과정을 통하여 교통사고를 일으킨 운전자의 본명성이 9임을 유추할 수 있다.

❸ 집이나 상가의 재난

집이나 상가를 상징하는 구성숫자는 2이고, 체는 곤궁이다. 따라서 물난리나 화재, 전기누전 등으로 집이나 상가에 재난사태가 발생하면 곤궁이 파괴되는 현상이 나타난다.

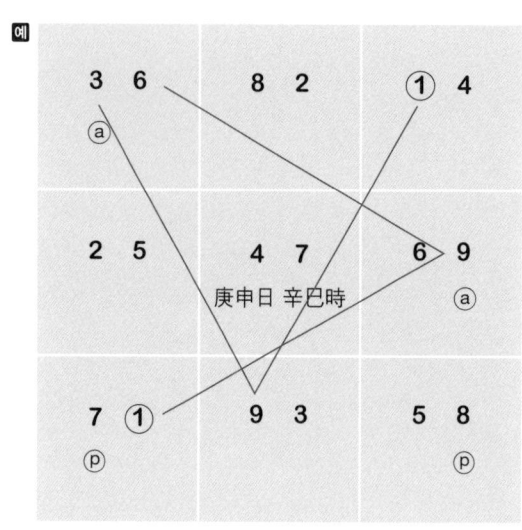

위는 경신일(庚申日) 신사시(辛巳時)의 일시반으로, 상가의 상태에 대해서 문점하였다. 해석하면, 1대1 대충으로 인해서 곤궁이 파괴되었다. 따라서 겨울철에 배수관[곤궁의 4]이 얼면서[1대1 대충] 막혀 물이 역류되는 현상이 발생하여 상가에 물난리가 났다.

❷ 용

1) 용을 해석하는 요령

항상 정지된 공간인 궁이 체(體)라면, 그 안에서 시간의 흐름에 따라 움직이는 구성숫자는 용(用)이다. 정지된 궁 안에 머무르면서 구성숫자는 그 궁의 분위기에 물들게 된다. 따라서 용을 해석할 때는 구성숫자가 머무르는 궁의 분위기에 물든

것을 읽어내야 한다. 이때 궁이 가지는 공간적 의미가 서술어로 쓰이므로, 구성 숫자를 주어로 놓고 궁을 서술어로 해석한다.

|예|

離宮・火
6　2

坎宮・水
6　2

위 구성반에서 각각의 구성숫자가 궁의 분위기에 어떻게 물들었는지 다음과 같이 해석한다.

① 이궁에 구성숫자 6과 2가 동회한다. 6과 2는 모두 화(火)를 상징하는 이궁의 뜨거운 환경에 놓이게 되므로, 6과 2 모두 환경에 동화되어 뜨거워진다. 이궁의 구성 상의는 공부하다, 계약하다, 소송하다, 이별하다 등이므로 남자[6]와 여자[2]는 함께 공부하거나 계약하거나 소송 또는 이별을 한다.

② 감궁에 구성숫자 6과 2가 동회한다. 6과 2는 모두 수(水)를 상징하는 감궁의 차가운 환경에 놓이게 되므로, 6과 2 모두 환경에 동화되어 차가워진다. 감궁의 구성 상의는 고생하다, 섹스하다, 숨는다 등이므로 남자[6]와 여자[2]는 함께 고생하거나 섹스하거나 또는 숨는다.

구성숫자가 머무르는 궁의 분위기에 물든다는 말은 '용은 체를 통하

> ✓ **용을 해석하는 요령**
>
> 용인 구성숫자는 정지된 궁 안에 머무르면서 그 궁의 분위기에 물들게 된다. 따라서 용을 해석할 때는 구성숫자를 주어로 보고, 궁이 가지는 공간적 의미를 서술어로 해석한다.

여 설명된다. 따라서 궁극적인 것은 체이다'라는 말로 바꿀 수 있다. 다음 예에서 체를 통해 용을 해석해보자.

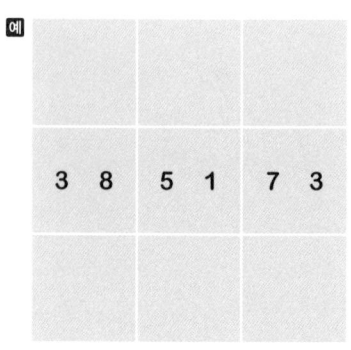

위 구성반에서 본명성이 3인 사람은 3대3 대충을 맞아서 스스로 무엇인가를 깨뜨리게 된다. 그 대상은 태궁과 진궁이다. 바꾸어 말하면, 태궁과 진궁이 3대3 대충으로 깨진 것이다. 이 중에서 태궁은 돈의 궁이므로 돈이 깨진 것이다. 단, 본명성 3이 들어와서 스스로 돈을 없앴다. 돈을 쓰는 것은 유흥으로 없애는 경우가 많으므로 본명성 3은 유흥으로 돈을 쓴다고 해석할 수 있다.

　구성기학 명반을 해석할 때 우선 체의 건전성 여부를 해석하고, 그 다음으로 체 안에 어떤 구성숫자가 용으로 작용해서 체의 건전성에 영향을 미치는지 살핀다. 위 구성반에서도 먼저 태궁이 깨졌으므로 돈을 없애거나 언쟁을 벌였다는 것부터 해석한다. 다음으로, 태궁에 어떤 구성숫자가 들어와서 태궁을 파괴시켰는지를 살펴본다. 여기에서는 3대3 대충으로 태궁을 파괴시켰다. 이러한 해석 순서는 단순한 것 같지만, 내방점사를 해석할 때 매우 유용하게 활용된다.

2) 체와 용의 관계

체는 근본적인 크기와 건강상태를 의미하고, 용은 체에 의해서 정해진 몸체로 활동하는 것을 의미한다. 예를 들어, 현금의 체를 의미하는 태궁은 돈의 크기를 좌우하고, 태궁에 의해서 액수의 크기가 정해진 돈의 용인 7은 그 돈이 어떻게 쓰이는지를 의미한다.

예 1   태궁이 온전한 경우   태궁이 파괴된 경우

위에서 왼쪽 구성반으로는 태궁이 온전할 때 돈의 크기를 알아낼 수 있다. 남자[6]가 조종하는 돈이 액수가 큰 상황[태궁이 온전함]에서 출입의 변화를 겪는다[간궁의 기는 것을 의미한다.

한편, 오른쪽 구성반으로는 태궁이 파괴될 때 돈의 크기를 알아낼 수 있다. 남자[6]가 조종하는 돈이 액수가 매우 작은 상황[태궁이 파살로 파괴됨]에서 출입의 변화를 겪는다[간궁의 기는 것을 의미한다.

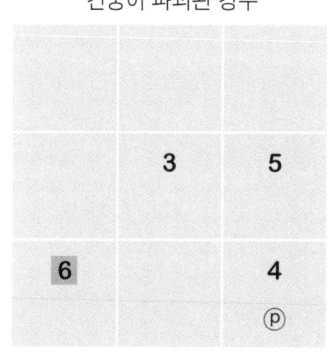

예 2   건궁이 온전한 경우   건궁이 파괴된 경우

위에서 왼쪽 구성반으로는 건궁이 온전할 때 남자의 사업에 대해 알아낼 수 있

다. 사업[4]이 잘되는 상황[건궁이 온전함]에 있는 남자가 변화를 준다[간궁의 6]는 것을 의미한다.

한편, 오른쪽 구성반은 건궁이 파괴될 때 남자의 사업에 대해 알려준다. 사업[4]이 잘 안 되는 상황[건궁이 파살로 파괴]에 있는 남자가 변화를 준다[간궁의 6]는 것을 의미한다.

3) 용만 보는 경우

예를 들어, 선거에서 체는 이궁이고, 용은 구성숫자 9이다. 따라서 선거에서 투표율은 이궁으로, 당선 여부는 당선에 필요한 문서를 상징하는 9와 본명성의 관계로 판단한다. 투표율은 출마 후보가 마음대로 조종할 수 없으므로 고려할 필요가 없고, 당선에 필요한 문서 9만 보면 된다. 이처럼 실전 추론에서는 용만 보는 경우도 많이 발생한다.

3 좌궁용

1) 좌궁용의 정의

용(用)인 구성숫자가 앉아 있는 궁을 좌궁(坐宮)이라 하고, 정위반에서 이 좌궁의 구성숫자를 용으로 삼아 좌궁용(坐宮用)이라고 부른다. 예를 들어, 본명성이 간궁에 머무르는 경우 이 본명성의 좌궁은 간궁이 되고, 정위반에서 간궁을 대표하는 구성숫자 8은 본명성의 좌궁용이 된다.

좌궁용은 체용 구성기학의 핵심 운추론이면서, 에너지 장벽이 둘러싸여 있는 궁을 초월하여 세상과 소통하는 방법이 된다.

> **좌궁용의 정의**
> 궁은 체이고, 구성숫자는 용이다. 용인 구성숫자가 앉아 있는 궁을 좌궁이라고 하는데, 구성 정위반에서 이 좌궁에 위치하는 구성숫자를 좌궁용이라고 한다.

	구성반			구성 정위반	
예			四祿木星 (巽宮☴)	九紫火星 (離宮☲)	二黑土星 (坤宮☷)
	6		三碧木星 (震宮☳)	五黃土星 (中宮)	七赤金星 (兌宮☱)
	3		八白土星 (艮宮☶)	一白水星 (坎宮☵)	六白金星 (乾宮☰)

위 왼쪽 구성반에서는 본명성 3이 건궁에 위치하므로, 본명성 3이 건궁에 좌궁하였다고 표현한다. 오른쪽 구성 정위반에서 건궁을 대표하는 구성숫자는 6이므로, 본명성 3이 좌궁한 건궁의 용은 구성숫자 6이고, 6을 본명성 3의 좌궁용이라고 부른다.

이제 위 예에서 본명성의 용부터 좌궁용까지 해석해본다.

① 본명성 3이 회사[건궁]에 와 있는데, 다시 회사의 용인 6[좌궁용]이 이궁에 가서 용(用)하므로 본명성 3이 조종하는 회사[또는 본명성 3이 소속된 회사]가 계약을 한다 [이궁].
② 위 해석을 실생활에 대입하면 다음과 같다. 본명성이 3인 사람이 건궁이라는 버스를 탔는데[좌궁], 그 사람이 조종하는 버스의 최종 목적지[구성숫자 6, 좌궁용]는 계약하는 곳[이궁]이다.

2) 용과 좌궁용의 차이점

용은 손님으로 특정한 궁을 방문한 구성숫자가 그 궁의 공간적 의미에 물들고, 결과적으로 주어가 되어 그 궁의 공간적 의미를 서술어로 사용하는 것을 말한다. 좌궁용은 구성숫자가 행한 서술어의 최종 결과가 어떤지를 추적하는 것이다.

예를 들어, 본명성이 태궁에 들어가서 돈을 벌었다면[용 : 태궁의 공간적 의미], 그렇게 번 돈[구성숫자 7]을 저축하는지 또는 빚을 갚는 데 사용하는지 그 최종 결과를 추적하는 것이 좌궁용이다.

용이 파괴된 경우   좌궁용이 파괴된 경우

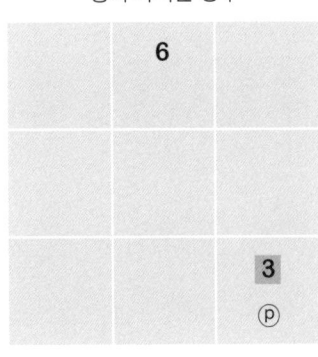
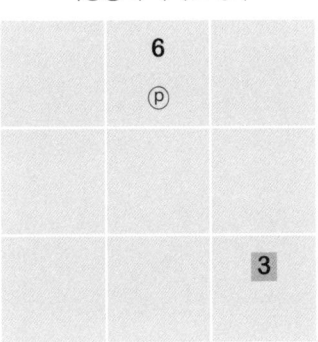

위 예는 앞서의 구성반이다. 왼쪽은 용이 파괴된 경우이고, 오른쪽은 좌궁용이 파괴된 경우이며, 둘 다 본명성 3이 건궁에 들어가 있다.

① 왼쪽은 회사 자체[건궁]가 사정이 어렵거나, 회사 내에서 윗사람과의 마찰로 인해서[파살] 본명성이 3인 사람이 회사를 다니기 어려운 상황이다. 단, 본명성 3의 의도가 전혀 개입되지 않는 상황이다.

② 오른쪽은 본명성 3이 회사를 상징하는 건궁에서 흉살 없이 머무르므로 회사에서 지내기에 아무런 문제가 없다. 그러나 본명성 3의 좌궁용인 구성숫자 6은 계약을 상징하는 이궁에 가서 파살을 맞았으므로, 본명성 3이 조종하거나 소속된 회사가 계약을 하지 못하는 상황[파살]이다. 따라서 본명성 3이 조종하거나 소속된 회사이므로 본명성 3의 의도나 노력이 개입되는 상황이다.

✓ **용과 좌궁용의 차이점**

용과 좌궁용 모두 구성숫자로, 용이 특정한 궁에 위치하여 그 궁의 주어가 되고 그 궁의 공간적 의미를 서술어로 사용한다면, 좌궁용은 용이 서술어로 사용한 결과를 추적한다.

| 용이 먼저 파괴된 경우 | 좌궁용이 파괴된 경우 |

예2

	5				5	
	1				1	
6	2			6	2	
ⓐ	ⓟ			ⓐ		

위 예에서 왼쪽은 용이 먼저 파괴된 경우이고, 오른쪽은 좌궁용이 파괴된 경우이며, 둘 다 본명성 2가 건궁에 들어가 있다.

① 왼쪽은 회사 자체[건궁]가 사정이 어렵거나, 회사 내에서 윗사람과의 마찰로 인해서[파살] 본명성이 2인 사람이 회사를 다니기 어려운 상황이다. 본명성 2의 의도가 전혀 개입되지 않는 상황이다.

② 오른쪽은 본명성 2가 회사를 상징하는 건궁에서 흉살 없이 머무르므로, 회사에서 지내는 상황은 아무런 문제가 없다. 그러나 본명성 2의 좌궁용인 구성숫자 6이 어려움을 상징하는 감궁에 가서 암검살을 맞았으므로, 본명성 2가 조종하거나 소속된 회사가 물에 빠진 것처럼 어려움에 처해 있는 상황이다. 따라서 본명성 2인 사람이 조종하거나 소속된 회사이므로, 본명성 2의 의도나 노력이 개입되어 회사 사정이 어렵거나 또는 본인 스스로 회사를 그만두려는 것이다.

3) 용과 좌궁용의 사용 순서

용을 먼저 해석하고, 용의 최종적인 결과를 알기 위하여 좌궁용을 해석한다. 특정한 궁에 본명성이 들어가서 머물면 본명성은 그 궁의 공간적 의미에 물들게 된다. 따라서 본명성은 주어가 되고, 머무르는 궁(좌궁)의 공간적 의미가 서술어가 된다. 이러한 것을 본명성의 용이라고 한다. 이어서 본명성이 행한 서술어의 최종적인 결과를 알기 위해서 좌궁용을 해석한다.

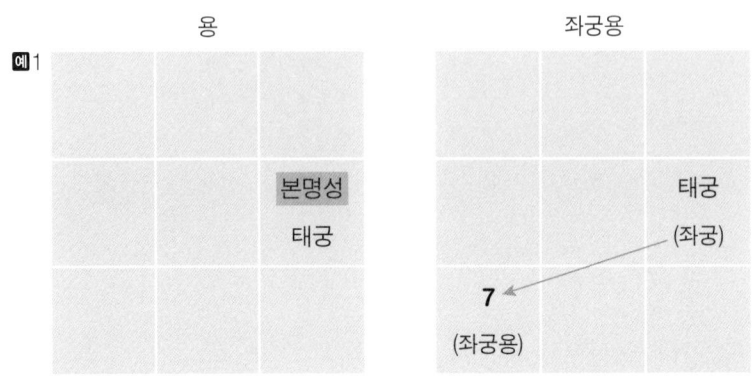

위의 왼쪽 구성반에서는 본명성이 태궁에 들어가 머무르므로, 본명성이 태궁에 물들게 되어 본명성은 돈을 번다고 해석한다. 태궁은 돈이 있는 장소이기 때문이다. 이런 경우에 태궁이 좌궁이 되고, 본명성이 돈을 버는 활동을 하는 것이 본명성의 용이다.

또한 위의 오른쪽 그림에서 본명성이 번 돈의 최종 결과를 파악하기 위해서 본명성의 좌궁인 태궁을 다시 체로 삼고, 좌궁이 상징하는 구성숫자 7이 어느 궁에 머무르면서 그 궁의 공간적 의미를 서술어로 사용하는가를 해석하는 것이 좌궁용이다. 여기에서는 본명성이 번 돈을 상징하는 구성숫자 7이 간궁에 머무르면서 간궁의 공간적 의미를 서술어로 사용하므로, 본명성이 번 돈은 변화를 겪게 된다[간궁].

✓ 용과 좌궁용의 사용 순서

먼저 본명성을 주어로 보고 궁의 의미를 서술어로 해석한다. 이것을 본명성의 용이라고 한다. 이 다음에 용의 최종 결과를 알기 위해 좌궁용을 해석한다.

		1
	4 申時	6
7 ⓟ		

예2

위 구성반을 해석하면, 본명성이 6인 67년생 여자가 본명성이 1인 63년생 여자에게 5천만원을 빌린 후, 채무자인 67년생 여자가 보험설계사를 하면서 돈을 벌어서 채권자인 63년생 여자에게 매달 현금으로 조금씩 갚는 중이다. 이런 상황은 용과 좌궁용을 순차적으로 사용하여 다음처럼 해석한다.

① **용** : 본명성 6이 현금에 해당하는 태궁에 들어가서 머무르므로[좌궁], 본명성 6인 67년생 여자는 돈을 잘 벌고 있다.
② **좌궁용** : 본명성이 6인 67년생 여자가 벌어서 조종하는 돈의 최종 목적지를 뜻하는 좌궁용 7은 변화와 생사를 상징하는 간궁에 들어가서 파살을 맞았다. 따라서 67년생 여자가 번 돈은 순차적으로 간궁의 파살에 의해서 없어진다. 파살은 수동태 용법을 사용하여 다시 상대방을 알 수 있다.

위 두 해석을 종합하여 정리하면, 67년생 여자가 번 돈은 곤궁에 위치한 본명성 1인 63년생 여자에 의해서 없어진다. 채무자인 67년생 여자가 보험설계사를 하면서 번 돈을 사용하여 채권자인 63년생 여자에게 매달 갚으므로, 본명성이 1인 63년생 여자에 의해서 돈이 없어지는 것은 당연한 현상이다.

이와 같이 용과 좌궁용은 순차적으로 사용할 수 있으며, 섬세한 추론을 위해서는 좌궁용이 반드시 필요하다.

4) 체·용·좌궁용의 구조

체·용·좌궁용은 운추론 과정이 3단계로 이루어진 액자 구조이다.

■ 체·용·좌궁용의 3단계 구조

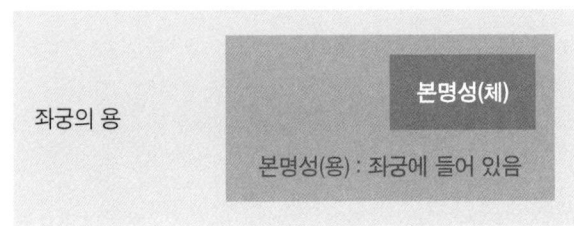

체 → 용 → 좌궁용으로 이어지는 3단계 구조를 운추론에서 어떻게 적용하는지 다음 예를 통해 설명한다.

예

3 ⓐ (좌궁용)	6	1 (체)
2 (용)	4	
		5

위 구성반에서 여자[2·용]는 체가 곤궁인데, 곤궁에 1에 해당하는 자식 또는 섹스가 들어와 있다. 이것을 포괄적으로 바람났다고 표현할 수 있다. 따라서 바람난 여자가 진궁에 좌궁하였으므로 무엇을 시작한 것이다. 다시 좌궁한 진궁으로 돌아가면, 용인 3[좌궁용]이 손궁에서 암검살로 인해서 파괴되었다. 따라서 바람난 여자가 시작한 일은 최종적으로 원방(遠方)거래나 대인관계에서 좌절된다.

✓ **체·용·좌궁용의 운추론 순서**

먼저 궁을 보고(체를 판단), 그 궁에 들어와 있는 구성숫자를 본다(용을 판단). 그리고 용이 위치한 궁을 다시 체로 보고 그 체의 용을 본다(좌궁용 판단).

체 → 용 → 좌궁용으로 이어지는 운추론은 체와 용을 반복적으로 사용한다. 용이 앉은 궁, 즉 좌궁을 다시 체로 설정하고, 그 체의 용을 보는 것이 좌궁용이다. 위 구성반은 곤궁의 체에서 숫자 1[바람남]이 조종하는 용 2가 진궁에 좌궁한다. 다시 이 2가 위치한 진궁을 체로 놓고, 진궁의 용인 3을 좌궁용이라고 부른다. 이를 해석하면, 진궁에 좌궁한 숫자 2[여자]가 조종하여 시작한 일[3]은 최종적으로 원방거래나 대인관계에서 좌절된다[손궁의 암검살].

5) 암검살의 폐해

중궁에 들어가는 연구성·월구성·일구성·시구성은 결과적으로 암검살을 맞은 궁을 알려준다. 이것을 체용으로 바꾸어 말하면, 중궁에 들어가는 구성숫자의 체는 암검살을 맞고, 역으로 암검살을 맞은 궁을 상징하는 구성숫자는 중궁에 빠져서 사면초가에 처하게 된다.

이와 더불어 또 다른 암검살의 폐해도 발생한다. 암검살을 맞은 구성숫자의 좌궁이 결국 암검살을 맞은 궁이므로, 암검살을 맞은 구성숫자의 좌궁용도 중궁에 빠져서 사면초가에 처하게 되는 것이다. 왜냐하면 암검살을 맞은 궁을 상징하는 구성숫자는 모두 중궁에 빠져서 사면초가에 처하기 때문이다.

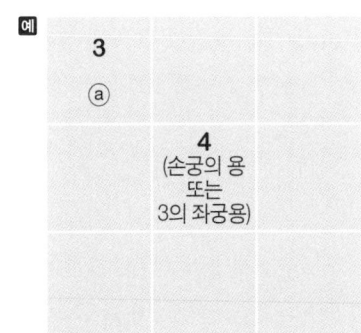

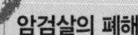

> ✓ **암검살의 폐해**
> 중궁에 들어간 구성숫자는 자신의 체가 암검살을 맞아서 파괴되고, 구성숫자 자체도 중궁이 상징하는 사면초가에 빠져서 체와 용이 모두 파괴된다. 또한 암검살을 맞은 궁에 머무르는 구성숫자는 자신이 암검살을 맞아 파괴되고, 좌궁용도 중궁에 빠져 파괴된다.

① 숫자 4의 입장에서 체[손궁에서 암검살]와 용[4, 중궁에 빠짐]이 모두 파괴되었다.

② 숫자 3의 입장에서 체[진궁]는 온전하지만, 용[3, 손궁에서 암검살]과 좌궁용[4, 중궁에 빠짐]이 파괴되었다.

4 연좌법

연좌법(連坐法)은 좌궁용을 연달아 사용하는 것이다. 연좌법을 사용하면 이야기를 들려주듯이(storytelling) 운추론을 줄거리로 엮어서 전개할 수 있다.

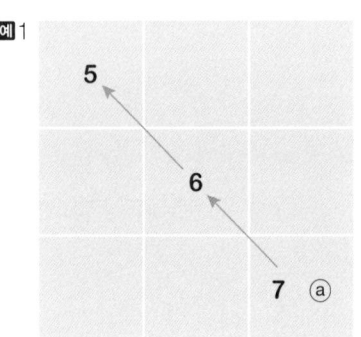

예 1

□ 연좌법

구성반의 좌궁용을 연쇄적으로 추적하여 운을 추론하는 방법으로, 사건이 진행되는 과정을 이야기를 읽듯 알려준다. 본명성의 체나 관심사항을 나타내는 숫자의 체가 시발점이다.

① 위 구성반을 보면 건궁에서 돈[7]이 암검살로 인해 없어졌다. 암검살의 원리에 의해서 구성숫자가 먼저 파괴되고, 체인 건궁까지 파괴되었다. 따라서 돈이 없어서 남자[건궁]까지 몸상태가 나빠졌다. 다시 7의 좌궁용인 6을 보면, 중궁에 위치해 사면초가에 빠졌다. 바꾸어 말하면, 없는 돈[암검살 맞은 7]이 조종하는 남자[6]는 사면초가에 빠졌다[중궁].

② 다시 중궁에 좌궁한 구성숫자 6의 좌궁용을 보면 5가 손궁에 들어갔다. 5는 오황살이므로, 숫자 5가 원인이 되어 결혼궁인 손궁까지 자발적으로 파괴되었다. 풀어서 설명하면, 남자[6]가 조종하는 사면초가[5]는 결혼궁[손궁]으로 향하였다. 따라서 남자가 빠진 어려움은 스스로 결혼까지 포기하게 만들었다.

③ 위에서 해석한 것을 줄거리를 엮어서 말하면 다음과 같다. 돈이 없어서 몸상태가 나쁜 남자가 사면초가에 빠졌다. 그런데 그 사면초가는 결과적으로 스스로 결혼까

지 포기하게 만들었다.

예2

	자동차 6을 기준			구성 상의	
6	2	4	도로	나이트	상가
	7	9 ⓐ		무덤	돈
		8			자동차

① 건궁에 8이 좌궁한다. 따라서 본명성 8인 사람이 차를 타고 있다.

② 건궁 8의 좌궁용 6은 손궁에 좌궁한다. 본명성 8이 조종하는 차[6]는 도로[손궁] 위에 있다.

③ 손궁 6의 좌궁용 4는 곤궁에 좌궁한다. 자동차가 조종하는 도로[4]는 상가[곤궁]를 향한다.

④ 곤궁 4의 좌궁용 2는 이궁에 좌궁한다. 도로가 도달한 상가[2]는 나이트[이궁]의 쓰임을 가지므로, 그 상가는 나이트이다.

⑤ 이궁 2의 좌궁용 9는 태궁에서 암검살을 맞으면서 좌궁하였다. 상가의 쓰임이 나이트[9]인데, 그 나이트의 최종 목적지는 유흥을 하면서 돈을 쓰는[태궁] 것이다.

⑥ 태궁 9의 좌궁용 7은 중궁에 좌궁하였다. 나이트의 최종 목적인 유흥을 하면서 돈을 쓴 것[7]인데, 낭비된 돈의 최종 목적지는 무덤[중궁]이므로 낭비된 돈은 다시 살릴 수 없다.

5 연동법

연동법(連同法)은 동회와 피동회를 연달아 사용하는 것이다. 연좌법과 마찬가지로 연동법을 사용하면 운추론을 줄거리로 엮어서 전개할 수 있다.

```
| 4  3    | ⑨ 8  | 2  1 |
| ⓐⓟ    |      |      |
| 3  2    | 5  4 | 7  6 |
|         | 壬辰日 辛亥時 |      |
| 8  7    | 1  ⑨ | 6  5 |
|         |      | ⓟ    |
```

■ 연동법

구성반에서 동회하는 구성숫자와 피동회하는 구성숫자를 연쇄적으로 추적하여 운을 추론하는 방법으로, 구궁의 상의를 구분하는 데 활용한다.

위 구성반에서는 여자에 대해 알아보려고 한다. 따라서 여자의 체가 되는 곤궁과 용이 되는 구성숫자 2를 조사한다. 과거부터 현재까지의 상황을 추정하기 위해서 시반을 기준으로 삼는다.

① 2의 체가 되는 곤궁에서 섹스[1]와 애인[2]이 동회한다. 따라서 바람[1]이 조종하는 여자[2]가 진궁에서 젊은 사람[3]과 함께 시작을 하였다. 무엇을 시작하였는지 알기 위해서 진궁에 좌궁한 여자[2]의 좌궁용인 3을 조사한다. 3이 손궁에 좌궁하므로, 교제를 시작한 것이다.

② 진궁에서 2에 의해서 동회하게 된 3의 다음 동회의 상황을 살펴보면, 여자가 교제를 시작한 젊은 사람의 다음 상황을 알 수 있다. 3은 손궁에서 파살과 암검살로 파괴된 채 4와 동회하였다. 따라서 젊은 사람[3]이 대인관계[손궁]가 깨지면서[파살·암검살] 그 여파로 교제[손궁의 4]도 날아갔다.

③ 손궁에서 3에 의해서 동회하게 된 4의 다음 동회의 상황을 살펴보면, 날아간 교제의 다음 상황을 알 수 있다. 4는 중궁에서 5와 동회하였다. 따라서 날아간 교제는 죽음[5]과 함께 무덤에 빠져버려서 구제할 방법이 없다[중궁].

6 체용 구성기학 운추론법의 구조

지금까지 체용 구성기학에서 사용하는 운추론법을 설명하였다. 그 구조는 다음과 같이 도식화할 수 있다.

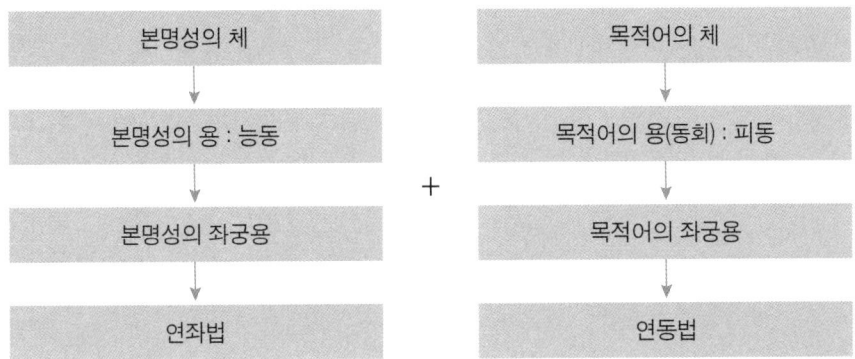

연월반, 월일반, 일시반에서 본명성은 항상 다른 구성숫자와 동회한다. 이 피동회하는 구성숫자를 목적어라고 한다. 또한 본명성은 목적어와 함께 특정한 궁에 머무르면서 그 궁의 공간적 의미에 물들므로, 본명성은 주어가 되어 동회하는 구성숫자를 목적어로 삼아 머무르는 궁의 공간적 의미를 서술어로 사용한다. 따라서 위와 같이 본명성과 목적어의 체, 용, 좌궁용을 모두 거쳐 운추론을 한다.

처음에는 본명성의 건강상태와 몸 안에 무엇을 담고 있는지를 확인하기 위해서 체를 해석하고, 이어서 본명성이 무엇을 하는지를 파악하기 위해서 목적어와 함께 서술어를 사용하여 문장을 만든다. 이것이 본명성의 용이다. 다음으로는 본명성이 행한 서술어의 최종 결과를 확인하기 본명성의 좌궁용을 살핀다. 마지막으로 연좌법으로 좌궁용을 연달아 사용하면 줄거리를 엮을 수 있다.

여기에서 목적어의 정확한 구성 상의를 추론하기 위해서 목적어의 좌궁용과 목적어와 같은 또 다른 구성숫자가 어느 궁에 머무르는가를 연동법을 사용하여 추적한다. 이런 연동법을 사용하여 서술어의 정확한 뜻을 유추할 수 있다. 다시 말해서, 연동법을 사용하여 구궁의 상의를 구분한다.

7 대충의 심화학습

1) 대충의 종류

대충이 발생하기 위해서는 중궁에 들어가는 두 수의 차가 0만 안 되면 된다. 다시 말해서, 중궁에 들어가는 구성숫자가 같은 경우를 제외하면 항상 대충은 발생한다.

그리고 중궁에 들어가는 두 수의 차는 대충이 어느 궁에 걸쳐서 발생했는지를 말해준다. 다시 말해서, 대충의 종류가 결정되는 궁극적인 원인은 중궁에 들어가는 두 수의 차이다.

❶ 남북 대충

중궁에 들어가는 두 수의 차가 1 또는 8이면 이궁과 감궁에 걸쳐서 대충이 발생한다. 이궁의 방향이 남(南)이고, 감궁의 방향이 북(北)이므로, 이런 대충을 남북 대충이라고 한다.

예1

	⑥ 5	
	2 1	
	7 ⑥	

중궁에 위치한 두 수의 차이가 1이므로, 6대6 남북 대충이 발생하였다.

✓ **대충의 종류**

① **남북 대충** : 중궁에 들어가는 두 수의 차가 1 또는 8로, 이궁과 감궁에 걸쳐서 발생한다.

② **생업 대충** : 중궁에 들어가는 두 수의 차가 2 또는 7로, 건궁과 손궁에 걸쳐서 발생한다.

③ **가내 대충** : 중궁에 들어가는 두 수의 차가 3 또는 6으로, 곤궁과 간궁에 걸쳐서 발생한다.

④ **동서 대충** : 중궁에 들어가는 두 수의 차가 4 또는 5로, 진궁과 태궁에 걸쳐서 발생한다.

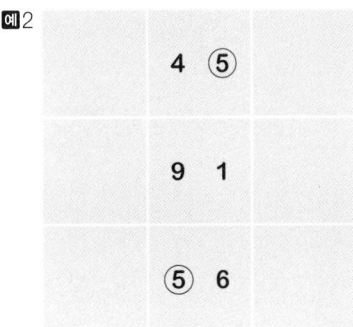
예2

중궁에 위치한 두 수의 차이가 8이므로, 5대5 남북 대충이 발생하였다.

❷ 생업 대충

중궁에 들어가는 두 수의 차가 2 또는 7이면 건궁과 손궁에 걸쳐서 대충이 발생한다. 건궁의 상의가 직장 또는 높은 기관이고, 손궁의 상의가 사업 또는 대인관계로 모두 생업수단이므로 이런 대충을 생업 대충이라고 한다.

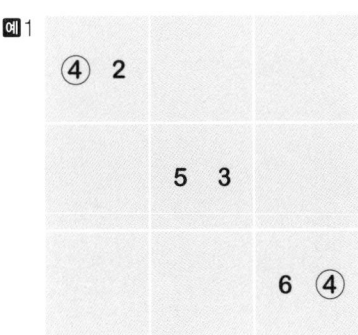
예1

중궁에 위치한 두 수의 차가 2이므로, 4대4 생업 대충이 발생하였다.

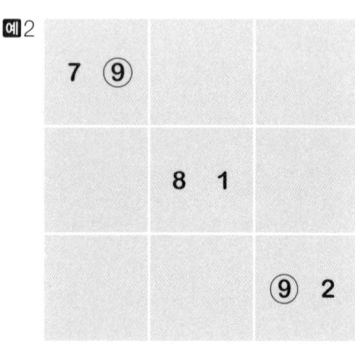

중궁에 위치한 두 수의 차가 7이므로, 9대9 생업 대충이 발생하였다.

❸ 가내 대충

중궁에 들어가는 두 수의 차가 3 또는 6이면 곤궁과 간궁에 걸쳐서 대충이 발생한다. 곤궁의 상의가 가정이나 집이고, 간궁의 상의가 형제나 친척으로 모두 가내에 포함되므로 이런 대충을 가내 대충이라고 한다.

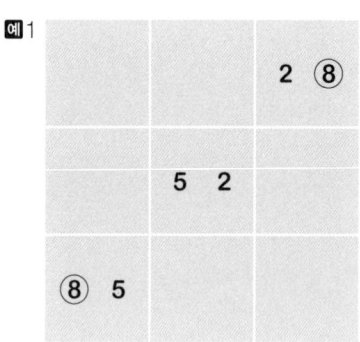

중궁에 위치한 두 수의 차가 3이므로, 8대8 가내 대충이 발생하였다.

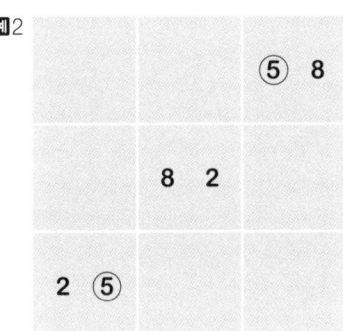

중궁에 위치한 두 수의 차가 6이므로, 5대5 가내 대충이 발생하였다.

❹ 동서 대충

중궁에 들어가는 두 수의 차가 4 또는 5이면 진궁과 태궁에 걸쳐서 대충이 발생한다. 진궁의 방향이 동(東)이고 태궁의 방향이 서(西)이므로 이런 대충을 동서 대충이라고 한다.

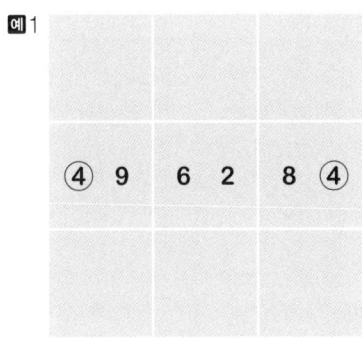

중궁에 위치한 두 수의 차가 4이므로, 4대4 동서 대충이 발생하였다.

예2

중궁에 위치한 두 수의 차가 5이므로, 8대8 동서 대충이 발생하였다.

2) 대충의 해석

대충은 항상 스스로 잘못하거나 파괴시킨다고 해석한다.

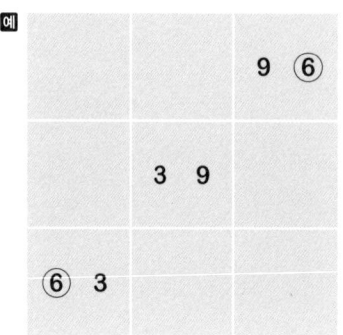
예

위에서 왼쪽 구성반은 6대6 가내 대충이고, 오른쪽 구성반은 3대3 가내 대충이다. 여기서는 편의상 부동산을 의미하는 간궁에만 초점을 맞추어 다음과 같이 해석한다.

① 왼쪽은 6대6 대충이므로, 아버지[6]가 잘못하여 부동산[간궁]을 없앴다. 따라서 부동산궁[간궁]에 있던 장남[3]까지 부동산을 얻지 못한다.

② 오른쪽은 3대3 대충이므로, 장남[3]이 잘못하여 부동산[간궁]을 없앴다. 따라서 부동산궁[간궁]에 있던 차녀[9]까지 부동산을 얻지 못한다.

3) 대충 숫자를 빨리 구하는 방법
❶ 남북 대충

아래 구성반에서 알 수 있듯 중궁에 들어가는 수 중에서 작은 수인 x를 기준으로 잡으면 대충 숫자는 x + 5가 된다. 따라서 **남북 대충은 중궁에 들어가는 수 중에서 작은 수에 5를 더하면 대충 숫자가 된다.** 또한 $(x + 5) \equiv (x - 4) \pmod 9$이므로, x + 5는 x - 4로 대체될 수 있다.

참고로 $(x + 9) \equiv x \pmod 9$이므로, 표의 x + 9는 x로 대체될 수도 있다.

■ 남북 대충에서 대충 숫자 구하는 법

x+8	x+9	x+4	**x+5**	x+6	x+7
x+7	x+8	x	x+1	x+2	x+3
x+3	x+4	**x+5**	x+6	x+1	x+2

이제 위 공식의 x에 구체적인 수인 2와 9를 대입하여 이해과정을 쉽게 유도하면 다음과 같다. 여기에서 x에 1부터 9까지의 자연수 중에서 어떠한 임의의 수를 넣어도 위 공식은 성립한다.

✓ ☐ **대충 숫자를 빨리 구하는 방법**
① **남북 대충** : 중궁에 들어가는 작은 수에 5를 더한다.
② **생업 대충** : 중궁에 들어가는 작은 수에 1을 더한다.
③ **가내 대충** : 중궁에 들어가는 작은 수에 6을 더한다.
④ **동서 대충** : 중궁에 들어가는 작은 수에 2를 더한다.

■ x = 2인 경우

2+8	2+9	2+4	**2+5**	2+6	2+7
2+7	2+8	2	2+1	2+2	2+3
2+3	2+4	**2+5**	2+6	2+1	2+2

→

1	2	6	**7**	8	9
9	1	2	3	4	5
5	6	**7**	8	3	4

왼쪽 구성반은 (2 + 8) ≡ 1(mod 9)이고, 또한 (2 + 9) ≡ 2(mod 9)이므로 오른쪽 구성반으로 치환된다.

이와 같이 중궁에 들어가는 수가 2와 3인 경우에는 두 수의 차가 1이므로 남북 대충이 발생하고, 대충 숫자는 중궁에 들어가는 수 중에서 작은 수인 2에 5를 더한 7이 된다. 따라서 중궁에 들어가는 수가 2와 3이면 최종적으로 7대7 남북 대충이 발생한다.

■ x = 9인 경우

9+8	9+9	9+4	**9+5**	9+6	9+7
9+7	9+8	9	9+1	9+2	9+3
9+3	9+4	**9+5**	9+6	9+1	9+2

→

8	9	4	**5**	6	7
7	8	9	1	2	3
3	4	**5**	6	1	2

왼쪽 구성반은 (9 + 1) ≡ 1(mod 9), (9 + 2) ≡ 2(mod 9), (9 + 3) ≡ 3(mod 9), (9 + 4) ≡ 4(mod 9), (9 + 5) ≡ 5(mod 9), (9 + 6) ≡ 6(mod 9), (9 + 7) ≡ 7(mod 9), (9 + 8) ≡ 8(mod 9), (9 + 9) ≡ 9(mod 9)이다. 따라서 오른쪽 구성반으로 치환된다.

이와 같이 중궁에 들어가는 수가 9와 9 + 1인 경우에는 9와 1인 경우로 치환되고, 두 수의 차가 1(치환된 후에는 8)이므로 남북 대충이 발생한다. 또한 대충 숫자는 중궁에 들어가는 수 중에서 작은 수인 9에 5를 더한 9 + 5가 되는데, (9 + 5) ≡ 5(mod 9)이므로 결과적으로 대충 숫자가 5가 된다. 따라서 중궁에 들어가는 수가 9와 1이면 최종적으로 5대5 남북 대충이 발생한다.

❷ 생업 대충

아래 구성반에서 알 수 있듯 중궁에 들어가는 수 중에서 작은 수인 x를 기준으로 잡으면 대충 숫자는 x+1이 된다. 따라서 생업 대충일 때는 중궁에 들어가는 수 중에서 작은 수에 1을 더하면 대충 숫자가 된다. 또한 (x + 1) ≡ (x - 8)(mod 9)이므로, x + 1은 x - 8로 대체될 수 있다.

참고로 (x + 9) ≡ x(mod 9)이므로, 표의 x + 9는 x로 대체될 수도 있다.

■ 생업 대충에서 대충 숫자 구하는 법

x+8 **x+1**	x+4 x+6	x+6 x+8
x+7 x+9	x x+2	x+2 x+4
x+3 x+5	x+5 x+7	**x+1** x+3

앞 공식의 x에 구체적으로 2와 9를 대입하여 이해과정을 유도하면 다음과 같다.

■ x = 2인 경우

2+8	**2+1**	2+4	2+6	2+6	2+8		1	**3**	6	8	8	1
2+7	2+9	2		2+2	2+2	2+4	9	2	2	4	4	6
2+3	2+5	2+5	2+7	**2+1**	2+3		5	7	7	9	**3**	5

(→)

왼쪽 구성반은 (2 + 8) ≡ 1(mod 9)이고, 또한 (2 + 9) ≡ 2(mod 9)이므로 오른쪽 구성반으로 치환된다.

　이와 같이 중궁에 들어가는 수가 2와 4인 경우에는 두 수의 차가 2이므로 생업 대충이 발생하고, 대충 숫자는 중궁에 들어가는 숫자 중에서 작은 숫자인 2에 1을 더한 3이 된다. 따라서 중궁에 들어가는 수가 2와 4이면 최종적으로 3대3 생업 대충이 발생하게 된다.

■ x = 9인 경우

9+8	**9+1**	9+4	9+6	9+6	9+8		8	**1**	4	6	6	8
9+7	9+9	9		9+2	9+2	9+4	7	9	9	2	2	4
9+3	9+5	9+5	9+7	**9+1**	9+3		3	5	5	7	**1**	3

왼쪽 구성반은 (9 + 1) ≡ 1(mod 9), (9 + 2) ≡ 2(mod 9), (9 + 3) ≡ 3(mod 9), (9 + 4) ≡ 4(mod 9), (9 + 5) ≡ 5(mod 9), (9 + 6) ≡ 6(mod 9), (9 + 7) ≡ 7(mod 9), (9 + 8) ≡ 8(mod 9), (9 + 9) ≡ 9(mod 9)이므로 오른쪽 구성반으로 치환된다.

이와 같이 중궁에 들어가는 수가 9와 9 + 2인 경우에는 9와 2인 경우로 치환되고, 두 수의 차가 2(치환된 후에는 7)이므로 생업 대충이 발생한다. 또한 대충 숫자는 중궁에 들어가는 수 중에서 작은 수인 9에 1을 더한 9 + 1이 되는데, (9 + 1) ≡ 1(mod 9)이므로 결과적으로 대충 숫자가 1이 된다. 따라서 중궁에 들어가는 수가 9와 2이면 최종적으로 1대1 생업 대충이 발생하게 된다.

❸ 가내 대충

아래 구성반에서 알 수 있듯 중궁에 들어가는 수 중에서 작은 수인 x를 기준으로 하면 대충 숫자는 x + 6이 된다. 따라서 가내 대충일 때는 중궁에 들어가는 수 중에서 작은 수에 6을 더하면 대충 숫자가 된다. 또한 (x + 6) ≡ (x - 3)(mod 9)이므로, x + 6은 x - 3으로 대체될 수 있다.

참고로 (x + 9) ≡ x(mod 9)이므로, 표의 x + 9는 x로 대체될 수 있다.

■ 가내 대충에서 대충 숫자 구하는 법

x+8 x+2	x+4 x+7	**x+6** x+9
x+7 x+1	x x+3	x+2 x+5
x+3 **x+6**	x+5 x+8	x+1 x+4

앞 공식의 x에 구체적으로 2와 9를 대입하여 이해과정을 유도하면 다음과 같다.

■ x = 2인 경우

2+8	2+2	2+4	2+7	**2+6**	2+9		1	4	6	9	**8**	2
2+7	2+1	2	2+3	2+2	2+5	→	9	3	2	5	4	7
2+3	**2+6**	2+5	2+8	2+1	2+4		5	**8**	7	1	3	6

왼쪽 구성반은 (2 + 8) ≡ 1(mod 9)이고, 또한 (2 + 9) ≡ 2(mod 9)이므로 오른쪽 구성반으로 치환된다.

   이와 같이 중궁에 들어가는 수가 2와 5인 경우에는 두 수의 차가 3이므로 가내 대충이 발생하고, 대충 숫자는 중궁에 들어가는 수 중에서 작은 수인 2에 6을 더한 8이 된다. 따라서 중궁에 들어가는 수가 2와 5이면 최종적으로 8대8 가내 대충이 발생하게 된다.

■ x = 9인 경우

9+8	9+2	9+4	9+7	**9+6**	9+9		8	2	4	7	**6**	9
9+7	9+1	9	9+3	9+2	9+5	→	7	1	9	3	2	5
9+3	**9+6**	9+5	9+8	9+1	9+4		3	**6**	5	8	1	4

왼쪽 구성반은 (9 + 1) ≡ 1(mod 9), (9 + 2) ≡ 2(mod 9), (9 + 3) ≡ 3(mod 9), (9 + 4) ≡ 4(mod 9), (9 + 5) ≡ 5(mod 9), (9 + 6) ≡ 6(mod 9), (9 + 7) ≡ 7(mod 9), (9 + 8) ≡ 8(mod 9), (9 + 9) ≡ 9(mod 9)이므로 오른쪽 구성반으로 치환된다.

이와 같이 중궁에 들어가는 수가 9와 9 + 3인 경우에는 9와 3인 경우로 치환되고, 두 수의 차가 3(치환된 후에는 6)이므로 가내 대충이 발생한다. 또한 대충 숫자는 중궁에 들어가는 수 중에서 작은 수인 9에 6을 더한 9 + 6이 되는데, (9 + 6) ≡ 6(mod 9)이므로 결과적으로 대충 숫자가 6이 된다. 따라서 중궁에 들어가는 수가 9와 3이면 최종적으로 6대6 가내 대충이 발생하게 된다.

❹ 동서 대충

아래 구성반에서 알 수 있듯 중궁에 들어가는 숫자 중에서 작은 수인 x를 기준으로 하면 대충 숫자는 x + 2가 된다. 따라서 **동서 대충**일 때는 **중궁에 들어가는 수 중에서 작은 수에 2를 더하면 대충 숫자**가 된다. 또한 (x + 2) ≡ (x - 7)(mod 9)이므로, x + 2는 x - 7로 대체될 수 있다.

참고로 (x + 9) ≡ x(mod 9)이므로, 표의 x + 9는 x로 대체될 수 있다.

■ 동서 대충에서 대충 숫자 구하는 법

x+8 x+3	x+4 x+8	x+6 x+1
x+7 **x+2**	x x+4	**x+2** x+6
x+3 x+7	x+5 x+9	x+1 x+5

앞 공식의 x에 구체적으로 2와 9를 대입하여 이해과정을 유도하면 다음과 같다.

- x = 2인 경우

2+8	2+3	2+4	2+8	2+6	2+1		1	5	6	1	8	3
2+7	**2+2**	2	2+4	**2+2**	2+6	→	9	**4**	2	6	**4**	8
2+3	2+7	2+5	2+9	2+1	2+5		5	9	7	2	3	7

왼쪽 구성반은 (2 + 8) ≡ 1(mod 9)이고, 또한 (2 + 9) ≡ 2(mod 9)이므로 오른쪽 구성반으로 치환된다.

 이와 같이 중궁에 들어가는 숫자가 2와 6인 경우에는 두 수의 차가 4이므로 동서 대충이 발생하고, 대충 숫자는 중궁에 들어가는 숫자 중에서 작은 숫자인 2에 2를 더한 4가 된다. 따라서 중궁에 들어가는 수가 2와 6이면 최종적으로 4대4 동서 대충이 발생하게 된다.

- x = 9인 경우

9+8	9+3	9+4	9+8	9+6	9+1		8	3	4	8	6	1
9+7	**9+2**	9	9+4	**9+2**	9+6	→	7	**2**	9	4	**2**	6
9+3	9+7	9+5	9+9	9+1	9+5		3	7	5	9	1	5

왼쪽 구성반은 (9 + 1) ≡ 1(mod 9), (9 + 2) ≡ 2(mod 9), (9 + 3) ≡ 3(mod 9), (9 + 4) ≡ 4(mod 9), (9 + 5) ≡ 5(mod 9), (9 + 6) ≡ 6(mod 9), (9 + 7) ≡ 7(mod 9), (9 + 8) ≡ 8(mod 9), (9 + 9) ≡ 9(mod 9)이므로 오른쪽 구성반으로 치환된다.

이와 같이 중궁에 들어가는 수가 9와 9 + 4인 경우에는 9와 4인 경우로 치환되고, 두 수의 차가 4(치환된 후에는 5)이므로 동서 대충이 발생한다. 또한 대충 숫자는 중궁에 들어가는 수 중에서 작은 수인 9에 2를 더한 9 + 2가 되는데, (9 + 2) ≡ 2(mod 9)이므로 결과적으로 대충 숫자가 2가 된다. 따라서 중궁에 들어가는 수가 9와 4이면 최종적으로 2대2 동서 대충이 발생하게 된다.

5) 대충의 종류와 대충 숫자의 총정리

이제까지 설명한 대충의 종류에 따라서 대충 숫자를 빨리 구하는 방법을 종합하여 정리하면 다음 표와 같다.

■ 대충의 종류와 대충 숫자 구하는 법

생업 대충 $|x-y|=2$ 또는 7인 경우 대충 숫자는 $x+1$ 또는 $x-8$	남북 대충 $|x-y|=1$ 또는 8인 경우 대충 숫자는 $x-4$ 또는 $x+5$	가내 대충 $|x-y|=3$ 또는 6인 경우 대충 숫자는 $x-3$ 또는 $x+6$
동서 대충 $|x-y|=4$ 또는 5인 경우 대충 숫자는 $x+2$ 또는 $x-7$	$x < y$	동서 대충 $|x-y|=4$ 또는 5인 경우 대충 숫자는 $x+2$ 또는 $x-7$
가내 대충 $|x-y|=3$ 또는 6인 경우 대충 숫자는 $x-3$ 또는 $x+6$	남북 대충 $|x-y|=1$ 또는 8인 경우 대충 숫자는 $x-4$ 또는 $x+5$	생업 대충 $|x-y|=2$ 또는 7인 경우 대충 숫자는 $x+1$ 또는 $x-8$

앞의 공식에서 대충의 종류를 나타내는 |x - y| = 1 또는 8 등의 수학식을 쉽게 외우려면 1 + 8 = 9처럼 |x - y|에서 두 수의 합이 항상 9가 된다는 것을 미리 알아두어야 한다. 마찬가지로 |x - y| = 2 또는 7에서는 2 + 7 = 9가 되고, |x - y| = 3 또는 6에서는 3 + 6 = 9가 되며, |x - y| = 4 또는 5에서는 4 + 5 = 9가 된다.

한편 대충 숫자를 구하는 방법을 쉽게 외울 수 있도록 위 공식을 간소화한 것이 다음 〈대충 숫자를 쉽게 외우는 법〉이다. 요령은 중궁으로부터 낙서순행운동을 따라서 건궁부터 1을 더하고, 다음 태궁에서는 2를 더하고, 그 다음 간궁에서는 3을 뺀 후에 다시 이궁에서는 4를 뺀다. 이러한 순서를 화살표마다 표시하였다.

여기서 더하고 빼는 순서를 쉽게 외우는 방법을 소개한다. 더한다는 뜻의 영어 '플러스'의 첫 음절인 '플'을 '뿔'로 대체시키고, 뺀다는 뜻의 영어 '마이너스'의 첫 음절인 '마'를 사용하여 '뿔뿔마마'로 소리내어 외우면 재미있으면서도 쉽게 외울 수 있다.

■ 대충 숫자를 쉽게 외우는 법

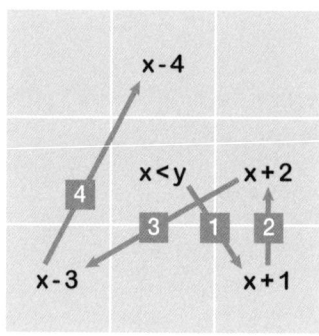

위 방법을 완벽하게 이해하기 위해서 남북 대충이 발생하는 중궁 숫자 2와 3을 공식에 대입해본다.

예

	x - 4 = 2 - 4 = -2	
	x < y ⇔ 2 < 3	

위에서 x - 4 = 2 - 4 = -2처럼 계산 결과가 음의 정수가 나오면, 다시 그 음의 정수에 9를 더하면 된다. 따라서 대충 숫자는 (-2) + 9 = 7이 된다. 이렇게 9를 더하는 이유는 $(-2) \equiv 7 \pmod 9$가 되기 때문이다.

8 동회의 심화학습

1) 동회를 통한 물상 추론

궁에 들어 있는 구성숫자의 동회를 통해서 궁이 어느 장소인지 해석할 수 있고, 동회하는 구성숫자가 어떤 물상을 상징하는지 추론할 수 있다. 동회를 통한 물상 추론은 동회의 개념을 재미있게 숙지하는 데 많은 도움을 준다.

❶ 구성숫자 6과 8을 포함한 손궁

손궁에 구성숫자 6과 8이 동회하면 주차장으로 해석한다.

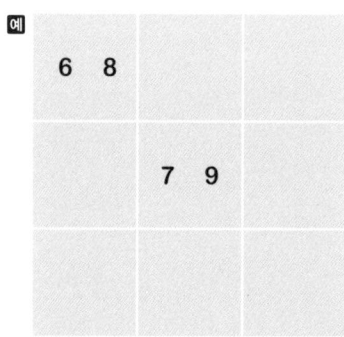

손궁은 공간으로 쓰일 때는 도로가 되고, 6은 자동차, 8은 부동산·쌓은 것·집단·조직이 된다. 따라서 위 구성반에서 자동차[6]를 쌓은 것[8]이 도로 안에 들어가 있으므로, 구성숫자 6과 8을 포함한 손궁은 주차장이 된다.

❷ 태궁에서 9와 동회한 8

태궁에 구성숫자 9와 8이 동회하면 카드 결제를 못한 통장으로 해석한다.

> ✔ **궁과 구성숫자의 동회 해석**
> ① 6과 8이 동회한 손궁 : 주차장. 손궁이 주어.
> ② 태궁에서 9와 동회한 8 : 돈이 없어 결제를 못한 통장. 8이 주어.
> ③ 감궁에서 7과 동회한 4 : 원조교제. 4가 주어.
> ④ 건궁에서 5와 동회한 4 : 종교적인 영통.
> ⑤ 태궁에서 9와 동회한 1 : 양주.
> ⑥ 태궁에서 7과 동회한 1 : 과일주.

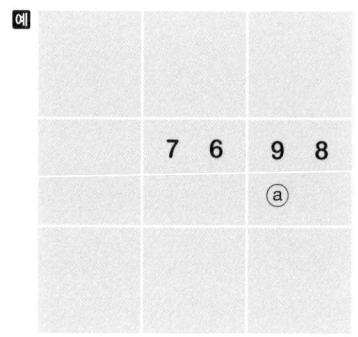

위 구성반에서 태궁은 공간 중에서 돈이 있는 곳 또는 은행이다. 암검살을 맞은 9는 유가증권 또는 카드 결제가 안 된 것이고, 8은 통장이다. 따라서 은행[태궁]이라는 공간에서 카드 결제를 못한[암검살을 맞은 9] 통장[8]이 된다.

❸ 감궁에서 7과 동회한 4

감궁에 구성숫자 7과 4가 동회하면 소녀와의 원조교제로 해석한다.

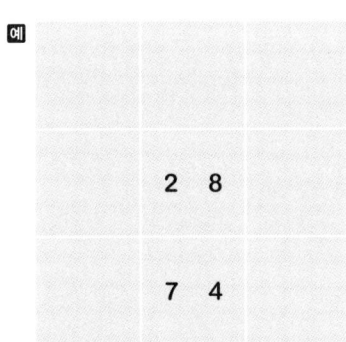

위 구성반에서 감궁은 공간 중에서 섹스하는 장소이고, 7은 소녀, 4는 교제이다. 따라서 섹스[감궁]하는 장소에서 소녀[7]와 교제[4]하므로 원조교제로 해석한다.

❹ 건궁에서 5와 동회한 4

건궁에 구성숫자 5와 4가 동회하면 종교단체에서의 영통(靈通)을 의미한다.

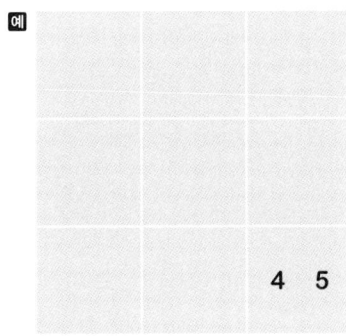

위 구성반에서 건궁은 공간 중에서 종교단체 같은 높은 장소이고, 5는 귀신 또는 죽은 사람이고, 4는 교제 또는 거래이다. 따라서 종교단체[건궁]에서 귀신[5]과 거

래[4]하는 것이므로, 영통으로 해석한다.

❺ 태궁에서 9와 동회한 1

태궁에 구성숫자 9와 1이 동회하면 양주로 해석한다.

위 구성반에서 태궁은 공간 중에서 유흥을 하는 장소이고, 9는 불, 1은 물 또는 술이다. 따라서 유흥업소[태궁]에서 불나는[9] 술[1]이 되므로, 양주로 해석한다.

❻ 태궁에서 7과 동회한 1

태궁에 구성숫자 7과 1이 동회하면 과일주로 해석한다.

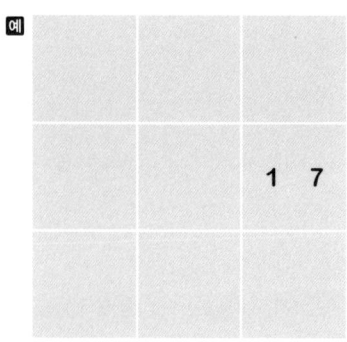

앞 구성반에서 태궁은 공간 중에서 유흥을 하는 장소이고, 7는 과일, 1은 물 또는 술이다. 따라서 유흥업소[태궁]에서 과일[7]과 함께 있는 술[1]이 되므로, 과일주로 해석한다.

2) 동회의 유용성

동회는 궁에서 함께 물드는 것을 알기 위해서 반드시 필요하다. 본명성이 주어라면, 함께 물드는 것은 본명성이 행하는 목적어나 부사어 역할을 한다. 이처럼 동회는 본명성이 머무르는 궁에 의해서 결정되는 서술어의 목적어를 파악하기 위해서 반드시 필요하다.

다음은 본명성이 이궁에 머물러 이궁의 상의대로 계약을 하는 사례들이다. 동회하는 구성숫자에 따라 목적어가 달라지는 것을 확인할 수 있다.

예1

위 구성반에서 2가 집 또는 상가이므로 집 또는 상가를 계약한다.

> ✓ **동회의 해석**
> 특정 궁에 두 구성숫자가 동회하고 그 중 한 숫자가 본명성일 때 본명성은 주어로 해석하고, 다른 구성숫자는 본명성의 목적어나 부사어로 해석한다.

예2

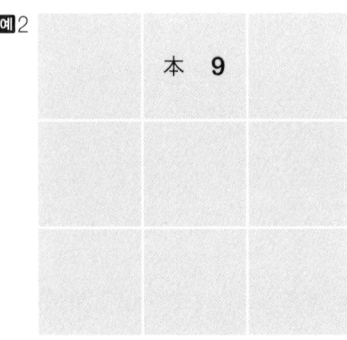

위 구성반에서 9가 카드 또는 문서이므로 카드 또는 문서를 계약한다.

예3

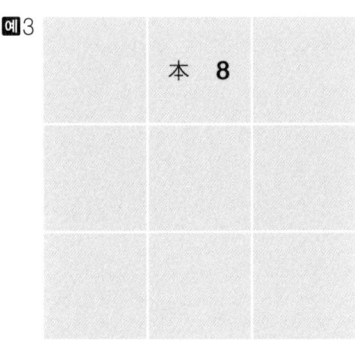

위 구성반에서 8이 부동산이므로 부동산을 계약한다.

예4

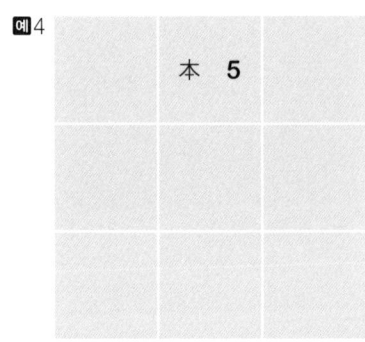

앞 구성반에서 5가 잘못된 것이므로 잘못된 것을 계약한다.

9 일시반의 시간 순서와 구조

일시반을 해석할 때 자주 부딪히는 어려움 중 하나는 일반과 시반의 시간적 위치를 설정하는 문제이다. 즉, 일반과 시반 중에서 어떤 구성반(명반)이 과거 또는 미래에 해당하는가, 그리고 시간적 계층 구조에서 일반과 시반을 어떻게 혼합하여 해석하는가의 문제이다. 이런 문제는 시간 순서와 시간적 계층 구조의 관점에서 해결할 수 있다.

1) 시간 순서

시(時)는 사람과 태양의 상대적인 위치에 의해 정해진다. 따라서 연월일시 중에서 시가 사람이 위치한 시공간과 가장 밀접한 관계를 맺고 있으며, 사람이 처한 시공간의 에너지상태를 가장 잘 알려준다. 또한 현재는 과거로부터 시간이 흘러서 이루어진 것이다. 이 때문에 구성기학의 일시반에서 시반이 과거로부터 현재까지의 시공간 에너지상태를 표시한다고 본다.

■ 연월일시의 계층 구조

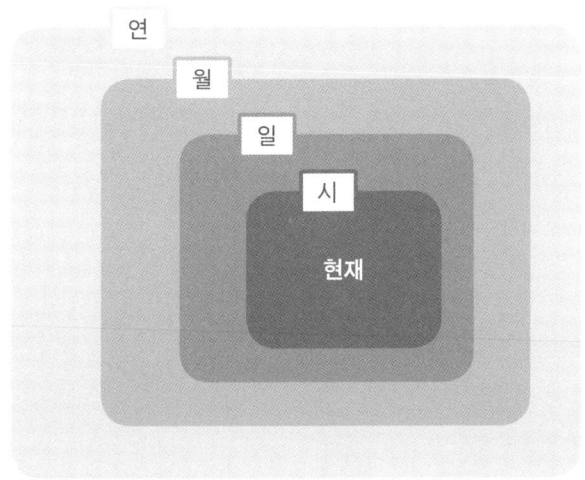

앞 그림에서 보는 것처럼 시반의 시공간 에너지는 시가 소속되어 있는 일의 시공간 에너지상태의 영향을 받는다. 따라서 시반보다 일반이 더 큰 시공간 구조를 가지며, 시반을 바탕으로 더욱 확대되어 전개된다. 이런 이유 때문에 구성기학의 일시반에서 일반이 현재부터 미래까지의 시공간 에너지상태를 표시한다고 본다.

2) 시간적 계층 구조

시간의 흐름은 단편적인 것이 아니라 연월일시가 함께 맞물려 흘러간다. 24시간이 모여 하루가 되고, 30일이 모여 한 달이 되며, 12개월이 모여 1년을 이룬다. 일시반을 해석할 때는 이러한 시간적 계층 구조를 고려해야 한다.

일반은 월반에 의해서 주어지는 한 달 동안의 환경 아래에서 그 날 발생하는 상황을 암시하고, 시반은 일반에 의해서 주어지는 그 날의 환경 아래에서 특정한 시간에 발생하는 상황을 암시한다. 따라서 특정한 시간의 상황은 일반에 의해 정해지는 시반을 해석하여 파악한다. 먼저 일시반에서 시반을 제외하고 일반만 먼저 해석하고, 그것을 바탕으로 특정 시간에 해당하는 시반을 추가한 후, 일시반을 동시에 해석한다.

일시반을 시간적 계층 구조를 감안하여 해석하는 것처럼, 월일반과 연월반도 같은 방식으로 해석한다.

다음 사례의 일시반을 시간적 계층 구조의 관점에서 해석해보자.

2010년 양력 9월 6일에 고객의 의뢰로 본명성 3인 70년생 남자가 문서 작업을 하고 있었다. 그런데 그 날 을해시(乙亥時)에 갑자기 의뢰인이 휴대폰 문자로 문서 작업을 취소한다고 통보하였다. 그러나 다음 날 의뢰인이 잘못 보낸 문자였다고 70년생 남자에게 다시 전화를 하여 문서 작업을 재개하였다.

> ✓ **일시반의 시간 해석**
>
> 시간이 시 → 일 → 월 → 연으로 흘러가므로 일시반은 시반을 바탕으로 하여 일반으로 확대된다. 따라서 시반으로는 과거로부터 현재까지 추론하고, 일반으로는 현재부터 미래까지 추론하며, 특정한 시간의 상황은 일반에 의해 정해지는 시반으로 판단한다.

■ 일반　　　　　　　　　　■ 일시반

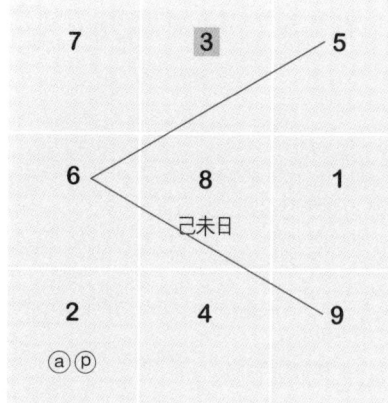
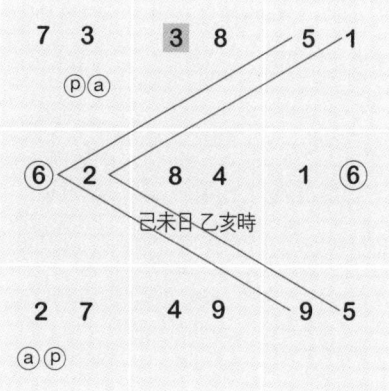

① 먼저 왼쪽의 일반만 해석한다. 본명성 3이 문서 또는 연구·공부에 해당하는 이궁에 위치하므로, 그 날 하룻동안 본명성 3은 문서 작업을 한다. 또한 이궁의 좌궁용인 9가 회사나 윗사람·고객을 뜻하는 건궁에 위치하므로, 본명성 3이 작업한 문서는 고객에게 가게 된다. 실제로 경신시(庚申時)에 본명성 3은 작업한 문서를 고객에게 이메일로 보냈다.

② ①에서 일반만을 해석한 내용을 염두에 두고, 오른쪽 일시반을 해석한다.

　　을해시(乙亥時)가 되면서, 본명성 3이 작업한 문서가 고객을 상징하는 건궁에서 시반의 5[부패·썩음]와 동회하였다. 따라서 경신시에 의뢰인이 받은 문서를 이메일로 확인한 후에 잘 보관하다가, 을해시에 문서가 갑자기 마음에 안 들어서 [건궁의 9와 5] 휴대폰 문자로 의뢰한 문서 작업을 취소하였다. 또한 이 결과로 인해서 시반의 본명성 3이 거래를 뜻하는 손궁에서 파살과 암검살을 맞았다. 이것은 문서가 마음에 안 들어서 본명성 3과의 돈거래[손궁의 7과 3]를 을해시에 파기한 것이다.

　　그러나 일반에서 본명성 3이 흉살을 보지 않으므로, 을해시를 제외한 나머지 시간에는 계속하여 본명성 3이 문서 작업을 진행하였다.

10 간지를 붙이는 원리

간지를 이용하여 문점자가 위치한 방위를 찾을 수 있다. 연월반과 일시반에 따라 간지를 붙이는 방법이 달라진다.

1) 연월반에서 간지를 붙이는 방법

구성기학의 연반과 월반은 천둔을 따른다. 그러므로 점을 치는 시점의 연의 간지와 월의 간지를 연반과 월반의 중궁에 기입하고, 그것을 출발점으로 삼아 낙서역행운동을 따라 간지를 전개해야 한다. 그러나 실제로 연반과 월반에서 간지를 붙이는 것은 낙서순행운동을 따른다. 왜냐하면, 연과 월을 간지로 표시하는 것은 태세기년법을 사용한 것으로, 천둔을 지둔화한 것이기 때문이다.

예를 들어, 2010년 경인년(庚寅年) 계미월(癸未月)의 연반과 월반에 간지를 붙이면 다음과 같다.

경인년 연반

戊戌	甲午	丙申
丁酉	庚寅年 己亥	壬辰 辛丑
癸巳	乙未	辛卯 庚子

계미월 월반

辛卯	丁亥	己丑
庚寅	癸未月 壬辰	乙酉 甲午
丙戌	戊子	甲申 癸巳

2) 일시반에서 간지를 붙이는 방법

연반과 월반과는 반대로, 일반과 시반은 지둔을 따른다. 그러므로 점을 치는 시점의 일의 간지와 시의 간지를 일반과 시반의 중궁에 기입하고, 그것을 출발점으로 삼아 간지가 전개되는 운동은 다음 규칙을 따른다.

① 양둔일 때 : 일반과 시반 모두 낙서순행운동을 따른다.
② 음둔일 때 : 일반과 시반 모두 낙서역행운동을 따른다.

> **간지를 붙이는 원리**
> ① **연월반** : 낙서순행운동을 따른다.
> ② **일시반** : 양둔은 일반과 시반 모두 낙서순행운동을 따르고, 음둔은 일반과 시반 모두 낙서역행운동을 따른다.

예를 들어, 양둔일 때의 경인일(庚寅日) 계미시(癸未時)의 일반과 시반에 간지를 붙이면 다음과 같다.

예1

경인일 일반

戊戌	甲午	丙申
丁酉	庚寅日 己亥	壬辰 辛丑
癸巳	乙未	辛卯 庚子

계미시 시반

辛卯	丁亥	己丑
庚寅	癸未時 壬辰	乙酉 甲午
丙戌	戊子	甲申 癸巳

다음으로, 같은 시간인 경인일 계미시가 음둔일 때 일반과 시반에 간지를 붙이면 다음과 같다.

예2

경인일 일반

辛卯 庚子	乙未	癸巳
壬辰 辛丑	庚寅日 己亥	丁酉
丙申	甲午	戊戌

계미시 시반

甲申 癸巳	戊子	丙戌
乙酉 甲午	癸未時 壬辰	庚寅
己丑	丁亥	辛卯

11 운추론시 주의사항

운을 추론할 때는 다음 사항들을 주의한다.

① 연월일시 구성반을 동시에 해석해야만 구성 상의의 구분과 정교한 운추론이 가능하다.

② 의문점사는 관련된 구성숫자에 초점을 맞추어 해석하고, 내방점사는 본명성에 초점을 맞추어 해석한다.

③ 궁의 상의 구분은 연동법을 주로 사용하고, 구성숫자의 상의 구분은 연좌법을 주로 사용한다.

④ 간지는 공간 좌표 방위를 표시하는 것이고, 구성숫자는 시간의 흐름을 표시하는 것이다.

⑤ 반드시 좌궁용까지 살펴보아야 최종 결과를 파악할 수 있다.

part 2 구성기학의 운추론

운추론의 실제 사례 2

사람을 비롯한 만물은 우선 몸체[體]가 존재해야만 그 몸체가 운용되고 활동하는 용(用)이 의미를 갖게 된다. 몸체가 존재하지 않는다면, 그 몸체의 활동 또한 존재하지 않을 것이다. 따라서 구성기학의 운추론에서도 삼라만상의 체(體)가 건강하고 온전한지를 먼저 보고, 다음으로 건강한 체가 활동하는 용을 추론하며, 마지막으로 용의 결과물이자 최종 목적지인 좌궁용을 추론한다. 용을 추론할 때는 동회하는 구성숫자까지 목적어나 부사어로 사용한다.

또한 구성기학을 점학으로 사용할 때, 정밀하면서도 정교한 운추론을 하기 위해서는 먼저 일시반을 해석하고, 다음으로 월일반을 해석한 후, 마지막으로 연월반을 해석한다. 일시반에서 일반을 위주로 해석했을 때 명확한 현재 상황이 보이면 월일반은 생략해도 큰 문제가 없지만, 반대 경우에는 반드시 월일반도 해석해야 그 날의 운을 정확히 추론할 수 있다.

점학에서는 발생한 사건과 상황의 크기와 지속기간을 알기 위해서 일시반과 더불어 연월반이 중요한데, 특히 연월반에서 월반 위주의 해석은 문점한 순간이 소속된 달까지 일시반의 상황이 연속되는가를 확인하는 수단이므로 매우 중요하다. 이렇게 문점한 순간이 소속된 달까지 일시반의 상황이 연속되어 확장되어야만 사태가 심각해진다. 반대로 해당하는 달까지 일시반의 상황이 연속되지 않으면, 발생한 사건이 문점한 순간이 소속된 날 또는 시간에만 유효하다. 일시반에서 시반 위주에서만 사건이 발생했다면 단지 그 시간에서만 그 사건이 지속되고, 일반 위

> ✓ **운추론 순서**
> ① 체 : 궁을 보고 사람이나 사물의 체가 건강하고 안전한지를 판단한다.
> ② 용 : 구성숫자, 그리고 동회하는 구성숫자를 보고 체가 활동하는 내용을 분석한다.
> ③ 좌궁용 : 용의 결과가 무엇이며 최종적인 결론은 무엇인지 판단한다.

주에서만 사건이 발생했다면 단지 그 날에서만 그 사건이 지속된다.

점학에서 연월반, 월일반, 일시반을 사용할 때 유의해야 될 사항이 더 있다. 문점하는 순간이 소속된 시간 안에서만 어떤 일이 성사되는지의 여부를 문점할 때는 일시반만 필요하고, 특히 일시반 중에서 시반 위주로 운추론을 한다. 또한 문점하는 순간이 소속된 날 안에서만 어떤 일이 성사되는지의 여부를 문점할 때는 월일반만이 필요하고, 특히 월일반 중에서 일반 위주로 운추론을 한다. 그러나 일반적으로는 사건의 크기와 지속 기간을 측정하기 위해서 반드시 일시반, 월일반, 연월반을 모두 해석한다.

1. 체에 대한 운추론

체에 대한 운추론은 구성기학의 운추론에서 가장 기초이며, 또한 용에 대한 추론을 하기 위해서 반드시 필요하다. 실제로 용만 따로 추론하는 경우도 있으나, 대부분은 체와 용을 병행해서 사용해야만 운추론이 정밀해지기 때문이다. 체만 가지고 운추론을 하는 경우는 다음과 같다.

① 질병 발생 여부와 질병의 종류, 회복 여부와 회복 시기 추론하기
② 가택과 상가의 안전상태와 수리 시기 추론하기
③ 회사의 건전성 상태 추론하기
④ 교통사고와 차의 상태 추론하기
⑤ 남자와 여자의 건강상태, 특징 추론하기

사례1 질병 발생 여부와 질병의 종류, 회복 여부와 회복 시기 추론하기

음둔 기간인 2009년 양력 7월 31일 자시(子時)에 1973년생인 여자에 대하여 문점하였다. 이 여자는 2008년에 유방암 수술을 받았는데, 2009년 양력 6월에 재발하여 척추 부위를 수술하였다. 문점 당시 암이 폐 안쪽으로 전이된 상태로, 얼마나 더 살지 또는 완치할 수 있는지를 문의하였다. 의사는 길어야 2년 더 살 수 있다고 예상하였다.

구성기학으로는 그 해를 넘기기 어렵다고 나왔다. 실제로 2009년 양력 9월 20일 새벽 6시쯤에 사망하였다고 그 날 술시(戌時)에 이 여자의 친척에게서 전화가 왔다.

■ 일시반

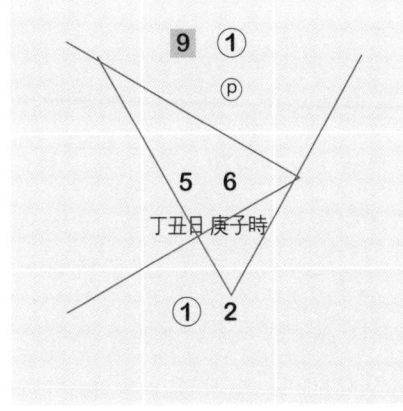

■ 연월반

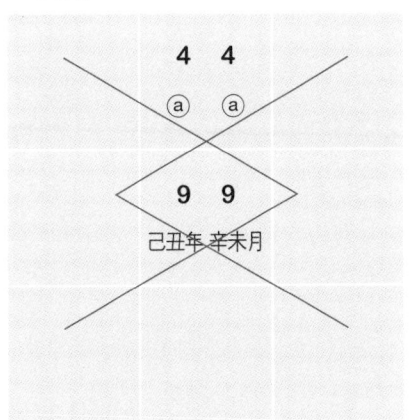

① 몸의 건강상태나 질병 여부를 추론하기 위해서는 본명성 9의 체에 해당하는 이궁을 본다. 일시반에서 시반의 이궁이 파살과 1대1 남북 대충을 맞았다. 시반은 과거부터 현재까지의 상황이다. 따라서 과거부터 현재까지 아프다는 것이다.

얼마나 아프고, 회복할 수 있는지를 계산하기 위해서 연월반의 이궁까지 조사한다. 그러나 연월반의 이궁이 모두 암검살로 파괴되었다. 따라서 문점한 순간이 포함되는 신미월(辛未月)에도 아프고, 심지어 기축년(己丑年) 내내 아프다고 추론된

다. 게다가 일시반과 연월반의 이궁에 삼합선이 지나지 않는다. 삼합선은 길신을 포함하므로, 삼합선이 지나지 않는다는 것은 흉살을 해소할 구제책이 없다는 의미다. 따라서 문점한 순간이 포함되는 기축년 내내 아프고, 이런 정도의 질병은 생사를 장담할 수 없다.

② 어떤 종류의 질병인지 추론하기 위해 흉살의 종류가 궁이 먼저 파괴되는 파살인지 아니면 구성숫자가 먼저 파괴되는 암검살, 오황살, 대충인지를 확인한다.

일시반의 시반에서 이궁이 파살과 대충을 맞았다. 파살의 원리에서 알아보았듯이, 체가 파괴되는 질병 중에서 체에 해당하는 궁이 먼저 파괴되는 파살이 가장 빠르게 체를 파괴시킨다. 따라서 파살과 대충 중에서 궁극적인 원인은 파살이고, 이궁에 해당하는 신체부위가 질병에 걸린 것이다. 이궁의 신체부위는 정신, 머리, 눈, 심장, 시력, 유방, 발열, 두통, 귀, 얼굴 등이다.

이 중에서 더욱 구체적인 신체부위를 찾아내기 위해 시반의 이궁에 들어가 있는 구성숫자를 확인한다. 1대1 남북 대충을 맞은 구성숫자 1이 시반의 이궁에 들어가 있으므로, 1의 구성 상의를 읽는다. 1은 신체부위 중 생식기나 호르몬을 뜻한다. 이궁의 신체부위 중에서 생식기나 호르몬이 들어 있는 것은 유방이므로, 유방암에 걸린 것이다.

③ 몸의 건강상태나 질병 발생 여부를 문점할 때는 일시반에 속한 일반의 본명성의 체나 시반의 본명성의 체 중에서 어느 하나만 파괴되면 월일반을 생략하고, 연월반에서 본명성의 체만 조사해도 무난하다.

왜냐하면, 문점한 순간이 포함되는 시간에 아픈 것이 지속적으로 진행되어 더 큰 병으로 악화될 수도 있고, 문점한 순간이 포함되는 날에 발생한 병이 지속적으로 진행될 수도 있기 때문이다.

사례2 질병 발생 여부와 질병의 종류, 회복 여부와 회복 시기 추론하기

양둔 기간인 2010년 양력 3월 16일 신시(申時)에 1961년생인 여자에 대하여 문점하였다. 문점 내용은, 이 여자가 2001년에 유방암 수술을 받은 적이 있는데, 최근 가슴에 멍울이 잡혀서 유방암이 재발하였는지의 여부이다. 구성기학으로는 유방암이 재발된 것이 아니다. 차후에 검사를 받고 유방암이 아니라는 판정을 받았다.

■ 일시반

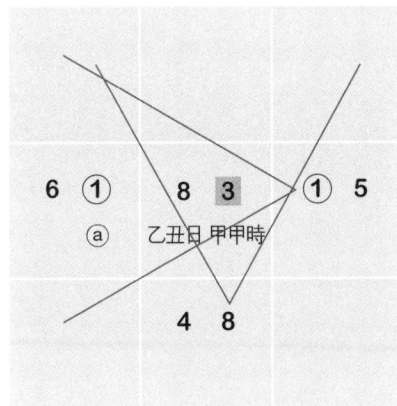

■ 연월반

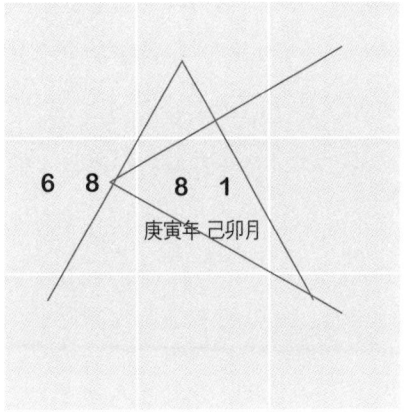

① 앞의 사례처럼 본명성 3의 체에 해당하는 진궁만 조사하면 된다. 일시반에서 시반의 진궁이 암검살과 1대1 동서 대충을 맞았다. 시반은 과거부터 현재까지의 상황이다. 따라서 과거부터 현재까지 아프다는 의미다.

얼마나 아프고, 회복할 수 있는지를 계산하기 위해서 연월반의 진궁까지 조사한다. 연월반의 진궁이 모두 흉살이 없고, 월반의 진궁은 길신을 포함하는 삼합선까지 지난다. 따라서 문점한 순간이 포함되는 그 시간만 몸상태가 안 좋은 것이므로, 큰 질병이 아니다.

② 일시반의 시반에서 진궁이 암검살과 1대1 동서 대충을 맞았는데, 두 흉살 모두 구성숫자가 먼저 파괴되어 원인이 되고, 그 결과로 궁을 파괴시킨다. 따라서 구성숫자 1이 멍울의 원인이 되고, 1은 신체부위 중 생식기나 호르몬 등에 해당한다.

1을 더 자세히 파악하기 위하여 1의 체에 해당하는 시반의 감궁을 보면 8이 들어 있다. 8은 관절, 왼쪽다리, 허리, 디스크, 맹장, 등, 코, 축농증, 근육통 등에 해당하는데 감궁에 들어갈 수 있는 것은 근육통이다. 따라서 1의 체에 해당하는 감궁의 근육통이 조종하는 호르몬[구성숫자 1]이 암검살과 대충에 의해서 파괴되어 가슴에 멍울이 생겼다.

사례3 가택과 상가의 안전상태와 수리 시기 추론하기

음둔 기간인 2010년 양력 1월 10일 사시(巳時)에 1970년생인 남자가 상가에 출근하였더니, 천장에서 물이 새어 상가 바닥이 물난리가 났다. 물난리의 원인을 찾아서 상가 바닥의 물을 제거할 수 있을지를 문점하였다.

구성기학으로는 그 날 오시(午時)가 되면 상가의 물을 제거할 수 있지만, 상가 자체의 근본적인 수리는 경인년(庚寅年)인 2010년까지 어렵다고 추론되었다. 실제로 물난리의 원인을 찾아서 수리하여 그 날 오시에 상가의 물을 모두 제거하였으나, 직접적인 원인인 옥상 위의 배수관을 교체하거나 완전히 수리하는 것은 2010년 양력 12월 24일까지 실행되지 않아서 배수관의 역류로 인한 물난리의 위험은 지속되었다.

■ 일시반

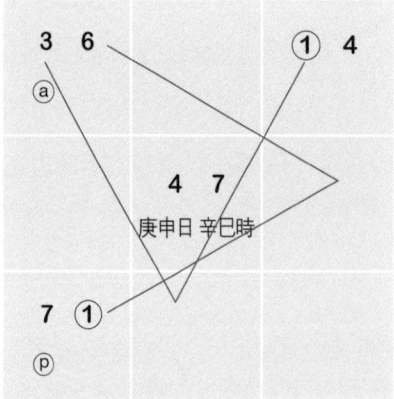

■ 다음 시간 일시반

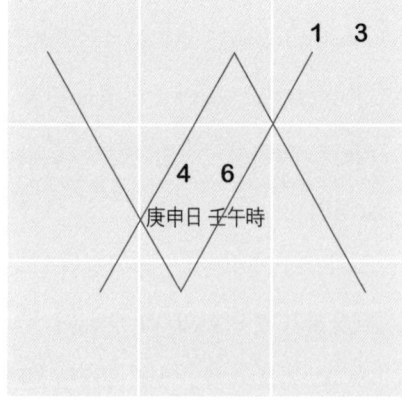

■ 월일반

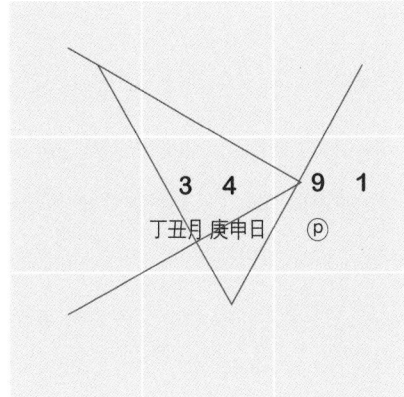

■ 연월반

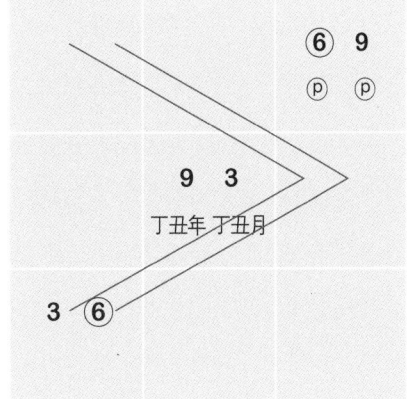

■ 경인년 연반

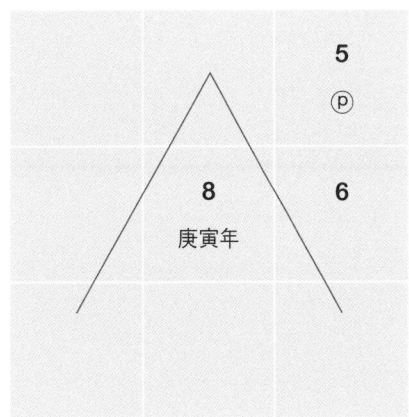

① 상가의 안전상태를 추론하기 위해서는 본명성에 관계 없이 곤궁만 조사하면 된다. 문점한 사람의 건강이나 하는 일 또는 처해진 상황을 추론할 때는 본명성 위주로 해석하지만, 문점한 사람의 의지가 반영되지 않는 사물이나 사건은 본명성보다는 관련된 구성숫자나 궁 위주로 해석한다.

일시반에서 일반의 곤궁이 1대1 가내 대충을 맞았다. 여기서 주의할 점은, 일시반에서 대충은 반드시 일반과 시반이 야합해야만 발생하므로 실질적으로는 문점한 시간에 해당하는 시반에서만 곤궁에 대충이 발생한 것이다. 이렇게 시반이 원인이 되어 대충이 발생했으므로, 과거부터 이어져온 현재 상태에서 상가에 물난리가 난 것이다.

그러나 일반의 곤궁에 삼합선이 지나므로 문점한 날에 상가의 물난리를 해결할 구제책이 존재하고 실행된다. 문점한 시간의 다음 시간인 임오시에 곤궁의 대충이 해소되면서 곤궁에 흉살이 존재하지 않으므로 상가의 물을 제거할 수 있었다. 월일반에서도 일반의 곤궁은 흉살로 파괴되지 않으면서 삼합선이 지나므로, 문점한 당일에 상가의 상태는 온전하다. 따라서 시간의 계층구조에 의해서 문점한 당일은 상가의 상태가 온전하지만, 문점한 시간에만 상가의 물난리로 체가 파괴되었다.

문점한 당일에 수리된 상가가 다음 날에 완전하게 수리된 것인지를 확인하기 위해서 연월반을 보았더니, 연월반의 곤궁이 모두 파살로 파괴되었는데 삼합선이 지나지 않았다. 또한 다음 해인 2010년의 연반에서 곤궁을 보았더니, 파살로 파괴되고 삼합선이 지나지 않았다. 결국 직접적인 원인인 옥상 위의 배수관을 교체하거나 완전히 수리하는 것은 2010년 양력 12월 24일까지 실행되지 않았고, 배수관의 역류로 인한 물난리의 위험은 지속되었다.

② 상가에 물난리가 난 이유를 찾기 위해서 일시반의 곤궁에 어떤 구성숫자가 들어 있는지를 확인한다. 시반의 곤궁이 파괴된 직접적인 원인은 1대1 가내 대충이므로, 물에 의한 재난[추위로 인한 얼음] 때문이다.

또한 시반의 곤궁에서 구성숫자 4가 대충으로 깨진 1과 동회하고 있다. 4의 구성 상의는 도로, 긴 것, 파이프, 전화 등인데 이 중에서 어떤 구성 상의인지를 정밀 추론하기 위해서 4의 체인 손궁에 어떤 구성숫자가 들어 있는지 확인한다. 손궁에는 이동수단을 의미하는 6이 들어가 있는데, 이동수단[손궁의 6]이 조종하는 긴 것[곤궁의 4]에 해당하는 4의 구성 상의는 파이프이다. 따라서 파이프도 물에 의한 재난[얼음]에 의해서 파괴된 채 상가[곤궁] 안에 들어가 있다.

이런 상황을 간단히 정리하면, 겨울철에 배수관[곤궁의 4]에 얼음이 생기면서 [1대1 대충] 막혀 물이 역류하는 현상이 발생하여 상가에 물난리가 난 것이다.

사례4 교통사고와 차의 상태 추론하기

음둔 기간인 2009년 양력 7월 22일 사시(巳時)에 1972년생인 남자에 대하여 문점하였다. 중국에 사업문제로 출장을 갔다가 문점 시간에 교통사고를 당했는데, 생사 여부와 얼마나 다쳤는지 그리고 후유증은 없는지의 여부이다.

　구성기학으로는 문점 당일 치료를 받으므로 살아나며, 후유증은 2009년 내내 존재한다. 실제로는 벤츠 뒷좌석에 여직원과 타고 있다가, 앞에서 오던 트럭이 벤츠와 충돌하여 벤츠 운전자는 즉사하고 그 남자는 무릎 위에 올려놓은 노트북 때문에 갈비뼈와 내장이 심하게 파손되었다. 다행스럽게도 중국 현지 병원으로 옮겨져 수술을 받고 생명을 건졌다. 그러나 구성기학의 예측 내용대로 사고후유증으로 인해서 한국으로 옮겨진 후 다시 수술을 받았으며, 2009년 내내 건강상태가 좋지 않았다. 2010년에는 건강이 많이 호전되었다.

■ 일시반

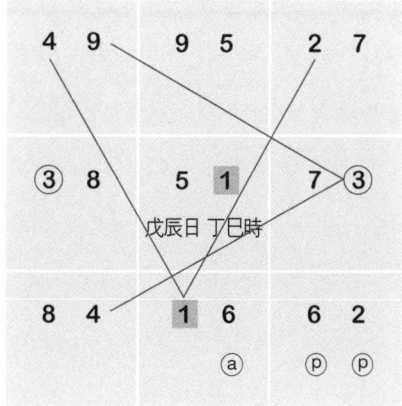

■ 월일반

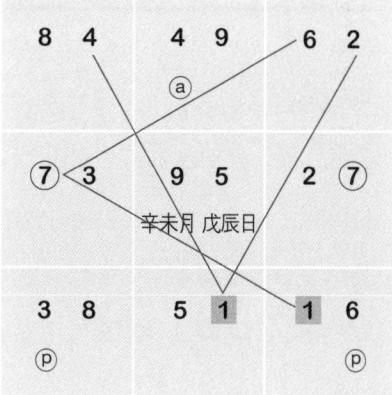

■ 연월반　　　　　　　　　　　■ 경인년의 연반

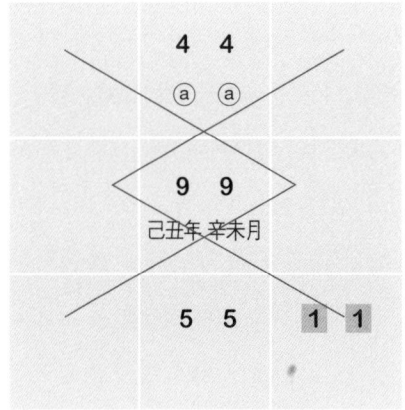
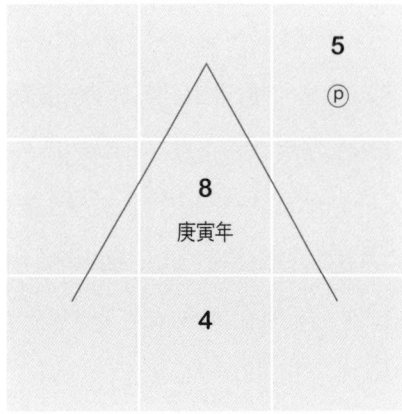

① 우선 본명성 1의 몸상태를 보는데, 본명성 1의 체인 감궁만 조사하면 된다.

　　일시반에서 시반의 감궁이 암검살로 파괴되었다. 시반은 과거부터 현재까지의 상황이다. 따라서 현재 몸상태가 매우 나쁘다는 의미다. 그러나 일시반의 일반에서 삼합선이 감궁을 지나므로 문점한 날에 길신이 작용하여 구제책이 나온다. 따라서 교통사고가 난 후 병원으로 옮겨져 수술을 받을 수 있었다. 이런 이유로 생명이 보장되어 생존하였다. 만약 일반의 감궁에 삼합선이 지나지 않는데 연월반의 감궁이 흉살로 인해 심하게 파괴되었다면 생명을 보장할 수 없었을 것이다. 월일반에서는 일반의 감궁이 흉살로 인해 파괴되지 않았다. 시간의 계층 구조에 의해 원래 문점한 날의 몸상태는 좋았는데, 문점 시간인 정사시에 우연히 교통사고가 발생하여 몸상태가 나빠졌음을 유추할 수 있다.

　　얼마나 다쳤으며, 문점 당일 수술을 받고 나서 후유증이 없는지를 확인하기 위해서 연월반의 감궁을 살펴본다. 연월반의 감궁이 모두 오황살로 파괴되었으며, 삼합선도 지나지 않는다. 이로 미루어 문점 순간이 포함된 2009년 내내 아플 정도로 심하게 다쳤으며, 같은 이유로 2009년 내내 후유증에 시달려서 한국으로 돌아와서 재수술을 받은 것을 유추할 수 있다. 그러나 2010년의 연반에서 감궁을 보면 파살로 파괴되지 않았으므로, 다음 해인 2010년에는 건강이 많이 회복되었다.

② 몸을 다치게 된 원인을 찾기 위해서는 일시반에서 시반의 감궁을 조사한다. 시반의 감궁에 암검살을 맞은 구성숫자 6이 들어 있다. 암검살은 구성숫자가 먼저 파괴되고, 그 결과로 궁이 파괴되는 흉살이다. 따라서 몸을 다치게 된 직접적인 원인은 암검살을 맞은 구성숫자 6이다.

　6의 구성 상의는 자동차, 이동수단, 구두, 반지, 귀중품 등인데 이 중에서 더 정밀한 상의를 선택하기 위해서 6의 체인 건궁을 다시 살펴본다. 일시반의 건궁이 모두 파살로 심하게 파괴되었다. 파살은 궁이 직접적으로 파괴되므로, 시간적으로 아주 빠르면서도 가장 강력하게 체를 파괴시키는 흉살이다. 따라서 구성숫자 6은 자신의 몸체가 빠르게 파괴되면서 본명성이 1인 사람의 몸까지도 다치게 하므로, 6의 구성 상의 중 이동수단이나 자동차가 된다.

　지금까지의 내용을 다시 종합해서 추론하면, 그 남자는 결국 교통사고로 인해서 다치게 된 것이다.

③ 다친 부위의 추론도 가능하다. 일시반에서 시반의 감궁이 암검살을 맞았는데, 암검살은 구성숫자가 먼저 파괴되어 그 결과로 궁이 파괴되므로 구성숫자가 질병의 원인이 된다. 6은 뼈이므로 갈비뼈가 다친 것이다.

④ 일시반에서 자동차의 체인 건궁을 살펴보면, 시반의 2는 여자가 차 안에 타고 있고, 일반의 6은 남자가 차 안에 타고 있었다는 것을 의미한다. 또한 일시반의 건궁이 파살로 파괴되었는데, 파살은 궁을 먼저 파괴시키고 그 결과로 궁에 머물던 구성숫자까지 파괴시키는 흉살이므로, 자동차가 먼저 파괴되면서 타고 있던 여자와 남자까지도 다치게 된 것이다.

⑤ 수동태 용법으로 벤츠 운전자가 사망한 것도 추론할 수 있다. 일시반에서 시반의 건궁이 파살로 파괴되었는데, 파살은 마주보는 궁에 들어 있는 구성숫자가 원인이다. 시반의 손궁에는 구성숫자 9가 들어 있다. 따라서 본명성 9인 사람의 잘못으로 자동차가 파괴되었고, 본명성 9인 사람이 벤츠의 운전자이다. 왜냐하면, 본명성 9의 체인 이궁을 시반에서 살펴보면 오황살로 파괴되었으며, 심지어 일반의 이

궁은 본명성 9가 죽음을 의미하는 5와 동회하면서 일시반의 이궁에 삼합선이 지나지 않기 때문이다. 또한 연월반의 이궁도 암검살로 모두 파괴되었으며 삼합선도 지나지 않으므로, 시반의 이궁 상황이 연월반까지 확장되었다. 이렇게 본명성 9의 체인 이궁이 파괴된 정도가 매우 커져서 벤츠 운전자는 교통사고 현장에서 바로 사망하였다.

⑥ 이 사례를 통해 뒤이어 설명할 용에 대한 운추론을 미리 간략하게 살펴본다. 일시반에서 시반의 본명성 1은 구성숫자 5와 함께 중궁에 빠져 있다. 이것으로 문점 시간에 그 남자가 죽음[5]과 함께 무덤에 들어갈 만큼의 큰 어려움을 겪고 있다[중궁]고 해석된다. 문점 시간에서는 시반이 주가 되므로, 시반 중궁의 본명성 1은 일반 중궁의 구성숫자 5라는 환경과 함께 중궁에 위치한 것이다.

연동법을 사용하여 일반 중궁의 구성숫자 5가 문점한 시간에 어떤 상태인지 추론할 수 있다. 시반에서 구성숫자 5[죽음]는 벤츠 운전자의 본명성 9의 체인 이궁에 들어가 있다. 따라서 문점 시간에 본명성 1과 함께 있던 죽음은 결과적으로 그 시간에는 본명성 9와 이궁에서 동회하면서 시반의 본명성 9의 체 안에 들어가 있으므로, 죽음이 주동적으로 본명성 9를 조종하게 된다.

2. 용과 좌궁용에 대한 운추론

용을 추론하는 것을 문장으로 표현하면, 구성숫자가 주어가 되어 동회하는 구성숫자를 목적어 또는 부사어로 삼고, 좌궁이 서술어가 된다.

용에 대해 추론할 때는 어떤 사건이나 상태가 얼마나 지속되고 어떤 크기로 발생하는지, 그런 상황이 언제 해결될지 등을 파악하기 위하여 체를 추론할 때처럼 반드시 일시반, 월일반, 연월반 모두를 사용한다.

또한 구성 상의를 구분하기 위해서도 반드시 일시반, 월일반, 연월반 모두를 사용한다. 왜냐하면, 본명성이 같은 두 사람이 문점한 시간이 우연하게도 똑같은 일시반이라도 연월반이 다르면 일시반에서 같은 구성숫자나 좌궁일지라도 구성 상의가 달라지기 때문이다.

또한 역으로 이러한 원리를 사용하여 문점자가 찾아온 목적을 해석할 수 있다. 즉, 일시반, 월일반, 연월반 모두를 사용해야 내방점이 가능해진다. 내방 목적을 추론할 때 처음부터 구성 상의를 잘못 읽으면 연쇄적으로 모든 추론이 왜곡된다. 결국 구성 상의를 정확하게 해석해야 내방점 추론의 적중률을 높일 수 있다.

사례1 가출한 사람의 귀가 시기 추론하기

양둔 기간인 2009년 양력 6월 11일 해시(亥時)에 1962년생인 남자에 대하여 문점하였다. 그 남자가 문상을 간다고 외출했는데, 휴대전화가 꺼져 있어서 무엇을 하고 있고, 언제 귀가할지를 남자의 부인이 문의하였다.

구성기학으로는 해시에 귀가한다고 나왔는데, 실제로 해시의 후반 시간인 밤 11시 15분쯤 귀가하였다.

■ 원래의 일시반

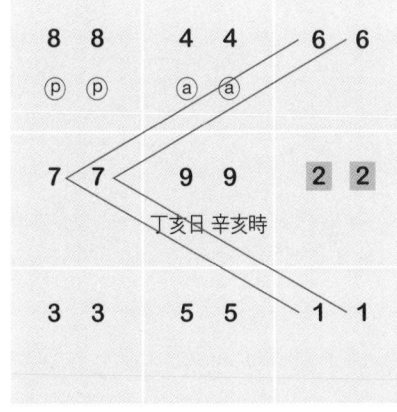

■ 시 말미에 시반이 배합괘로 전환

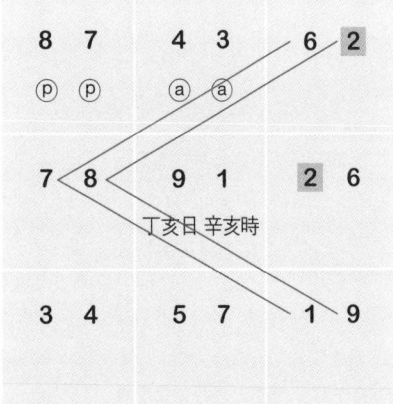

① 시반에서 본명성 2의 체가 곤궁인데, 곤궁에 구성숫자 6이 들어 있으므로 직장[6]

이 조종하는 사람이다. 다시 말해서, 본명성 2는 직장을 다니는 사람이다.

② 시반에서 본명성 2가 태궁에서 구성숫자 2와 동회하는데, 구성숫자 2의 체는 곤궁이다. 곤궁에 구성숫자 6이 들어 있으므로, 직장[6]이 조종하는 여자이다. 다시 말해서, 직장을 다니는 여자이다. 또한 구성숫자 6의 체인 건궁을 보면 구성숫자 1이 들어 있으므로 바람·색정이[1] 조종하는 직장[6]이 된다.

　　이런 내용을 종합하여, 색정이 조종하는 직장[유흥업소]에 다니는 여자와 함께 본명성 2가 유흥을 즐기고 있다고 해석한다.

③ 시반에서 본명성 2의 좌궁용 7이 진궁에 위치한다. 따라서 본명성 2가 즐기는 유흥[7]은 소리만 있고 형체는 없다[진궁]. 시반의 좌궁용 7은 다시 진궁에서 일반의 7과 동회한다. 일반에서 7의 체인 태궁에는 구성숫자 2가 들어 있다. 따라서 여자가 조종하는 돈과 함께 본명성 2가 즐기는 유흥은 소리만 있고 형체는 없다. 다시 말해서, 본명성 2가 즐기는 유흥은 돈만 쓰고 남는 것이 없다.

④ 일시반이 반복된 숫자로 구성되어 있으므로, 시간 말미에 배합괘를 이용하면 시반의 구성숫자가 전환된다. 따라서 왼쪽 일시반이 오른쪽 형태로 전환된다. 본명성 2가 가정을 뜻하는 곤궁에 위치하므로, 신해시(辛亥時) 말에 본명성 2는 귀가한다. 실제로 본명성 2는 밤 11시 약간 넘어서 집에 돌아왔다.

⑤ 발생한 사건이 그 시간 안에 해결되었기 때문에 시반 위주의 해석만 필요하고, 현재부터 미래의 운추론은 필요 없기 때문에 일반 위주의 해석은 생략한다.

⑥ 이제까지의 운추론 과정을 표로 정리하면 다음과 같다.

■ 운추론 과정

체용 \ 문장		주어	목적어	서술어	삼합선
시반 (과거~현재)	체	곤궁은 시반에서 2의 체로, 6이 들어 있다. 따라서 궁을 주어로, 숫자를 서술어로 삼는다 → 본명성 2인 사람이 [곤궁] 직장에 다닌다[6]	곤궁은 일반에서 2의 체로, 6이 들어 있다. 따라서 궁을 주어로, 숫자를 서술어로 삼는다 → 여자가[곤궁] 직장에 다닌다[6]		있음
	용	시반의 2 → 직장에 다니는 본명성 2인 사람이	일반의 2 → 직장에 다니는 여자와 함께	태궁 → 유흥을 즐긴다	없음
	좌궁용	시반의 7 → 유흥이	일반의 7 → 돈과 함께	진궁 → 소리만 있고 형체는 없다	있음

사례2 시험 합격 여부 추론하기

양둔 기간인 2010년 양력 1월 21일 해시(亥時)에 1991년생 수험생 자녀에 대하여 어머니가 문점하였다. 당일 자녀가 대학교 입학 실기시험을 보았는데 합격할지를 물었다. 양력 2월 7일 13시에 불합격했다는 연락을 받았다.

■ 일시반

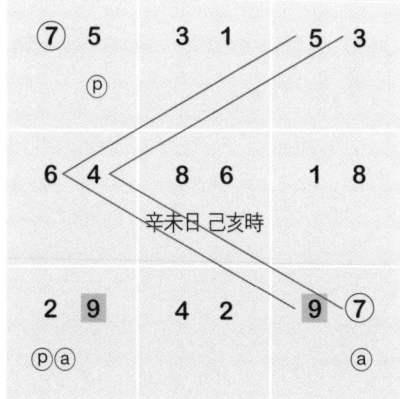

■ 연월반

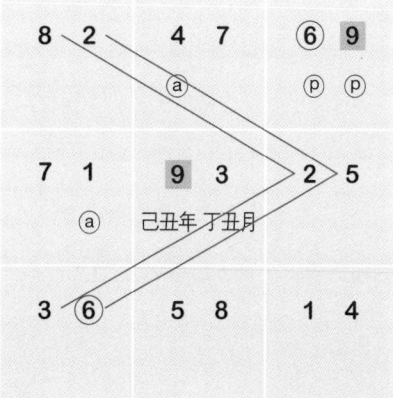

① 과거부터 현재까지의 상황을 알려주는 시반을 보면, 본명성 9가 간궁에서 파살과 암검살을 맞은 2와 동회한다. 따라서 이 수험생은 걱정하는 어머니[파살과 암검살을 맞은 2]와 함께 자고 있다[간궁].

② 입학시험을 잘 보았는가는 구성숫자 9로 추론하고, 합격 판정 여부는 관공서 또는 학교를 상징하는 구성숫자 6으로 추론한다.

　　6과 9 두 구성숫자 중에서 합격을 판단하는 기준은 6이다. 수험생이 시험을 못 보아도 전체적으로 시험이 어려워서 합격하는 경우가 있고, 수험생이 시험을 잘 보아도 전체적으로 시험이 쉬워서 불합격하는 경우가 있기 때문이다. 따라서 학교와 본명성의 관계가 입학시험 합격 여부의 판별 기준이 된다. 다시 말해서, 학교를 상징하는 6과 본명성 9의 관계를 추론해야만 학교의 발탁 여부 즉, 합격 여부를 판별할 수 있다.

　　의문점사에서 항상 유의할 점의 하나는, 문점 내용에 해당하는 구성숫자(관련 상수)와 본명성의 관계를 살펴야만 정확한 운추론을 할 수 있다는 것이다. 본명성과의 관계 설정을 무시하고 관련 상수만 계산하면 정확한 운추론을 할 수 없다.

③ 6과 9의 관계는 시반에서는 안 보이고 일반에서 보인다. 일시반의 건궁에서 본명성 9는 대충과 암검살을 맞은 7과 동회하지만, 본명성 9도 삼합선이 지나고 대충과 암검살을 맞은 7도 삼합선이 지난다. 따라서 문점 당일의 상황을 말해주는 일반에서 본명성 9는 문점 당일에 깨진 즐거움[대충과 암검살을 맞은 7]과 함께 학교에 들어가 있는데[건궁], 삼합선이 모두 지나므로 흉살을 해액하는 구제책이 있다. 이런 상황을 종합하면, 일단 불합격했다가 정원 미달에 의한 보결 등과 같은 구제책으로 합격할 수 있다.

　　그러나 실제로는 불합격하였다. 일시반은 항상 문점 당일과 시간의 상황을 알려주지만, 이러한 상황이 문점 순간이 속한 당월과 해당연도에서 어떻게 진행될 것인가의 여부는 연월반에 의해 결정되기 때문이다.

④ 연월반의 곤궁에서 본명성 9는 수동태 용법에 의거하여 간궁의 6으로부터 파살을

맞았으며, 심지어 대충과 파살을 맞은 구성숫자 6과 동회하고 있다. 따라서 문점 순간이 속한 당월에 수험생[본명성 9]은 학교[6]로부터 피해를 당하므로, 그 달에 불합격을 통보받았다.

사례3 지갑 분실과 회수 여부 추론하기

양둔 기간인 2010년 양력 7월 1일 유시(酉時)에 1977년생인 남자가 문의하였다. 문점 내용은 하루 전에 본인이 지갑을 분실하였는데 다시 찾을 수 있는지의 여부였다.

구성기학으로는 다시 찾을 수 있다고 나왔는데, 실제로 지갑을 잃어버린 날에 갔던 호프집 사장이 문점자가 앉았던 의자의 접히는 부분에서 지갑을 발견하여 다음 날인 7월 2일에 전화로 연락을 해왔다.

■ 일시반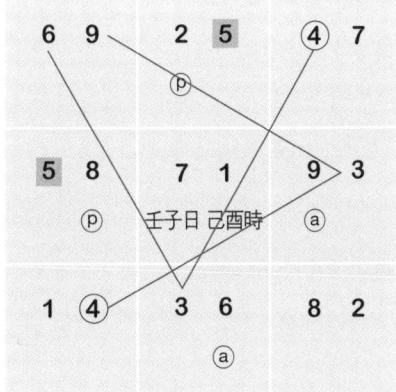

■ 연월반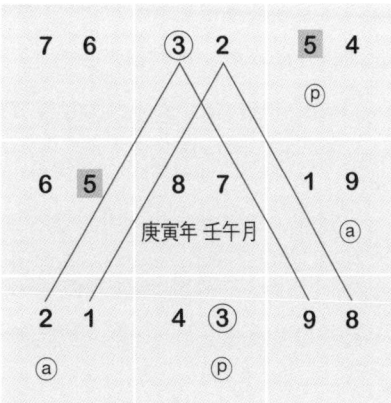

① 지갑을 상징하는 구성숫자가 무엇인지부터 확정해야 정확한 운추론을 할 수 있다. 지갑 안의 수표나 카드나 신분증 등은 구성숫자 9, 지갑 안의 현금은 구성숫자 7이 대표한다고 생각할 수도 있지만, 실제 운추론에서는 지갑은 구성숫자 7만 사용한다. 그 이유는 지갑의 주기능이 현금을 넣어 다니는 것이고, 지갑의 모양이 한자

ㅁ처럼 입모양을 닮았기 때문이다.

② 일시반의 곤궁에서 지갑의 관련 상수인 7이 4대4 가내 대충으로 깨진 4와 동회한다. 곤궁의 7은 일시반 중에서 시반이므로, 지갑 분실을 인식한 현재 상태에서 지갑은 긴 것[대충을 맞은 4]과 함께 상가에 있다[곤궁].

여기에서 긴 것이 무엇인지 자세히 파악하기 위해서 구성숫자 4의 체인 일반의 손궁을 살펴보면, 이동수단을 의미하는 구성숫자 6이 머물고 있다. 따라서 일반의 곤궁에서 대충을 맞은 4는 이동수단이 조종하는 긴 것이 된다. 이것은 파이프, 통로, 긴 의자의 접힌 부분 등인데, 그 중에서도 긴 의자의 접힌 부분이다. 왜냐하면, 곤궁에서 7과 동회하는 대충을 맞은 4가 다시 현재 상태를 의미하는 시반에서 간궁에 위치하여 간궁을 대충으로 파괴시키는데, 간궁의 용인 구성숫자 8이 진궁에서 파살을 맞은 채 본명성 5와 동회하기 때문이다. 긴 것이나 긴 부분을 가진 8은 긴 의자가 되고, 쓰임이 잘못된 긴 의자[파살을 맞은 8]에 의해서 본명성 5가 피동적으로 놀라는 일이 발생한 것이다[진궁].

③ 마지막으로 분실한 지갑을 찾을 수 있는지를 본다. 이것은 시간의 계층 구조에 근거하여, 지갑 분실을 인식하고 문점한 후부터 시간적으로 더 진행되는 일반과 월반에서 지갑을 대표하는 구성숫자 7과 본명성 5의 관계를 계산하면 된다.

일시반의 일반과 연월반의 월반 모두에서 구성숫자 7이 본명성 5의 체인 중궁에 위치하므로 문점 당일 또는 당월에 찾을 수 있다. 왜냐하면, 지갑[7]이 일반과 월반 모두에서 문점자의 몸 안[중궁]에 들어가 있기 때문이다.

사례4 약 복용과 회복 여부 추론하기

음둔 기간인 2010년 양력 7월 20일 신시(申時)에 1962년생 여자에 대하여 본명성이 3인 지인이 문점하였다. 1962년생 여자가 남편이 갖다놓은 다른 용도의 약을 감기약으로 오인하고 복용한 후, 약기운에 너무 졸린 나머지 본명성 3이 강의하는 수업에 불참한다고 문자로 통보하였다. 이에 본명성 3이 걱정되어 그 여자가 얼마나 아프고 언제 회복하는지를 문점하였다. 다음 날 몸이 나았는데, 감기가 아니고 살이 아리는 근육통이었다고 한다.

■ 일시반

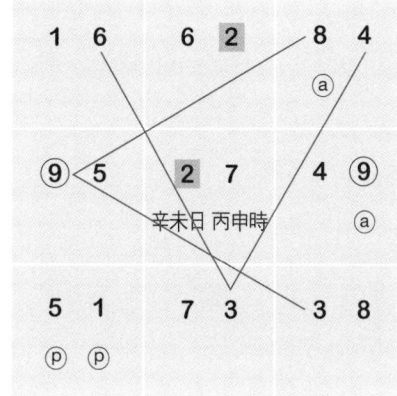

■ 월일반

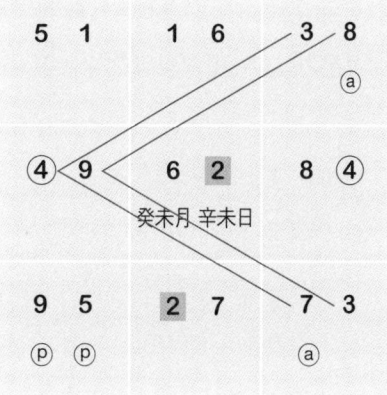

■ 연월반

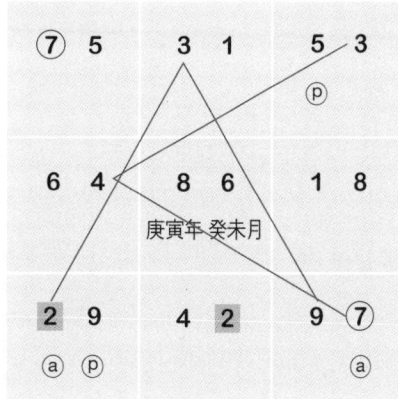

① 일시반의 시반에서 본명성 2는 이궁에서 6과 동회한다. 따라서 현재 1962년생 여자는 상급기관인 학교나 선생님을 생각하고 있다.

동회한 구성숫자 6을 더 추론하려면 6의 체인 건궁을 살핀다. 건궁에 강의하는 사람의 본명성 3이 들어 있다. 따라서 본명성 3이 조종하는 상급기관을 그 여자가 생각하고 있다고 해석한다. 또한 건궁에 위치한 본명성 3의 체인 진궁을 살펴보면,

9가 들어가 있으므로 공부가 조종하는 3이 된다.

종합하여 정리하면, 강의하는[진궁의 9] 본명성 3[건궁의 3]이 조종하는 학교나 교육기관[이궁의 6]을 그 여자가 생각한다[이궁].

② 문점한 당일 그 여자의 상태를 파악하려면, 일시반의 일반에서 본명성 2의 상태를 추론한다. 우선 본명성 2의 체인 곤궁을 살펴보면, 암검살로 파괴되었으므로 그 날 몸상태가 좋지 않은 것을 알 수 있다. 병의 종류를 파악하기 위해 다시 곤궁에 위치한 흉살의 종류를 살펴보니, 구성숫자부터 파괴되어 그 결과로 궁까지 파괴되는 암검살이었다. 따라서 구성숫자 8이 병의 원인이 된다. 그 때문에 8이 상징하는 근육통으로 인해서 살이 아리는 몸살 기운이 있었다. 다행스럽게도 일반의 곤궁에 삼합선이 지나므로, 당일에 길신의 해액하는 구제책이 있어서 약을 먹게 되었다. 또한 월일반과 연월반에서 월반의 곤궁을 살펴보면, 월반의 곤궁이 흉살로 파괴되지 않아서 병의 정도가 그리 심하지 않음을 추론할 수 있다.

두 번째로 본명성 2의 용을 해석하면, 아픈 그 여자가 당일 어떤 상태에 있는지 추론할 수 있다. 본명성 2가 7과 함께 중궁에 위치하므로, 그 여자는 썩은 음식과 함께 사면초가에 처해서 한 발짝도 움직일 수 없다.

중궁의 구성숫자 7이 썩은 음식이 되는 이유를 설명한다. 7의 체인 태궁을 살펴보면 태궁이 암검살을 맞은 9로 인해서 파괴되었기 때문이고, 다시 암검살을 맞은 9는 잘못된 약이 된다. 또한 9의 체인 이궁을 살펴보면, 그 여자의 본명성인 2가 위치하므로 그 여자 본인이 조종하는 것이 되어 본인이 직접 먹은 약이 된다.

종합하여 정리하면, 본인이 감기약으로 오인하고 복용한 약과 함께 한 발짝도 움직일 수 없는 상태가 당일 그 여자가 처한 상황이다.

사례5 내방점 연습

양둔 기간인 2006년 양력 5월 17일 진시(辰時)에 1946년생인 여자에게서 전화가 왔다. 전화를 할 때 이 여자의 상황과 계획은 무엇인지 알아본다.

■ 일시반

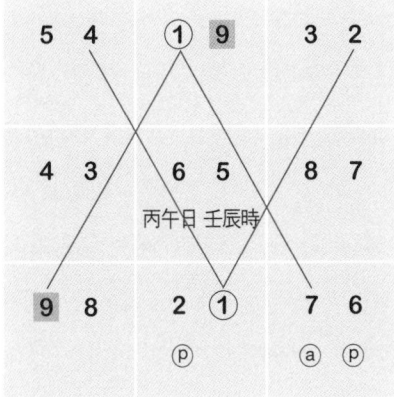

丙午日 壬辰時

■ 월일반

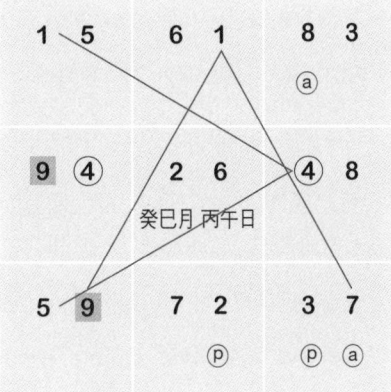

癸巳月 丙午日

■ 연월반

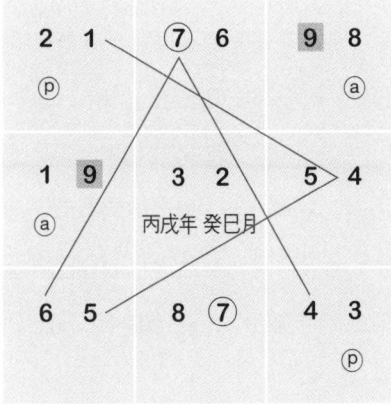

丙戌年 癸巳月

■ 갑오월의 연월반

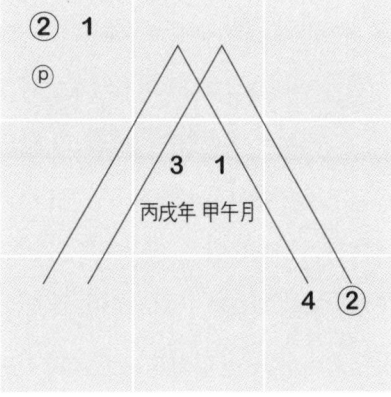

丙戌年 甲午月

① 과거부터 현재까지의 상황을 파악하기 위하여 시반부터 살핀다. 본명성 9가 이궁에 위치하므로 체와 용과 좌궁용이 겹친다.

② 시반의 이궁은 흉살로 파괴되지 않아서 체가 온전하므로 본명성 9는 건강하다.

③ 이궁은 1대1 남북 대충으로 인해 파괴되었다. 또한 1대1 남북 대충은 시반의 본명성 9에 의해서 동회된다. 따라서 시반의 본명성 9는 애정이 깨진 것으로 인해서 피동적으로 이별하였다[이궁].

구성숫자 1이 애정, 숨는 것, 자식, 고통, 부하직원의 구성 상의를 갖는데 1대1

남북 대충을 애정이 깨진 것으로 보는 이유는, 감궁의 일반에서 2가 파살을 맞았기 때문이다. 2는 애인이나 지인을 의미하는데, 파살을 맞아서 섹스를 안 하는 애인이 된다. 또한 애인 2의 체가 되는 일반의 곤궁을 살펴보면 구성숫자 3이 들어 있으므로 그 애인은 젊은 사람[3]이 된다. 실제로 애인이 14살 연하인 1960년생 남자였다.

④ 시간의 계층 구조에 근거하여 문점한 시간부터 시간적으로 더 진행되는 당일의 상황을 파악하기 위하여 일시반에서 일반을 살핀다. 본명성 9가 간궁에서 구성숫자 8과 함께 위치하므로, 본명성 9는 통장[8]을 가지고 산으로 가려고 한다[간궁]. 여기에서 간궁에 위치한 8이 통장이 되는 이유는, 또 다른 8이 태궁에서 구성숫자 7과 동회하므로 8이 돈과 관련되기 때문이다.

⑤ 일시반의 일반에서 남자를 상징하는 구성숫자 6이 죽음을 상징하는 5와 함께 중궁에 위치하므로, 그 여자의 주변에 있는 남자가 죽을 만큼 아프다.

과거부터 아파왔는지, 그리고 앞으로 얼마나 아플지를 확인하기 위하여 일시반과 연월반에서 구성숫자 6의 체인 건궁을 살핀다. 일시반의 시반에서 파살로 인해 건궁이 파괴되었고, 일반에서도 암검살로 인해 건궁이 파괴되었으며, 연월반의 월반에서도 파살로 인해 건궁이 파괴되었다. 또한 갑오월(甲午月) 연월반에서 월반의 건궁이 2대2 생업 대충으로 파괴되었다.

시반과 일반, 월반의 건궁을 종합하여 정리하면, 남자는 과거부터 그 다음 달 갑오월까지 아플 정도의 질병을 앓고 있었다.

사례6 간지를 이용하여 방위 찾기

간지를 이용하여 문점자가 위치한 공간의 방위를 찾는 방법을 설명한다. 사례1, 즉 양둔 기간인 2009년 양력 6월 11일 해시(亥時)에 1962년생인 남자에 대한 문점 내용을 바탕으로 한다. 정리하면, 문상을 간다고 외출한 남편의 휴대전화가 꺼져 있어서 부인이 남편이 무엇을 하고 있고 언제 귀가할지를 문의하였다.

■ 일시반

8　8 乙未　己未	4　4 辛卯　乙卯	6　6 癸巳　丁巳
7　7 甲午　戊午	9　9 丁亥日　辛亥時	2　2 己丑　癸丑
3　3 庚寅　**甲寅**	5　5 壬辰　丙辰	1　1 戊子　壬子

① 문점한 시간이 양둔에 속하므로 중궁에 기입한 간지로부터 낙서순행운동으로 각 궁에 간지를 붙인다(p.212 참조).

② 문점 대상이 1962년 임인(壬寅)년생이므로, 생년지지인 인(寅)이 위치한 궁을 찾는다. 문점 당시에 문점 대상이 어느 방위에 위치하는지를 추적하므로 시반에서 찾는다. 시반에서 인(寅)이 간궁에 머무르고 있다. 따라서 임인년생 남자는 간궁 안에 배속된 12지지 좌표인 축(丑)과 인(寅)의 방향에 있다. 결과적으로 북동쪽 방향에 임인년생 남자가 위치한다. 실제로 그 남자의 부인이 휴대전화 위치를 추적하는 서비스를 사용하여, 집에서 북동쪽에 있는 술집에 남편의 휴대폰이 위치하고 있음을 확인하였다.

③ 문점 당시 임인년생이 위치한 공간인 간궁에 구성숫자 3이 들어가 있다. 따라서 임인년생이 위치한 공간이 시끄러운(구성숫자 3) 것을 알 수 있다. 또한 3의 체인 진궁에 7이 들어가 있으므로, 유흥이(구성숫자 7) 조종하는 시끄러움인 것도 알 수 있다. 다시 7의 체인 태궁을 보면 본명성 2가 들어가 있으므로, 본명성 2가 조종하는 유흥이 된다. 다시 말해서, 본명성 2인 사람이 즐기는 유흥으로 인해서 발생하는 시끄러움이 가득 찬 공간에 이 남자가 위치하고 있음을 파악할 수 있다.

구성책력(2008~2015) 부록

일러두기

1. 2008년의 구성책력은 윤둔(閏遁)의 원리를 학습하기 위해서 실었다.
2. 2009년과 2010년의 구성책력은 앞부분의 실전 예제를 학습하기 위해서 실었다.
3. 2011년 이후의 구성책력은 임상 현장에서 구성기학을 점학으로 사용하기 위해서 실었다.
4. 절입시간과 합삭시간은 천문학적 계산에 따라서 만세력마다 다를 수 있다.
   이 책의 구성책력은 〈고영창 진짜만세력 V 0.93〉의 계산 결과를 참조하였다.
5. 절입일과 음력달 1일은 색깔을 넣어 구별하였다.
6. 동지 근처의 양둔 시작 갑자일과 하지 근처의 음둔 시작 갑자일은 색깔을 넣어 구별하였다.
7. 매년 양력 1월은 음력으로는 전년(前年)의 12월이므로, 전년의 연구성과 간지를 사용한다. 예를 들어, 2011년 양력 1월 20일은 음력으로 2010년 음력 12월 17일이므로 연구성은 8이고, 간지는 경인년(庚寅年)이다.

戊子年 2008년 一白

1月 — 癸丑月(九紫) 절입일 양 6일 08시 20분

양력	1	2	3	4	5	6	7	8	9	10	11	12	13	14	15	16	17	18	19	20	21	22	23	24	25	26	27	28	29	30	31
음력	23	24	25	26	27	28	29	12.1	2	3	4	5	6	7	8	9	10	11	12	13	14	15	16	17	18	19	20	21	22	23	24
구성	一白	二黑	三碧	四綠	五黃	六白	七赤	八白	九紫	一白	二黑	三碧	四綠	五黃	六白	七赤	八白	九紫	一白	二黑	三碧	四綠	五黃	六白	七赤	八白	九紫	一白	二黑	三碧	四綠
일진	庚子	辛丑	壬寅	癸卯	甲辰	乙巳	丙午	丁未	戊申	己酉	庚戌	辛亥	壬子	癸丑	甲寅	乙卯	丙辰	丁巳	戊午	己未	庚申	辛酉	壬戌	癸亥	甲子	乙丑	丙寅	丁卯	戊辰	己巳	庚午

2月 — 甲寅月(八白) 절입일 양 4일 19시 56분

양력	1	2	3	4	5	6	7	8	9	10	11	12	13	14	15	16	17	18	19	20	21	22	23	24	25	26	27	28	29
음력	25	26	27	28	29	30	1.1	2	3	4	5	6	7	8	9	10	11	12	13	14	15	16	17	18	19	20	21	22	23
구성	五黃	六白	七赤	八白	九紫	一白	二黑	三碧	四綠	五黃	六白	七赤	八白	九紫	一白	二黑	三碧	四綠	五黃	六白	七赤	八白	九紫	一白	二黑	三碧	四綠	五黃	六白
일진	辛未	壬申	癸酉	甲戌	乙亥	丙子	丁丑	戊寅	己卯	庚辰	辛巳	壬午	癸未	甲申	乙酉	丙戌	丁亥	戊子	己丑	庚寅	辛卯	壬辰	癸巳	甲午	乙未	丙申	丁酉	戊戌	己亥

3月 — 乙卯月(七赤) 절입일 양 5일 13시 59분

양력	1	2	3	4	5	6	7	8	9	10	11	12	13	14	15	16	17	18	19	20	21	22	23	24	25	26	27	28	29	30	31
음력	24	25	26	27	28	29	30	2.1	2	3	4	5	6	7	8	9	10	11	12	13	14	15	16	17	18	19	20	21	22	23	24
구성	七赤	八白	九紫	一白	二黑	三碧	四綠	五黃	六白	七赤	八白	九紫	一白	二黑	三碧	四綠	五黃	六白	七赤	八白	九紫	一白	二黑	三碧	四綠	五黃	六白	七赤	八白	九紫	一白
일진	庚子	辛丑	壬寅	癸卯	甲辰	乙巳	丙午	丁未	戊申	己酉	庚戌	辛亥	壬子	癸丑	甲寅	乙卯	丙辰	丁巳	戊午	己未	庚申	辛酉	壬戌	癸亥	甲子	乙丑	丙寅	丁卯	戊辰	己巳	庚午

4月 — 丙辰月(六白) 절입일 양 4일 18시 51분

양력	1	2	3	4	5	6	7	8	9	10	11	12	13	14	15	16	17	18	19	20	21	22	23	24	25	26	27	28	29	30
음력	25	26	27	28	29	3.1	2	3	4	5	6	7	8	9	10	11	12	13	14	15	16	17	18	19	20	21	22	23	24	25
구성	二黑	三碧	四綠	五黃	六白	七赤	八白	九紫	一白	二黑	三碧	四綠	五黃	六白	七赤	八白	九紫	一白	二黑	三碧	四綠	五黃	六白	七赤	八白	九紫	一白	二黑	三碧	四綠
일진	辛未	壬申	癸酉	甲戌	乙亥	丙子	丁丑	戊寅	己卯	庚辰	辛巳	壬午	癸未	甲申	乙酉	丙戌	丁亥	戊子	己丑	庚寅	辛卯	壬辰	癸巳	甲午	乙未	丙申	丁酉	戊戌	己亥	庚子

5月 — 丁巳月(五黃) 절입일 양 5일 12시 14분

양력	1	2	3	4	5	6	7	8	9	10	11	12	13	14	15	16	17	18	19	20	21	22	23	24	25	26	27	28	29	30	31
음력	26	27	28	29	4.1	2	3	4	5	6	7	8	9	10	11	12	13	14	15	16	17	18	19	20	21	22	23	24	25	26	27
구성	五黃	六白	七赤	八白	九紫	一白	二黑	三碧	四綠	五黃	六白	七赤	八白	九紫	一白	二黑	三碧	四綠	五黃	六白	七赤	八白	九紫	九紫	八白	七赤	六白	五黃	四綠	三碧	二黑
일진	辛丑	壬寅	癸卯	甲辰	乙巳	丙午	丁未	戊申	己酉	庚戌	辛亥	壬子	癸丑	甲寅	乙卯	丙辰	丁巳	戊午	己未	庚申	辛酉	壬戌	癸亥	甲子	乙丑	丙寅	丁卯	戊辰	己巳	庚午	辛未

6月 — 戊午月(四綠) 절입일 양 5일 16시 27분

양력	1	2	3	4	5	6	7	8	9	10	11	12	13	14	15	16	17	18	19	20	21	22	23	24	25	26	27	28	29	30
음력	28	29	30	5.1	2	3	4	5	6	7	8	9	10	11	12	13	14	15	16	17	18	19	20	21	22	23	24	25	26	27
구성	一白	九紫	八白	七赤	六白	五黃	四綠	三碧	二黑	一白	九紫	八白	七赤	六白	五黃	四綠	三碧	二黑	一白	九紫	八白	七赤	六白	五黃	四綠	三碧	二黑	一白	九紫	八白
일진	壬申	癸酉	甲戌	乙亥	丙子	丁丑	戊寅	己卯	庚辰	辛巳	壬午	癸未	甲申	乙酉	丙戌	丁亥	戊子	己丑	庚寅	辛卯	壬辰	癸巳	甲午	乙未	丙申	丁酉	戊戌	己亥	庚子	辛丑

戊子年 2008년 一白

己未月(三碧) **7月** 절입일 양 7일 02시 44분

양력	1	2	3	4	5	6	7	8	9	10	11	12	13	14	15	16	17	18	19	20	21	22	23	24	25	26	27	28	29	30	31
음력	28	29	6.1	2	3	4	5	6	7	8	9	10	11	12	13	14	15	16	17	18	19	20	21	22	23	24	25	26	27	28	29
구성	七赤	六白	五黃	四綠	三碧	二黑	一白	九紫	八白	七赤	六白	五黃	四綠	三碧	二黑	一白	九紫	八白	七赤	六白	五黃	四綠	三碧	二黑	一白	九紫	八白	七赤	六白	五黃	四綠
일진	壬寅	癸卯	甲辰	乙巳	丙午	丁未	戊申	己酉	庚戌	辛亥	壬子	癸丑	甲寅	乙卯	丙辰	丁巳	戊午	己未	庚申	辛酉	壬戌	癸亥	甲子	乙丑	丙寅	丁卯	戊辰	己巳	庚午	辛未	壬申

庚申月(二黑) **8月** 절입일 양 7일 12시 31분

양력	1	2	3	4	5	6	7	8	9	10	11	12	13	14	15	16	17	18	19	20	21	22	23	24	25	26	27	28	29	30	31
음력	7.1	2	3	4	5	6	7	8	9	10	11	12	13	14	15	16	17	18	19	20	21	22	23	24	25	26	27	28	29	30	8.1
구성	三碧	二黑	一白	九紫	八白	七赤	六白	五黃	四綠	三碧	二黑	一白	九紫	八白	七赤	六白	五黃	四綠	三碧	二黑	一白	九紫	八白	七赤	六白	五黃	四綠	三碧	二黑	一白	九紫
일진	癸酉	甲戌	乙亥	丙子	丁丑	戊寅	己卯	庚辰	辛巳	壬午	癸未	甲申	乙酉	丙戌	丁亥	戊子	己丑	庚寅	辛卯	壬辰	癸巳	甲午	乙未	丙申	丁酉	戊戌	己亥	庚子	辛丑	壬寅	癸卯

辛酉月(一白) **9月** 절입일 양 7일 15시 23분

양력	1	2	3	4	5	6	7	8	9	10	11	12	13	14	15	16	17	18	19	20	21	22	23	24	25	26	27	28	29	30	
음력	2	3	4	5	6	7	8	9	10	11	12	13	14	15	16	17	18	19	20	21	22	23	24	25	26	27	28	29	9.1	2	
구성	八白	七赤	六白	五黃	四綠	三碧	二黑	一白	九紫	八白	七赤	六白	五黃	四綠	三碧	二黑	一白	九紫	八白	七赤	六白	五黃	四綠	三碧	二黑	一白	九紫	八白	七赤	六白	
일진	甲辰	乙巳	丙午	丁未	戊申	己酉	庚戌	辛亥	壬子	癸丑	甲寅	乙卯	丙辰	丁巳	戊午	己未	庚申	辛酉	壬戌	癸亥	甲子	乙丑	丙寅	丁卯	戊辰	己巳	庚午	辛未	壬申	癸酉	

壬戌月(九紫) **10月** 절입일 양 8일 06시 59분

양력	1	2	3	4	5	6	7	8	9	10	11	12	13	14	15	16	17	18	19	20	21	22	23	24	25	26	27	28	29	30	31
음력	3	4	5	6	7	8	9	10	11	12	13	14	15	16	17	18	19	20	21	22	23	24	25	26	27	28	29	30	10.1	2	3
구성	五黃	四綠	三碧	二黑	一白	九紫	八白	七赤	六白	五黃	四綠	三碧	二黑	一白	九紫	八白	七赤	六白	五黃	四綠	三碧	二黑	一白	九紫	八白	七赤	六白	五黃	四綠	三碧	二黑
일진	甲戌	乙亥	丙子	丁丑	戊寅	己卯	庚辰	辛巳	壬午	癸未	甲申	乙酉	丙戌	丁亥	戊子	己丑	庚寅	辛卯	壬辰	癸巳	甲午	乙未	丙申	丁酉	戊戌	己亥	庚子	辛丑	壬寅	癸卯	甲辰

癸亥月(八白) **11月** 절입일 양 7일 10시 06분

양력	1	2	3	4	5	6	7	8	9	10	11	12	13	14	15	16	17	18	19	20	21	22	23	24	25	26	27	28	29	30	
음력	4	5	6	7	8	9	10	11	12	13	14	15	16	17	18	19	20	21	22	23	24	25	26	27	28	29	30	11.1	2	3	
구성	一白	九紫	八白	七赤	六白	五黃	四綠	三碧	二黑	一白	九紫	八白	七赤	六白	五黃	四綠	三碧	二黑	一白	九紫	八白	七赤	六白	五黃	四綠	三碧	二黑	一白	九紫	八白	
일진	乙巳	丙午	丁未	戊申	己酉	庚戌	辛亥	壬子	癸丑	甲寅	乙卯	丙辰	丁巳	戊午	己未	庚申	辛酉	壬戌	癸亥	甲子	乙丑	丙寅	丁卯	戊辰	己巳	庚午	辛未	壬申	癸酉	甲戌	

甲子月(七赤) **12月** 절입일 양 7일 02시 56분

양력	1	2	3	4	5	6	7	8	9	10	11	12	13	14	15	16	17	18	19	20	21	22	23	24	25	26	27	28	29	30	31
음력	4	5	6	7	8	9	10	11	12	13	14	15	16	17	18	19	20	21	22	23	24	25	26	27	28	29	12.1	2	3	4	5
구성	七赤	六白	五黃	四綠	三碧	二黑	一白	九紫	八白	七赤	六白	五黃	四綠	三碧	二黑	一白	九紫	八白	七赤	七赤	八白	九紫	一白	二黑	三碧	四綠	五黃	六白	七赤	八白	九紫
일진	乙亥	丙子	丁丑	戊寅	己卯	庚辰	辛巳	壬午	癸未	甲申	乙酉	丙戌	丁亥	戊子	己丑	庚寅	辛卯	壬辰	癸巳	甲午	乙未	丙申	丁酉	戊戌	己亥	庚子	辛丑	壬寅	癸卯	甲辰	乙巳

己丑年　2009년　九紫

1月
乙丑月(六白)　　절입일 양 5일 14시 09분

양력	1	2	3	4	5	6	7	8	9	10	11	12	13	14	15	16	17	18	19	20	21	22	23	24	25	26	27	28	29	30	31
음력	6	7	8	9	10	11	12	13	14	15	16	17	18	19	20	21	22	23	24	25	26	27	28	29	30	1,1	2	3	4	5	6
구성	一白	二黑	三碧	四綠	五黃	六白	七赤	八白	九紫	一白	二黑	三碧	四綠	五黃	六白	七赤	八白	九紫	一白	二黑	三碧	四綠	五黃	六白	七赤	八白	九紫	一白	二黑	三碧	四綠
일진	丙午	丁未	戊申	己酉	庚戌	辛亥	壬子	癸丑	甲寅	乙卯	丙辰	丁巳	戊午	己未	庚申	辛酉	壬戌	癸亥	甲子	乙丑	丙寅	丁卯	戊辰	己巳	庚午	辛未	壬申	癸酉	甲戌	乙亥	丙子

2月
丙寅月(五黃)　　절입일 양 4일 01시 45분

양력	1	2	3	4	5	6	7	8	9	10	11	12	13	14	15	16	17	18	19	20	21	22	23	24	25	26	27	28
음력	7	8	9	10	11	12	13	14	15	16	17	18	19	20	21	22	23	24	25	26	27	28	29	30	2,1	2	3	4
구성	五黃	六白	七赤	八白	九紫	一白	二黑	三碧	四綠	五黃	六白	七赤	八白	九紫	一白	二黑	三碧	四綠	五黃	六白	七赤	八白	九紫	一白	二黑	三碧	四綠	五黃
일진	丁丑	戊寅	己卯	庚辰	辛巳	壬午	癸未	甲申	乙酉	丙戌	丁亥	戊子	己丑	庚寅	辛卯	壬辰	癸巳	甲午	乙未	丙申	丁酉	戊戌	己亥	庚子	辛丑	壬寅	癸卯	甲辰

3月
丁卯月(四綠)　　절입일 양 5일 19시 48분

양력	1	2	3	4	5	6	7	8	9	10	11	12	13	14	15	16	17	18	19	20	21	22	23	24	25	26	27	28	29	30	31
음력	5	6	7	8	9	10	11	12	13	14	15	16	17	18	19	20	21	22	23	24	25	26	27	28	29	30	3,1	2	3	4	5
구성	六白	七赤	八白	九紫	一白	二黑	三碧	四綠	五黃	六白	七赤	八白	九紫	一白	二黑	三碧	四綠	五黃	六白	七赤	八白	九紫	一白	二黑	三碧	四綠	五黃	六白	七赤	八白	九紫
일진	乙巳	丙午	丁未	戊申	己酉	庚戌	辛亥	壬子	癸丑	甲寅	乙卯	丙辰	丁巳	戊午	己未	庚申	辛酉	壬戌	癸亥	甲子	乙丑	丙寅	丁卯	戊辰	己巳	庚午	辛未	壬申	癸酉	甲戌	乙亥

4月
戊辰月(三碧)　　절입일 양 5일 00시 40분

양력	1	2	3	4	5	6	7	8	9	10	11	12	13	14	15	16	17	18	19	20	21	22	23	24	25	26	27	28	29	30
음력	6	7	8	9	10	11	12	13	14	15	16	17	18	19	20	21	22	23	24	25	26	27	28	29	4,1	2	3	4	5	6
구성	一白	二黑	三碧	四綠	五黃	六白	七赤	八白	九紫	一白	二黑	三碧	四綠	五黃	六白	七赤	八白	九紫	一白	二黑	三碧	四綠	五黃	六白	七赤	八白	九紫	一白	二黑	三碧
일진	丙子	丁丑	戊寅	己卯	庚辰	辛巳	壬午	癸未	甲申	乙酉	丙戌	丁亥	戊子	己丑	庚寅	辛卯	壬辰	癸巳	甲午	乙未	丙申	丁酉	戊戌	己亥	庚子	辛丑	壬寅	癸卯	甲辰	乙巳

5月
己巳月(二黑)　　절입일 양 5일 18시 03분

양력	1	2	3	4	5	6	7	8	9	10	11	12	13	14	15	16	17	18	19	20	21	22	23	24	25	26	27	28	29	30	31
음력	7	8	9	10	11	12	13	14	15	16	17	18	19	20	21	22	23	24	25	26	27	28	29	5,1	2	3	4	5	6	7	8
구성	四綠	五黃	六白	七赤	八白	九紫	一白	二黑	三碧	四綠	五黃	六白	七赤	八白	九紫	一白	二黑	三碧	四綠	五黃	六白	七赤	八白	九紫	一白	二黑	三碧	四綠	五黃	六白	七赤
일진	丙午	丁未	戊申	己酉	庚戌	辛亥	壬子	癸丑	甲寅	乙卯	丙辰	丁巳	戊午	己未	庚申	辛酉	壬戌	癸亥	甲子	乙丑	丙寅	丁卯	戊辰	己巳	庚午	辛未	壬申	癸酉	甲戌	乙亥	丙子

6月
庚午月(一白)　　절입일 양 5일 22시 16분

양력	1	2	3	4	5	6	7	8	9	10	11	12	13	14	15	16	17	18	19	20	21	22	23	24	25	26	27	28	29	30
음력	9	10	11	12	13	14	15	16	17	18	19	20	21	22	23	24	25	26	27	28	29	30	윤5,1	2	3	4	5	6	7	8
구성	八白	九紫	一白	二黑	三碧	四綠	五黃	六白	七赤	八白	九紫	一白	二黑	三碧	四綠	五黃	六白	七赤	八白	九紫	一白	二黑	三碧	四綠	五黃	六白	七赤	八白	九紫	一白
일진	丁丑	戊寅	己卯	庚辰	辛巳	壬午	癸未	甲申	乙酉	丙戌	丁亥	戊子	己丑	庚寅	辛卯	壬辰	癸巳	甲午	乙未	丙申	丁酉	戊戌	己亥	庚子	辛丑	壬寅	癸卯	甲辰	乙巳	丙午

己丑年　2009년　九紫

7月
辛未月(九紫)　　절입일 양 7일 08시 33분

양력	1	2	3	4	5	6	7	8	9	10	11	12	13	14	15	16	17	18	19	20	21	22	23	24	25	26	27	28	29	30	31
음력	9	10	11	12	13	14	15	16	17	18	19	20	21	22	23	24	25	26	27	28	29	6.1	2	3	4	5	6	7	8	9	10
구성	二黑	三碧	四綠	五黃	六白	七赤	八白	九紫	一白	二黑	三碧	四綠	五黃	六白	七赤	八白	九紫	九紫	八白	七赤	六白	五黃	四綠	三碧	二黑	一白	九紫	八白	七赤	六白	五黃
일진	丁未	戊申	己酉	庚戌	辛亥	壬子	癸丑	甲寅	乙卯	丙辰	丁巳	戊午	己未	庚申	辛酉	壬戌	癸亥	甲子	乙丑	丙寅	丁卯	戊辰	己巳	庚午	辛未	壬申	癸酉	甲戌	乙亥	丙子	丁丑

8月
壬申月(八白)　　절입일 양 7일 18시 20분

양력	1	2	3	4	5	6	7	8	9	10	11	12	13	14	15	16	17	18	19	20	21	22	23	24	25	26	27	28	29	30	31
음력	11	12	13	14	15	16	17	18	19	20	21	22	23	24	25	26	27	28	29	7.1	2	3	4	5	6	7	8	9	10	11	12
구성	四綠	三碧	二黑	一白	九紫	八白	七赤	六白	五黃	四綠	三碧	二黑	一白	九紫	八白	七赤	六白	五黃	四綠	三碧	二黑	一白	九紫	八白	七赤	六白	五黃	四綠	三碧	二黑	一白
일진	戊寅	己卯	庚辰	辛巳	壬午	癸未	甲申	乙酉	丙戌	丁亥	戊子	己丑	庚寅	辛卯	壬辰	癸巳	甲午	乙未	丙申	丁酉	戊戌	己亥	庚子	辛丑	壬寅	癸卯	甲辰	乙巳	丙午	丁未	戊申

9月
癸酉月(七赤)　　절입일 양 7일 21시 12분

양력	1	2	3	4	5	6	7	8	9	10	11	12	13	14	15	16	17	18	19	20	21	22	23	24	25	26	27	28	29	30
음력	13	14	15	16	17	18	19	20	21	22	23	24	25	26	27	28	29	30	8.1	2	3	4	5	6	7	8	9	10	11	12
구성	九紫	八白	七赤	六白	五黃	四綠	三碧	二黑	一白	九紫	八白	七赤	六白	五黃	四綠	三碧	二黑	一白	九紫	八白	七赤	六白	五黃	四綠	三碧	二黑	一白	九紫	八白	七赤
일진	己酉	庚戌	辛亥	壬子	癸丑	甲寅	乙卯	丙辰	丁巳	戊午	己未	庚申	辛酉	壬戌	癸亥	甲子	乙丑	丙寅	丁卯	戊辰	己巳	庚午	辛未	壬申	癸酉	甲戌	乙亥	丙子	丁丑	戊寅

10月
甲戌月(六白)　　절입일 양 8일 12시 48분

양력	1	2	3	4	5	6	7	8	9	10	11	12	13	14	15	16	17	18	19	20	21	22	23	24	25	26	27	28	29	30	31
음력	13	14	15	16	17	18	19	20	21	22	23	24	25	26	27	28	29	9.1	2	3	4	5	6	7	8	9	10	11	12	13	14
구성	六白	五黃	四綠	三碧	二黑	一白	九紫	八白	七赤	六白	五黃	四綠	三碧	二黑	一白	九紫	八白	七赤	六白	五黃	四綠	三碧	二黑	一白	九紫	八白	七赤	六白	五黃	四綠	三碧
일진	己卯	庚辰	辛巳	壬午	癸未	甲申	乙酉	丙戌	丁亥	戊子	己丑	庚寅	辛卯	壬辰	癸巳	甲午	乙未	丙申	丁酉	戊戌	己亥	庚子	辛丑	壬寅	癸卯	甲辰	乙巳	丙午	丁未	戊申	己酉

11月
乙亥月(五黃)　　절입일 양 7일 15시 55분

양력	1	2	3	4	5	6	7	8	9	10	11	12	13	14	15	16	17	18	19	20	21	22	23	24	25	26	27	28	29	30
음력	15	16	17	18	19	20	21	22	23	24	25	26	27	28	29	30	10.1	2	3	4	5	6	7	8	9	10	11	12	13	14
구성	二黑	一白	九紫	八白	七赤	六白	五黃	四綠	三碧	二黑	一白	九紫	八白	七赤	六白	五黃	四綠	三碧	二黑	一白	九紫	八白	七赤	六白	五黃	四綠	三碧	二黑	一白	九紫
일진	庚戌	辛亥	壬子	癸丑	甲寅	乙卯	丙辰	丁巳	戊午	己未	庚申	辛酉	壬戌	癸亥	甲子	乙丑	丙寅	丁卯	戊辰	己巳	庚午	辛未	壬申	癸酉	甲戌	乙亥	丙子	丁丑	戊寅	己卯

12月
丙子月(四綠)　　절입일 양 7일 08시 45분

양력	1	2	3	4	5	6	7	8	9	10	11	12	13	14	15	16	17	18	19	20	21	22	23	24	25	26	27	28	29	30	31
음력	15	16	17	18	19	20	21	22	23	24	25	26	27	28	29	11.1	2	3	4	5	6	7	8	9	10	11	12	13	14	15	16
구성	八白	七赤	六白	五黃	四綠	三碧	二黑	一白	九紫	八白	七赤	六白	五黃	四綠	三碧	二黑	一白	九紫	八白	七赤	六白	五黃	四綠	三碧	二黑	一白	九紫	八白	七赤	六白	五黃
일진	庚辰	辛巳	壬午	癸未	甲申	乙酉	丙戌	丁亥	戊子	己丑	庚寅	辛卯	壬辰	癸巳	甲午	乙未	丙申	丁酉	戊戌	己亥	庚子	辛丑	壬寅	癸卯	甲辰	乙巳	丙午	丁未	戊申	己酉	庚戌

庚寅年 2010年 八白

1月 丁丑月(三碧)
절입일 양 5일 19시 58분

양력	1	2	3	4	5	6	7	8	9	10	11	12	13	14	15	16	17	18	19	20	21	22	23	24	25	26	27	28	29	30	31
음력	17	18	19	20	21	22	23	24	25	26	27	28	29	30	12,1	2	3	4	5	6	7	8	9	10	11	12	13	14	15	16	17
구성	四綠	三碧	二黑	一白	九紫	八白	七赤	六白	五黃	四綠	三碧	二黑	一白	一白	二黑	三碧	四綠	五黃	六白	七赤	八白	九紫	一白	二黑	三碧	四綠	五黃	六白	七赤	八白	九紫
일진	辛亥	壬子	癸丑	甲寅	乙卯	丙辰	丁巳	戊午	己未	庚申	辛酉	壬戌	癸亥	甲子	乙丑	丙寅	丁卯	戊辰	己巳	庚午	辛未	壬申	癸酉	甲戌	乙亥	丙子	丁丑	戊寅	己卯	庚辰	辛巳

2月 戊寅月(二黑)
절입일 양 4일 07시 34분

양력	1	2	3	4	5	6	7	8	9	10	11	12	13	14	15	16	17	18	19	20	21	22	23	24	25	26	27	28
음력	18	19	20	21	22	23	24	25	26	27	28	29	30	1,1	2	3	4	5	6	7	8	9	10	11	12	13	14	15
구성	一白	二黑	三碧	四綠	五黃	六白	七赤	八白	九紫	一白	二黑	三碧	四綠	五黃	六白	七赤	八白	九紫	一白	二黑	三碧	四綠	五黃	六白	七赤	八白	九紫	一白
일진	壬午	癸未	甲申	乙酉	丙戌	丁亥	戊子	己丑	庚寅	辛卯	壬辰	癸巳	甲午	乙未	丙申	丁酉	戊戌	己亥	庚子	辛丑	壬寅	癸卯	甲辰	乙巳	丙午	丁未	戊申	己酉

3月 己卯月(一白)
절입일 양 6일 01시 37분

양력	1	2	3	4	5	6	7	8	9	10	11	12	13	14	15	16	17	18	19	20	21	22	23	24	25	26	27	28	29	30	31
음력	16	17	18	19	20	21	22	23	24	25	26	27	28	29	30	2,1	2	3	4	5	6	7	8	9	10	11	12	13	14	15	16
구성	二黑	三碧	四綠	五黃	六白	七赤	八白	九紫	一白	二黑	三碧	四綠	五黃	六白	七赤	八白	九紫	一白	二黑	三碧	四綠	五黃	六白	七赤	八白	九紫	一白	二黑	三碧	四綠	五黃
일진	庚戌	辛亥	壬子	癸丑	甲寅	乙卯	丙辰	丁巳	戊午	己未	庚申	辛酉	壬戌	癸亥	甲子	乙丑	丙寅	丁卯	戊辰	己巳	庚午	辛未	壬申	癸酉	甲戌	乙亥	丙子	丁丑	戊寅	己卯	庚辰

4月 庚辰月(九紫)
절입일 양 5일 06시 29분

양력	1	2	3	4	5	6	7	8	9	10	11	12	13	14	15	16	17	18	19	20	21	22	23	24	25	26	27	28	29	30
음력	17	18	19	20	21	22	23	24	25	26	27	28	29	3,1	2	3	4	5	6	7	8	9	10	11	12	13	14	15	16	17
구성	六白	七赤	八白	九紫	一白	二黑	三碧	四綠	五黃	六白	七赤	八白	九紫	一白	二黑	三碧	四綠	五黃	六白	七赤	八白	九紫	一白	二黑	三碧	四綠	五黃	六白	七赤	八白
일진	辛巳	壬午	癸未	甲申	乙酉	丙戌	丁亥	戊子	己丑	庚寅	辛卯	壬辰	癸巳	甲午	乙未	丙申	丁酉	戊戌	己亥	庚子	辛丑	壬寅	癸卯	甲辰	乙巳	丙午	丁未	戊申	己酉	庚戌

5月 辛巳月(八白)
절입일 양 5일 23시 52분

양력	1	2	3	4	5	6	7	8	9	10	11	12	13	14	15	16	17	18	19	20	21	22	23	24	25	26	27	28	29	30	31
음력	18	19	20	21	22	23	24	25	26	27	28	29	30	4,1	2	3	4	5	6	7	8	9	10	11	12	13	14	15	16	17	18
구성	九紫	一白	二黑	三碧	四綠	五黃	六白	七赤	八白	九紫	一白	二黑	三碧	四綠	五黃	六白	七赤	八白	九紫	一白	二黑	三碧	四綠	五黃	六白	七赤	八白	九紫	一白	二黑	三碧
일진	辛亥	壬子	癸丑	甲寅	乙卯	丙辰	丁巳	戊午	己未	庚申	辛酉	壬戌	癸亥	甲子	乙丑	丙寅	丁卯	戊辰	己巳	庚午	辛未	壬申	癸酉	甲戌	乙亥	丙子	丁丑	戊寅	己卯	庚辰	辛巳

6月 壬午月(七赤)
절입일 양 6일 04시 5분

양력	1	2	3	4	5	6	7	8	9	10	11	12	13	14	15	16	17	18	19	20	21	22	23	24	25	26	27	28	29	30
음력	19	20	21	22	23	24	25	26	27	28	29	5,1	2	3	4	5	6	7	8	9	10	11	12	13	14	15	16	17	18	19
구성	四綠	五黃	六白	七赤	八白	九紫	一白	二黑	三碧	四綠	五黃	六白	七赤	八白	九紫	一白	二黑	三碧	四綠	五黃	六白	七赤	八白	九紫	一白	二黑	三碧	四綠	五黃	六白
일진	壬午	癸未	甲申	乙酉	丙戌	丁亥	戊子	己丑	庚寅	辛卯	壬辰	癸巳	甲午	乙未	丙申	丁酉	戊戌	己亥	庚子	辛丑	壬寅	癸卯	甲辰	乙巳	丙午	丁未	戊申	己酉	庚戌	辛亥

庚寅年　2010년　八白

癸未月(六白)　7月　　절입일 양 7일 14시 22분

양력	1	2	3	4	5	6	7	8	9	10	11	12	13	14	15	16	17	18	19	20	21	22	23	24	25	26	27	28	29	30	31
음력	20	21	22	23	24	25	26	27	28	29	30	6.1	2	3	4	5	6	7	8	9	10	11	12	13	14	15	16	17	18	19	20
구성	七赤	八白	九紫	一白	二黑	三碧	四綠	五黃	六白	七赤	八白	九紫	九紫	八白	七赤	六白	五黃	四綠	三碧	二黑	一白	八白	七赤	六白	五黃	四綠	三碧	二黑	一白	九紫
일진	壬子	癸丑	甲寅	乙卯	丙辰	丁巳	戊午	己未	庚申	辛酉	壬戌	癸亥	甲子	乙丑	丙寅	丁卯	戊辰	己巳	庚午	辛未	壬申	癸酉	甲戌	乙亥	丙子	丁丑	戊寅	己卯	庚辰	辛巳	壬午

甲申月(五黃)　8月　　절입일 양 8일 00시 09분

양력	1	2	3	4	5	6	7	8	9	10	11	12	13	14	15	16	17	18	19	20	21	22	23	24	25	26	27	28	29	30	31
음력	21	22	23	24	25	26	27	28	29	7.1	2	3	4	5	6	7	8	9	10	11	12	13	14	15	16	17	18	19	20	21	22
구성	八白	七赤	六白	五黃	四綠	三碧	二黑	一白	九紫	八白	七赤	六白	五黃	四綠	三碧	二黑	一白	九紫	八白	七赤	六白	五黃	四綠	三碧	二黑	一白	九紫	八白	七赤	六白	五黃
일진	癸未	甲申	乙酉	丙戌	丁亥	戊子	己丑	庚寅	辛卯	壬辰	癸巳	甲午	乙未	丙申	丁酉	戊戌	己亥	庚子	辛丑	壬寅	癸卯	甲辰	乙巳	丙午	丁未	戊申	己酉	庚戌	辛亥	壬子	癸丑

乙酉月(四綠)　9月　　절입일 양 8일 03시 01분

양력	1	2	3	4	5	6	7	8	9	10	11	12	13	14	15	16	17	18	19	20	21	22	23	24	25	26	27	28	29	30
음력	23	24	25	26	27	28	29	8.1	2	3	4	5	6	7	8	9	10	11	12	13	14	15	16	17	18	19	20	21	22	23
구성	四綠	三碧	二黑	一白	九紫	八白	七赤	六白	五黃	四綠	三碧	二黑	一白	九紫	八白	七赤	六白	五黃	四綠	三碧	二黑	一白	九紫	八白	七赤	六白	五黃	四綠	三碧	二黑
일진	甲寅	乙卯	丙辰	丁巳	戊午	己未	庚申	辛酉	壬戌	癸亥	甲子	乙丑	丙寅	丁卯	戊辰	己巳	庚午	辛未	壬申	癸酉	甲戌	乙亥	丙子	丁丑	戊寅	己卯	庚辰	辛巳	壬午	癸未

丙戌月(三碧)　10月　　절입일 양 8일 18시 37분

양력	1	2	3	4	5	6	7	8	9	10	11	12	13	14	15	16	17	18	19	20	21	22	23	24	25	26	27	28	29	30	31
음력	24	25	26	27	28	29	30	9.1	2	3	4	5	6	7	8	9	10	11	12	13	14	15	16	17	18	19	20	21	22	23	24
구성	一白	九紫	八白	七赤	六白	五黃	四綠	三碧	二黑	一白	九紫	八白	七赤	六白	五黃	四綠	三碧	二黑	一白	九紫	八白	七赤	六白	五黃	四綠	三碧	二黑	一白	九紫	八白	七赤
일진	甲申	乙酉	丙戌	丁亥	戊子	己丑	庚寅	辛卯	壬辰	癸巳	甲午	乙未	丙申	丁酉	戊戌	己亥	庚子	辛丑	壬寅	癸卯	甲辰	乙巳	丙午	丁未	戊申	己酉	庚戌	辛亥	壬子	癸丑	甲寅

丁亥月(二黑)　11月　　절입일 양 7일 21시 44분

양력	1	2	3	4	5	6	7	8	9	10	11	12	13	14	15	16	17	18	19	20	21	22	23	24	25	26	27	28	29	30
음력	25	26	27	28	29	10.1	2	3	4	5	6	7	8	9	10	11	12	13	14	15	16	17	18	19	20	21	22	23	24	25
구성	六白	五黃	四綠	三碧	二黑	一白	九紫	八白	七赤	六白	五黃	四綠	三碧	二黑	一白	九紫	八白	七赤	六白	五黃	四綠	三碧	二黑	一白	九紫	八白	七赤	六白	五黃	四綠
일진	乙卯	丙辰	丁巳	戊午	己未	庚申	辛酉	壬戌	癸亥	甲子	乙丑	丙寅	丁卯	戊辰	己巳	庚午	辛未	壬申	癸酉	甲戌	乙亥	丙子	丁丑	戊寅	己卯	庚辰	辛巳	壬午	癸未	甲申

戊子月(一白)　12月　　절입일 양 7일 14시 34분

양력	1	2	3	4	5	6	7	8	9	10	11	12	13	14	15	16	17	18	19	20	21	22	23	24	25	26	27	28	29	30	31
음력	26	27	28	29	30	11.1	2	3	4	5	6	7	8	9	10	11	12	13	14	15	16	17	18	19	20	21	22	23	24	25	26
구성	三碧	二黑	一白	九紫	八白	七赤	六白	五黃	四綠	三碧	二黑	一白	九紫	八白	七赤	六白	五黃	四綠	三碧	二黑	一白	九紫	八白	七赤	六白	五黃	四綠	三碧	二黑	一白	九紫
일진	乙酉	丙戌	丁亥	戊子	己丑	庚寅	辛卯	壬辰	癸巳	甲午	乙未	丙申	丁酉	戊戌	己亥	庚子	辛丑	壬寅	癸卯	甲辰	乙巳	丙午	丁未	戊申	己酉	庚戌	辛亥	壬子	癸丑	甲寅	乙卯

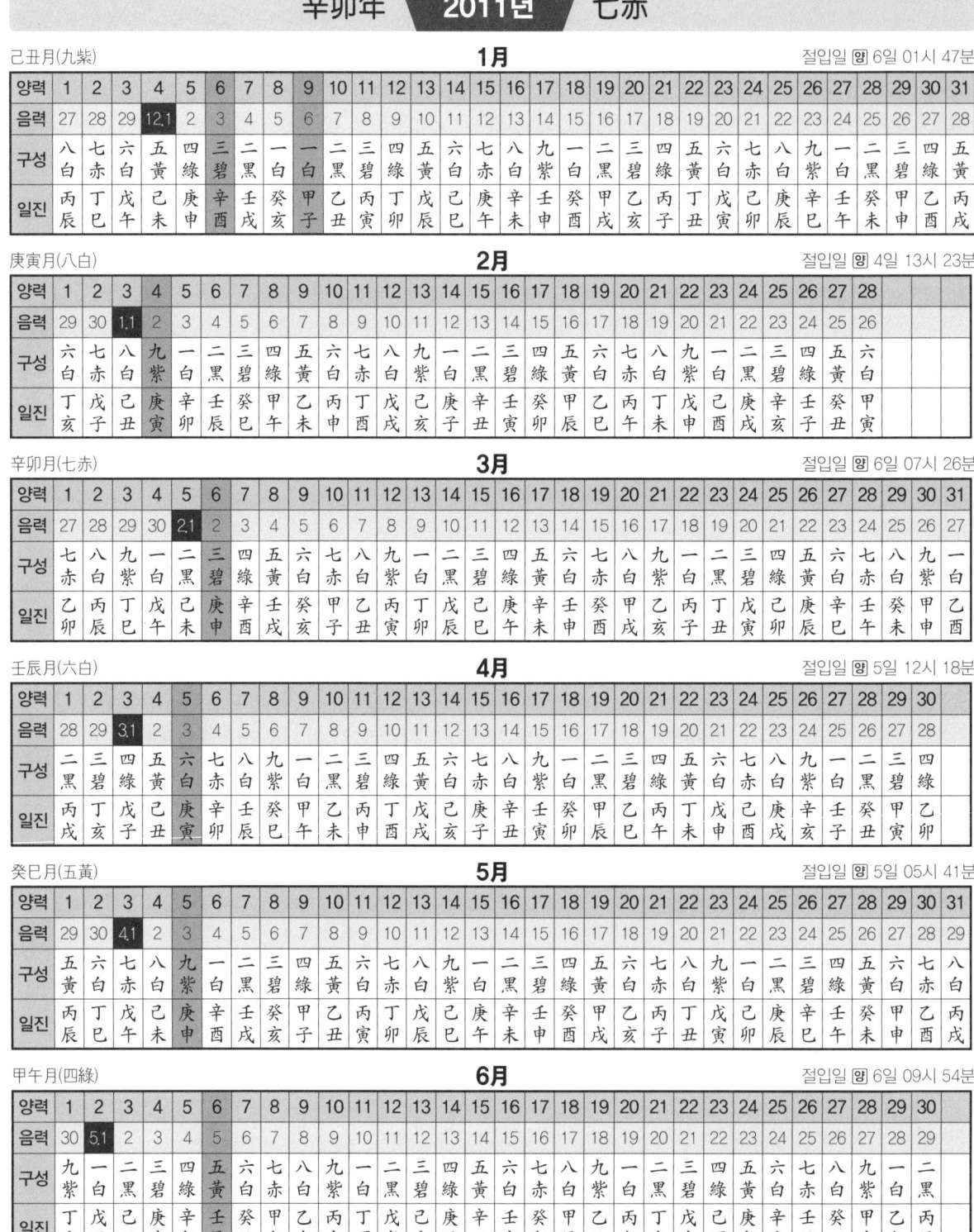

辛卯年　2011년　七赤

乙未月(三碧)　7月　절입일 양 7일 20시 11분

양력	1	2	3	4	5	6	7	8	9	10	11	12	13	14	15	16	17	18	19	20	21	22	23	24	25	26	27	28	29	30	31
음력	6.1	2	3	4	5	6	7	8	9	10	11	12	13	14	15	16	17	18	19	20	21	22	23	24	25	26	27	28	29	30	7.1
구성	三碧	四綠	五黃	六白	七赤	八白	九紫	九紫	八白	七赤	六白	五黃	四綠	三碧	二黑	一白	九紫	八白	七赤	六白	五黃	四綠	三碧	二黑	一白	九紫	八白	七赤	六白	五黃	四綠
일진	丁巳	戊午	己未	庚申	辛酉	壬戌	癸亥	甲子	乙丑	丙寅	丁卯	戊辰	己巳	庚午	辛未	壬申	癸酉	甲戌	乙亥	丙子	丁丑	戊寅	己卯	庚辰	辛巳	壬午	癸未	甲申	乙酉	丙戌	丁亥

丙申月(二黑)　8月　절입일 양 8일 05시 58분

양력	1	2	3	4	5	6	7	8	9	10	11	12	13	14	15	16	17	18	19	20	21	22	23	24	25	26	27	28	29	30	31
음력	2	3	4	5	6	7	8	9	10	11	12	13	14	15	16	17	18	19	20	21	22	23	24	25	26	27	28	29	8.1	2	3
구성	三碧	二黑	一白	九紫	八白	七赤	六白	五黃	四綠	三碧	二黑	一白	九紫	八白	七赤	六白	五黃	四綠	三碧	二黑	一白	九紫	八白	七赤	六白	五黃	四綠	三碧	二黑	一白	九紫
일진	戊子	己丑	庚寅	辛卯	壬辰	癸巳	甲午	乙未	丙申	丁酉	戊戌	己亥	庚子	辛丑	壬寅	癸卯	甲辰	乙巳	丙午	丁未	戊申	己酉	庚戌	辛亥	壬子	癸丑	甲寅	乙卯	丙辰	丁巳	戊午

丁酉月(一白)　9月　절입일 양 8일 08시 50분

양력	1	2	3	4	5	6	7	8	9	10	11	12	13	14	15	16	17	18	19	20	21	22	23	24	25	26	27	28	29	30
음력	4	5	6	7	8	9	10	11	12	13	14	15	16	17	18	19	20	21	22	23	24	25	26	27	28	29	9.1	2	3	4
구성	八白	七赤	六白	五黃	四綠	三碧	二黑	一白	九紫	八白	七赤	六白	五黃	四綠	三碧	二黑	一白	九紫	八白	七赤	六白	五黃	四綠	三碧	二黑	一白	九紫	八白	七赤	六白
일진	己未	庚申	辛酉	壬戌	癸亥	甲子	乙丑	丙寅	丁卯	戊辰	己巳	庚午	辛未	壬申	癸酉	甲戌	乙亥	丙子	丁丑	戊寅	己卯	庚辰	辛巳	壬午	癸未	甲申	乙酉	丙戌	丁亥	戊子

戊戌月(九紫)　10月　절입일 양 9일 00시 26분

양력	1	2	3	4	5	6	7	8	9	10	11	12	13	14	15	16	17	18	19	20	21	22	23	24	25	26	27	28	29	30	31
음력	5	6	7	8	9	10	11	12	13	14	15	16	17	18	19	20	21	22	23	24	25	26	27	28	29	30	10.1	2	3	4	5
구성	五黃	四綠	三碧	二黑	一白	九紫	八白	七赤	六白	五黃	四綠	三碧	二黑	一白	九紫	八白	七赤	六白	五黃	四綠	三碧	二黑	一白	九紫	八白	七赤	六白	五黃	四綠	三碧	二黑
일진	己丑	庚寅	辛卯	壬辰	癸巳	甲午	乙未	丙申	丁酉	戊戌	己亥	庚子	辛丑	壬寅	癸卯	甲辰	乙巳	丙午	丁未	戊申	己酉	庚戌	辛亥	壬子	癸丑	甲寅	乙卯	丙辰	丁巳	戊午	己未

己亥月(八白)　11月　절입일 양 8일 03시 33분

양력	1	2	3	4	5	6	7	8	9	10	11	12	13	14	15	16	17	18	19	20	21	22	23	24	25	26	27	28	29	30
음력	6	7	8	9	10	11	12	13	14	15	16	17	18	19	20	21	22	23	24	25	26	27	28	29	11.1	2	3	4	5	6
구성	一白	九紫	八白	七赤	六白	五黃	四綠	三碧	二黑	一白	九紫	八白	七赤	六白	五黃	四綠	三碧	二黑	一白	九紫	八白	七赤	六白	五黃	四綠	三碧	二黑	一白	九紫	八白
일진	庚申	辛酉	壬戌	癸亥	甲子	乙丑	丙寅	丁卯	戊辰	己巳	庚午	辛未	壬申	癸酉	甲戌	乙亥	丙子	丁丑	戊寅	己卯	庚辰	辛巳	壬午	癸未	甲申	乙酉	丙戌	丁亥	戊子	己丑

庚子月(七赤)　12月　절입일 양 7일 20시 23분

양력	1	2	3	4	5	6	7	8	9	10	11	12	13	14	15	16	17	18	19	20	21	22	23	24	25	26	27	28	29	30	31
음력	7	8	9	10	11	12	13	14	15	16	17	18	19	20	21	22	23	24	25	26	27	28	29	30	12.1	2	3	4	5	6	7
구성	七赤	六白	五黃	四綠	三碧	二黑	一白	九紫	八白	七赤	六白	五黃	四綠	三碧	二黑	一白	九紫	八白	七赤	六白	五黃	四綠	三碧	二黑	一白	九紫	八白	七赤	六白	五黃	四綠
일진	庚寅	辛卯	壬辰	癸巳	甲午	乙未	丙申	丁酉	戊戌	己亥	庚子	辛丑	壬寅	癸卯	甲辰	乙巳	丙午	丁未	戊申	己酉	庚戌	辛亥	壬子	癸丑	甲寅	乙卯	丙辰	丁巳	戊午	己未	庚申

壬辰年 2012년 六白

1月
辛丑月(六白)   절입일 양 6일 07시 36분

양력	1	2	3	4	5	6	7	8	9	10	11	12	13	14	15	16	17	18	19	20	21	22	23	24	25	26	27	28	29	30	31
음력	8	9	10	11	12	13	14	15	16	17	18	19	20	21	22	23	24	25	26	27	28	29	1.1	2	3	4	5	6	7	8	9
구성	三碧	二黑	一白	一白	二黑	三碧	四綠	五黃	六白	七赤	八白	九紫	一白	二黑	三碧	四綠	五黃	六白	七赤	八白	九紫	一白	二黑	三碧	四綠	五黃	六白	七赤	八白	九紫	一白
일진	辛酉	壬戌	癸亥	甲子	乙丑	丙寅	丁卯	戊辰	己巳	庚午	辛未	壬申	癸酉	甲戌	乙亥	丙子	丁丑	戊寅	己卯	庚辰	辛巳	壬午	癸未	甲申	乙酉	丙戌	丁亥	戊子	己丑	庚寅	辛卯

2月
壬寅月(五黃)   절입일 양 4일 19시 12분

양력	1	2	3	4	5	6	7	8	9	10	11	12	13	14	15	16	17	18	19	20	21	22	23	24	25	26	27	28	29
음력	10	11	12	13	14	15	16	17	18	19	20	21	22	23	24	25	26	27	28	29	30	2.1	2	3	4	5	6	7	8
구성	二黑	三碧	四綠	五黃	六白	七赤	八白	九紫	一白	二黑	三碧	四綠	五黃	六白	七赤	八白	九紫	一白	二黑	三碧	四綠	五黃	六白	七赤	八白	九紫	一白	二黑	三碧
일진	壬辰	癸巳	甲午	乙未	丙申	丁酉	戊戌	己亥	庚子	辛丑	壬寅	癸卯	甲辰	乙巳	丙午	丁未	戊申	己酉	庚戌	辛亥	壬子	癸丑	甲寅	乙卯	丙辰	丁巳	戊午	己未	庚申

3月
癸卯月(四綠)   절입일 양 5일 13시 15분

양력	1	2	3	4	5	6	7	8	9	10	11	12	13	14	15	16	17	18	19	20	21	22	23	24	25	26	27	28	29	30	31
음력	9	10	11	12	13	14	15	16	17	18	19	20	21	22	23	24	25	26	27	28	29	3.1	2	3	4	5	6	7	8	9	10
구성	四綠	五黃	六白	七赤	八白	九紫	一白	二黑	三碧	四綠	五黃	六白	七赤	八白	九紫	一白	二黑	三碧	四綠	五黃	六白	七赤	八白	九紫	一白	二黑	三碧	四綠	五黃	六白	七赤
일진	辛酉	壬戌	癸亥	甲子	乙丑	丙寅	丁卯	戊辰	己巳	庚午	辛未	壬申	癸酉	甲戌	乙亥	丙子	丁丑	戊寅	己卯	庚辰	辛巳	壬午	癸未	甲申	乙酉	丙戌	丁亥	戊子	己丑	庚寅	辛卯

4月
甲辰月(三碧)   절입일 양 4일 18시 07분

양력	1	2	3	4	5	6	7	8	9	10	11	12	13	14	15	16	17	18	19	20	21	22	23	24	25	26	27	28	29	30
음력	11	12	13	14	15	16	17	18	19	20	21	22	23	24	25	26	27	28	29	30	윤3.1	2	3	4	5	6	7	8	9	10
구성	八白	九紫	一白	二黑	三碧	四綠	五黃	六白	七赤	八白	九紫	一白	二黑	三碧	四綠	五黃	六白	七赤	八白	九紫	一白	二黑	三碧	四綠	五黃	六白	七赤	八白	九紫	一白
일진	壬辰	癸巳	甲午	乙未	丙申	丁酉	戊戌	己亥	庚子	辛丑	壬寅	癸卯	甲辰	乙巳	丙午	丁未	戊申	己酉	庚戌	辛亥	壬子	癸丑	甲寅	乙卯	丙辰	丁巳	戊午	己未	庚申	辛酉

5月
乙巳月(二黑)   절입일 양 5일 11시 30분

양력	1	2	3	4	5	6	7	8	9	10	11	12	13	14	15	16	17	18	19	20	21	22	23	24	25	26	27	28	29	30	31
음력	11	12	13	14	15	16	17	18	19	20	21	22	23	24	25	26	27	28	29	30	4.1	2	3	4	5	6	7	8	9	10	11
구성	二黑	三碧	四綠	五黃	六白	七赤	八白	九紫	一白	二黑	三碧	四綠	五黃	六白	七赤	八白	九紫	一白	二黑	三碧	四綠	五黃	六白	七赤	八白	九紫	一白	二黑	三碧	四綠	五黃
일진	壬戌	癸亥	甲子	乙丑	丙寅	丁卯	戊辰	己巳	庚午	辛未	壬申	癸酉	甲戌	乙亥	丙子	丁丑	戊寅	己卯	庚辰	辛巳	壬午	癸未	甲申	乙酉	丙戌	丁亥	戊子	己丑	庚寅	辛卯	壬辰

6月
丙午月(一白)   절입일 양 5일 15시 43분

양력	1	2	3	4	5	6	7	8	9	10	11	12	13	14	15	16	17	18	19	20	21	22	23	24	25	26	27	28	29	30
음력	12	13	14	15	16	17	18	19	20	21	22	23	24	25	26	27	28	29	30	5.1	2	3	4	5	6	7	8	9	10	11
구성	六白	七赤	八白	九紫	一白	二黑	三碧	四綠	五黃	六白	七赤	八白	九紫	一白	二黑	三碧	四綠	五黃	六白	七赤	八白	九紫	一白	二黑	三碧	四綠	五黃	六白	七赤	八白
일진	癸巳	甲午	乙未	丙申	丁酉	戊戌	己亥	庚子	辛丑	壬寅	癸卯	甲辰	乙巳	丙午	丁未	戊申	己酉	庚戌	辛亥	壬子	癸丑	甲寅	乙卯	丙辰	丁巳	戊午	己未	庚申	辛酉	壬戌

壬辰年　2012年　六白

7月
丁未月(九紫)　　절입일 양 7일 02시 00분

양력	1	2	3	4	5	6	7	8	9	10	11	12	13	14	15	16	17	18	19	20	21	22	23	24	25	26	27	28	29	30	31
음력	12	13	14	15	16	17	18	19	20	21	22	23	24	25	26	27	28	29	6.1	2	3	4	5	6	7	8	9	10	11	12	13
구성	九紫	九紫	八白	七赤	六白	五黄	四綠	三碧	二黑	一白	九紫	八白	七赤	六白	五黄	四綠	三碧	二黑	一白	九紫	八白	七赤	六白	五黄	四綠	三碧	二黑	一白	九紫	八白	七赤
일진	癸亥	甲子	乙丑	丙寅	丁卯	戊辰	己巳	庚午	辛未	壬申	癸酉	甲戌	乙亥	丙子	丁丑	戊寅	己卯	庚辰	辛巳	壬午	癸未	甲申	乙酉	丙戌	丁亥	戊子	己丑	庚寅	辛卯	壬辰	癸巳

8月
戊申月(八白)　　절입일 양 7일 11시 47분

양력	1	2	3	4	5	6	7	8	9	10	11	12	13	14	15	16	17	18	19	20	21	22	23	24	25	26	27	28	29	30	31
음력	14	15	16	17	18	19	20	21	22	23	24	25	26	27	28	29	30	7.1	2	3	4	5	6	7	8	9	10	11	12	13	14
구성	六白	五黄	四綠	三碧	二黑	一白	九紫	八白	七赤	六白	五黄	四綠	三碧	二黑	一白	九紫	八白	七赤	六白	五黄	四綠	三碧	二黑	一白	九紫	八白	七赤	六白	五黄	四綠	三碧
일진	甲午	乙未	丙申	丁酉	戊戌	己亥	庚子	辛丑	壬寅	癸卯	甲辰	乙巳	丙午	丁未	戊申	己酉	庚戌	辛亥	壬子	癸丑	甲寅	乙卯	丙辰	丁巳	戊午	己未	庚申	辛酉	壬戌	癸亥	甲子

9月
乙卯月(七赤)　　절입일 양 7일 14시 39분

양력	1	2	3	4	5	6	7	8	9	10	11	12	13	14	15	16	17	18	19	20	21	22	23	24	25	26	27	28	29	30
음력	15	16	17	18	19	20	21	22	23	24	25	26	27	28	29	8.1	2	3	4	5	6	7	8	9	10	11	12	13	14	15
구성	二黑	一白	九紫	八白	七赤	六白	五黄	四綠	三碧	二黑	一白	九紫	八白	七赤	六白	五黄	四綠	三碧	二黑	一白	九紫	八白	七赤	六白	五黄	四綠	三碧	二黑	一白	九紫
일진	乙丑	丙寅	丁卯	戊辰	己巳	庚午	辛未	壬申	癸酉	甲戌	乙亥	丙子	丁丑	戊寅	己卯	庚辰	辛巳	壬午	癸未	甲申	乙酉	丙戌	丁亥	戊子	己丑	庚寅	辛卯	壬辰	癸巳	甲午

10月
庚戌月(六白)　　절입일 양 8일 06시 15분

양력	1	2	3	4	5	6	7	8	9	10	11	12	13	14	15	16	17	18	19	20	21	22	23	24	25	26	27	28	29	30	31
음력	16	17	18	19	20	21	22	23	24	25	26	27	28	29	9.1	2	3	4	5	6	7	8	9	10	11	12	13	14	15	16	17
구성	八白	七赤	六白	五黄	四綠	三碧	二黑	一白	九紫	八白	七赤	六白	五黄	四綠	三碧	二黑	一白	九紫	八白	七赤	六白	五黄	四綠	三碧	二黑	一白	九紫	八白	七赤	六白	五黄
일진	乙未	丙申	丁酉	戊戌	己亥	庚子	辛丑	壬寅	癸卯	甲辰	乙巳	丙午	丁未	戊申	己酉	庚戌	辛亥	壬子	癸丑	甲寅	乙卯	丙辰	丁巳	戊午	己未	庚申	辛酉	壬戌	癸亥	甲子	乙丑

11月
辛亥月(五黄)　　절입일 양 7일 09시 22분

양력	1	2	3	4	5	6	7	8	9	10	11	12	13	14	15	16	17	18	19	20	21	22	23	24	25	26	27	28	29	30
음력	18	19	20	21	22	23	24	25	26	27	28	29	30	10.1	2	3	4	5	6	7	8	9	10	11	12	13	14	15	16	17
구성	四綠	三碧	二黑	一白	九紫	八白	七赤	六白	五黄	四綠	三碧	二黑	一白	九紫	八白	七赤	六白	五黄	四綠	三碧	二黑	一白	九紫	八白	七赤	六白	五黄	四綠	三碧	二黑
일진	丙寅	丁卯	戊辰	己巳	庚午	辛未	壬申	癸酉	甲戌	乙亥	丙子	丁丑	戊寅	己卯	庚辰	辛巳	壬午	癸未	甲申	乙酉	丙戌	丁亥	戊子	己丑	庚寅	辛卯	壬辰	癸巳	甲午	乙未

12月
壬子月(四綠)　　절입일 양 7일 02시 12분

양력	1	2	3	4	5	6	7	8	9	10	11	12	13	14	15	16	17	18	19	20	21	22	23	24	25	26	27	28	29	30	31
음력	18	19	20	21	22	23	24	25	26	27	28	29	11.1	2	3	4	5	6	7	8	9	10	11	12	13	14	15	16	17	18	19
구성	一白	九紫	八白	七赤	六白	五黄	四綠	三碧	二黑	一白	九紫	八白	七赤	六白	五黄	四綠	三碧	二黑	一白	九紫	八白	七赤	六白	五黄	四綠	三碧	二黑	一白	二黑	三碧	
일진	丙申	丁酉	戊戌	己亥	庚子	辛丑	壬寅	癸卯	甲辰	乙巳	丙午	丁未	戊申	己酉	庚戌	辛亥	壬子	癸丑	甲寅	乙卯	丙辰	丁巳	戊午	己未	庚申	辛酉	壬戌	癸亥	甲子	乙丑	丙寅

癸巳年 2013년 五黃

1月
癸丑月(三碧) 　　　　　　　　　　　　　절입일 양 5일 13시 25분

양력	1	2	3	4	5	6	7	8	9	10	11	12	13	14	15	16	17	18	19	20	21	22	23	24	25	26	27	28	29	30	31
음력	20	21	22	23	24	25	26	27	28	29	30	12.1	2	3	4	5	6	7	8	9	10	11	12	13	14	15	16	17	18	19	20
구성	四綠	五黃	六白	七赤	八白	九紫	一白	二黑	三碧	四綠	五黃	六白	七赤	八白	九紫	一白	二黑	三碧	四綠	五黃	六白	七赤	八白	九紫	一白	二黑	三碧	四綠	五黃	六白	七赤
일진	丁卯	戊辰	己巳	庚午	辛未	壬申	癸酉	甲戌	乙亥	丙子	丁丑	戊寅	己卯	庚辰	辛巳	壬午	癸未	甲申	乙酉	丙戌	丁亥	戊子	己丑	庚寅	辛卯	壬辰	癸巳	甲午	乙未	丙申	丁酉

2月
甲寅月(二黑) 　　　　　　　　　　　　　절입일 양 4일 01시 01분

양력	1	2	3	4	5	6	7	8	9	10	11	12	13	14	15	16	17	18	19	20	21	22	23	24	25	26	27	28
음력	21	22	23	24	25	26	27	28	29	1.1	2	3	4	5	6	7	8	9	10	11	12	13	14	15	16	17	18	19
구성	八白	九紫	一白	二黑	三碧	四綠	五黃	六白	七赤	八白	九紫	一白	二黑	三碧	四綠	五黃	六白	七赤	八白	九紫	一白	二黑	三碧	四綠	五黃	六白	七赤	八白
일진	戊戌	己亥	庚子	辛丑	壬寅	癸卯	甲辰	乙巳	丙午	丁未	戊申	己酉	庚戌	辛亥	壬子	癸丑	甲寅	乙卯	丙辰	丁巳	戊午	己未	庚申	辛酉	壬戌	癸亥	甲子	乙丑

3月
乙卯月(一白) 　　　　　　　　　　　　　절입일 양 5일 19시 04분

양력	1	2	3	4	5	6	7	8	9	10	11	12	13	14	15	16	17	18	19	20	21	22	23	24	25	26	27	28	29	30	31
음력	20	21	22	23	24	25	26	27	28	29	30	2.1	2	3	4	5	6	7	8	9	10	11	12	13	14	15	16	17	18	19	20
구성	九紫	一白	二黑	三碧	四綠	五黃	六白	七赤	八白	九紫	一白	二黑	三碧	四綠	五黃	六白	七赤	八白	九紫	一白	二黑	三碧	四綠	五黃	六白	七赤	八白	九紫	一白	二黑	三碧
일진	丙寅	丁卯	戊辰	己巳	庚午	辛未	壬申	癸酉	甲戌	乙亥	丙子	丁丑	戊寅	己卯	庚辰	辛巳	壬午	癸未	甲申	乙酉	丙戌	丁亥	戊子	己丑	庚寅	辛卯	壬辰	癸巳	甲午	乙未	丙申

4月
丙辰月(九紫) 　　　　　　　　　　　　　절입일 양 4일 23시 56분

양력	1	2	3	4	5	6	7	8	9	10	11	12	13	14	15	16	17	18	19	20	21	22	23	24	25	26	27	28	29	30
음력	21	22	23	24	25	26	27	28	29	3.1	2	3	4	5	6	7	8	9	10	11	12	13	14	15	16	17	18	19	20	21
구성	四綠	五黃	六白	七赤	八白	九紫	一白	二黑	三碧	四綠	五黃	六白	七赤	八白	九紫	一白	二黑	三碧	四綠	五黃	六白	七赤	八白	九紫	一白	二黑	三碧	四綠	五黃	六白
일진	丁酉	戊戌	己亥	庚子	辛丑	壬寅	癸卯	甲辰	乙巳	丙午	丁未	戊申	己酉	庚戌	辛亥	壬子	癸丑	甲寅	乙卯	丙辰	丁巳	戊午	己未	庚申	辛酉	壬戌	癸亥	甲子	乙丑	丙寅

5月
丁巳月(八白) 　　　　　　　　　　　　　절입일 양 5일 17시 19분

양력	1	2	3	4	5	6	7	8	9	10	11	12	13	14	15	16	17	18	19	20	21	22	23	24	25	26	27	28	29	30	31
음력	22	23	24	25	26	27	28	29	30	4.1	2	3	4	5	6	7	8	9	10	11	12	13	14	15	16	17	18	19	20	21	22
구성	七赤	八白	九紫	一白	二黑	三碧	四綠	五黃	六白	七赤	八白	九紫	一白	二黑	三碧	四綠	五黃	六白	七赤	八白	九紫	一白	二黑	三碧	四綠	五黃	六白	七赤	八白	九紫	一白
일진	丁卯	戊辰	己巳	庚午	辛未	壬申	癸酉	甲戌	乙亥	丙子	丁丑	戊寅	己卯	庚辰	辛巳	壬午	癸未	甲申	乙酉	丙戌	丁亥	戊子	己丑	庚寅	辛卯	壬辰	癸巳	甲午	乙未	丙申	丁酉

6月
戊午月(七赤) 　　　　　　　　　　　　　절입일 양 5일 21시 32분

양력	1	2	3	4	5	6	7	8	9	10	11	12	13	14	15	16	17	18	19	20	21	22	23	24	25	26	27	28	29	30
음력	23	24	25	26	27	28	29	30	5.1	2	3	4	5	6	7	8	9	10	11	12	13	14	15	16	17	18	19	20	21	22
구성	二黑	三碧	四綠	五黃	六白	七赤	八白	九紫	一白	二黑	三碧	四綠	五黃	六白	七赤	八白	九紫	一白	二黑	三碧	四綠	五黃	六白	七赤	八白	九紫	九紫	八白	七赤	六白
일진	戊戌	己亥	庚子	辛丑	壬寅	癸卯	甲辰	乙巳	丙午	丁未	戊申	己酉	庚戌	辛亥	壬子	癸丑	甲寅	乙卯	丙辰	丁巳	戊午	己未	庚申	辛酉	壬戌	癸亥	甲子	乙丑	丙寅	丁卯

癸巳年 2013년 五黃

7月
己未月(六白)   절입일 양 7일 07시 49분

양력	1	2	3	4	5	6	7	8	9	10	11	12	13	14	15	16	17	18	19	20	21	22	23	24	25	26	27	28	29	30	31
음력	23	24	25	26	27	28	29	6.1	2	3	4	5	6	7	8	9	10	11	12	13	14	15	16	17	18	19	20	21	22	23	24
구성	五黃	四綠	三碧	二黑	一白	九紫	八白	七赤	六白	五黃	四綠	三碧	二黑	一白	九紫	八白	七赤	六白	五黃	四綠	三碧	二黑	一白	九紫	八白	七赤	六白	五黃	四綠	三碧	二黑
일진	戊辰	己巳	庚午	辛未	壬申	癸酉	甲戌	乙亥	丙子	丁丑	戊寅	己卯	庚辰	辛巳	壬午	癸未	甲申	乙酉	丙戌	丁亥	戊子	己丑	庚寅	辛卯	壬辰	癸巳	甲午	乙未	丙申	丁酉	戊戌

8月
庚申月(五黃)   절입일 양 7일 17시 36분

양력	1	2	3	4	5	6	7	8	9	10	11	12	13	14	15	16	17	18	19	20	21	22	23	24	25	26	27	28	29	30	31
음력	25	26	27	28	29	30	7.1	2	3	4	5	6	7	8	9	10	11	12	13	14	15	16	17	18	19	20	21	22	23	24	25
구성	一白	九紫	八白	七赤	六白	五黃	四綠	三碧	二黑	一白	九紫	八白	七赤	六白	五黃	四綠	三碧	二黑	一白	九紫	八白	七赤	六白	五黃	四綠	三碧	二黑	一白	九紫	八白	七赤
일진	己亥	庚子	辛丑	壬寅	癸卯	甲辰	乙巳	丙午	丁未	戊申	己酉	庚戌	辛亥	壬子	癸丑	甲寅	乙卯	丙辰	丁巳	戊午	己未	庚申	辛酉	壬戌	癸亥	甲子	乙丑	丙寅	丁卯	戊辰	己巳

9月
辛酉月(四綠)   절입일 양 7일 20시 28분

양력	1	2	3	4	5	6	7	8	9	10	11	12	13	14	15	16	17	18	19	20	21	22	23	24	25	26	27	28	29	30
음력	26	27	28	29	8.1	2	3	4	5	6	7	8	9	10	11	12	13	14	15	16	17	18	19	20	21	22	23	24	25	26
구성	六白	五黃	四綠	三碧	二黑	一白	九紫	八白	七赤	六白	五黃	四綠	三碧	二黑	一白	九紫	八白	七赤	六白	五黃	四綠	三碧	二黑	一白	九紫	八白	七赤	六白	五黃	四綠
일진	庚午	辛未	壬申	癸酉	甲戌	乙亥	丙子	丁丑	戊寅	己卯	庚辰	辛巳	壬午	癸未	甲申	乙酉	丙戌	丁亥	戊子	己丑	庚寅	辛卯	壬辰	癸巳	甲午	乙未	丙申	丁酉	戊戌	己亥

10月
壬戌月(三碧)   절입일 양 8일 12시 04분

양력	1	2	3	4	5	6	7	8	9	10	11	12	13	14	15	16	17	18	19	20	21	22	23	24	25	26	27	28	29	30	31
음력	27	28	29	30	9.1	2	3	4	5	6	7	8	9	10	11	12	13	14	15	16	17	18	19	20	21	22	23	24	25	26	27
구성	三碧	二黑	一白	九紫	八白	七赤	六白	五黃	四綠	三碧	二黑	一白	九紫	八白	七赤	六白	五黃	四綠	三碧	二黑	一白	九紫	八白	七赤	六白	五黃	四綠	三碧	二黑	一白	九紫
일진	庚子	辛丑	壬寅	癸卯	甲辰	乙巳	丙午	丁未	戊申	己酉	庚戌	辛亥	壬子	癸丑	甲寅	乙卯	丙辰	丁巳	戊午	己未	庚申	辛酉	壬戌	癸亥	甲子	乙丑	丙寅	丁卯	戊辰	己巳	庚午

11月
癸亥月(二黑)   절입일 양 7일 15시 11분

양력	1	2	3	4	5	6	7	8	9	10	11	12	13	14	15	16	17	18	19	20	21	22	23	24	25	26	27	28	29	30
음력	28	29	10.1	2	3	4	5	6	7	8	9	10	11	12	13	14	15	16	17	18	19	20	21	22	23	24	25	26	27	28
구성	八白	七赤	六白	五黃	四綠	三碧	二黑	一白	九紫	八白	七赤	六白	五黃	四綠	三碧	二黑	一白	九紫	八白	七赤	六白	五黃	四綠	三碧	二黑	一白	九紫	八白	七赤	六白
일진	辛未	壬申	癸酉	甲戌	乙亥	丙子	丁丑	戊寅	己卯	庚辰	辛巳	壬午	癸未	甲申	乙酉	丙戌	丁亥	戊子	己丑	庚寅	辛卯	壬辰	癸巳	甲午	乙未	丙申	丁酉	戊戌	己亥	庚子

12月
甲子月(一白)   절입일 양 7일 08시 01분

양력	1	2	3	4	5	6	7	8	9	10	11	12	13	14	15	16	17	18	19	20	21	22	23	24	25	26	27	28	29	30	31
음력	29	30	11.1	2	3	4	5	6	7	8	9	10	11	12	13	14	15	16	17	18	19	20	21	22	23	24	25	26	27	28	29
구성	五黃	四綠	三碧	二黑	一白	九紫	八白	七赤	六白	五黃	四綠	三碧	二黑	一白	九紫	一白	二黑	三碧	四綠	五黃	六白	七赤	八白	九紫	一白	二黑	三碧	四綠	五黃	六白	七赤
일진	辛丑	壬寅	癸卯	甲辰	乙巳	丙午	丁未	戊申	己酉	庚戌	辛亥	壬子	癸丑	甲寅	乙卯	丙辰	丁巳	戊午	己未	庚申	辛酉	壬戌	癸亥	甲子	乙丑	丙寅	丁卯	戊辰	己巳	庚午	辛未

甲午年 2014년 四綠

乙丑月(九紫) 1月 절입일 양 5일 19시 14분

양력	1	2	3	4	5	6	7	8	9	10	11	12	13	14	15	16	17	18	19	20	21	22	23	24	25	26	27	28	29	30	31
음력	12.1	2	3	4	5	6	7	8	9	10	11	12	13	14	15	16	17	18	19	20	21	22	23	24	25	26	27	28	29	30	1.1
구성	九紫	一白	二黑	三碧	四綠	五黃	六白	七赤	八白	九紫	一白	二黑	三碧	四綠	五黃	六白	七赤	八白	九紫	一白	二黑	三碧	四綠	五黃	六白	七赤	八白	九紫	一白	二黑	三碧
일진	壬申	癸酉	甲戌	乙亥	丙子	丁丑	戊寅	己卯	庚辰	辛巳	壬午	癸未	甲申	乙酉	丙戌	丁亥	戊子	己丑	庚寅	辛卯	壬辰	癸巳	甲午	乙未	丙申	丁酉	戊戌	己亥	庚子	辛丑	壬寅

丙寅月(八白) 2月 절입일 양 4일 06시 50분

양력	1	2	3	4	5	6	7	8	9	10	11	12	13	14	15	16	17	18	19	20	21	22	23	24	25	26	27	28
음력	2	3	4	5	6	7	8	9	10	11	12	13	14	15	16	17	18	19	20	21	22	23	24	25	26	27	28	29
구성	四綠	五黃	六白	七赤	八白	九紫	一白	二黑	三碧	四綠	五黃	六白	七赤	八白	九紫	一白	二黑	三碧	四綠	五黃	六白	七赤	八白	九紫	一白	二黑	三碧	四綠
일진	癸卯	甲辰	乙巳	丙午	丁未	戊申	己酉	庚戌	辛亥	壬子	癸丑	甲寅	乙卯	丙辰	丁巳	戊午	己未	庚申	辛酉	壬戌	癸亥	甲子	乙丑	丙寅	丁卯	戊辰	己巳	庚午

丁卯月(七赤) 3月 절입일 양 6일 00시 53분

양력	1	2	3	4	5	6	7	8	9	10	11	12	13	14	15	16	17	18	19	20	21	22	23	24	25	26	27	28	29	30	31
음력	2.1	2	3	4	5	6	7	8	9	10	11	12	13	14	15	16	17	18	19	20	21	22	23	24	25	26	27	28	29	30	3.1
구성	五黃	六白	七赤	八白	九紫	一白	二黑	三碧	四綠	五黃	六白	七赤	八白	九紫	一白	二黑	三碧	四綠	五黃	六白	七赤	八白	九紫	一白	二黑	三碧	四綠	五黃	六白	七赤	八白
일진	辛未	壬申	癸酉	甲戌	乙亥	丙子	丁丑	戊寅	己卯	庚辰	辛巳	壬午	癸未	甲申	乙酉	丙戌	丁亥	戊子	己丑	庚寅	辛卯	壬辰	癸巳	甲午	乙未	丙申	丁酉	戊戌	己亥	庚子	辛丑

戊辰月(六白) 4月 절입일 양 5일 05시 45분

양력	1	2	3	4	5	6	7	8	9	10	11	12	13	14	15	16	17	18	19	20	21	22	23	24	25	26	27	28	29	30
음력	2	3	4	5	6	7	8	9	10	11	12	13	14	15	16	17	18	19	20	21	22	23	24	25	26	27	28	29	4.1	2
구성	九紫	一白	二黑	三碧	四綠	五黃	六白	七赤	八白	九紫	一白	二黑	三碧	四綠	五黃	六白	七赤	八白	九紫	一白	二黑	三碧	四綠	五黃	六白	七赤	八白	九紫	一白	二黑
일진	壬寅	癸卯	甲辰	乙巳	丙午	丁未	戊申	己酉	庚戌	辛亥	壬子	癸丑	甲寅	乙卯	丙辰	丁巳	戊午	己未	庚申	辛酉	壬戌	癸亥	甲子	乙丑	丙寅	丁卯	戊辰	己巳	庚午	辛未

己巳月(五黃) 5月 절입일 양 5일 23시 08분

양력	1	2	3	4	5	6	7	8	9	10	11	12	13	14	15	16	17	18	19	20	21	22	23	24	25	26	27	28	29	30	31
음력	3	4	5	6	7	8	9	10	11	12	13	14	15	16	17	18	19	20	21	22	23	24	25	26	27	28	29	30	5.1	2	3
구성	三碧	四綠	五黃	六白	七赤	八白	九紫	一白	二黑	三碧	四綠	五黃	六白	七赤	八白	九紫	一白	二黑	三碧	四綠	五黃	六白	七赤	八白	九紫	一白	二黑	三碧	四綠	五黃	六白
일진	壬申	癸酉	甲戌	乙亥	丙子	丁丑	戊寅	己卯	庚辰	辛巳	壬午	癸未	甲申	乙酉	丙戌	丁亥	戊子	己丑	庚寅	辛卯	壬辰	癸巳	甲午	乙未	丙申	丁酉	戊戌	己亥	庚子	辛丑	壬寅

庚午月(四綠) 6月 절입일 양 6일 03시 21분

양력	1	2	3	4	5	6	7	8	9	10	11	12	13	14	15	16	17	18	19	20	21	22	23	24	25	26	27	28	29	30
음력	4	5	6	7	8	9	10	11	12	13	14	15	16	17	18	19	20	21	22	23	24	25	26	27	28	29	6.1	2	3	4
구성	七赤	八白	九紫	一白	二黑	三碧	四綠	五黃	六白	七赤	八白	九紫	一白	二黑	三碧	四綠	五黃	六白	七赤	八白	九紫	八白	七赤	六白	五黃	四綠	三碧	二黑	一白	九紫
일진	癸卯	甲辰	乙巳	丙午	丁未	戊申	己酉	庚戌	辛亥	壬子	癸丑	甲寅	乙卯	丙辰	丁巳	戊午	己未	庚申	辛酉	壬戌	癸亥	甲子	乙丑	丙寅	丁卯	戊辰	己巳	庚午	辛未	壬申

甲午年 2014년 四綠

辛未月(三碧) 7月
절입일 양 7일 13시 38분

양력	1	2	3	4	5	6	7	8	9	10	11	12	13	14	15	16	17	18	19	20	21	22	23	24	25	26	27	28	29	30	31
음력	5	6	7	8	9	10	11	12	13	14	15	16	17	18	19	20	21	22	23	24	25	26	27	28	29	30	7.1	2	3	4	5
구성	九紫	八白	七赤	六白	五黃	四綠	三碧	二黑	一白	九紫	八白	七赤	六白	五黃	四綠	三碧	二黑	一白	九紫	八白	七赤	六白	五黃	四綠	三碧	二黑	一白	九紫	八白	七赤	六白
일진	癸酉	甲戌	乙亥	丙子	丁丑	戊寅	己卯	庚辰	辛巳	壬午	癸未	甲申	乙酉	丙戌	丁亥	戊子	己丑	庚寅	辛卯	壬辰	癸巳	甲午	乙未	丙申	丁酉	戊戌	己亥	庚子	辛丑	壬寅	癸卯

壬申月(二黑) 8月
절입일 양 7일 23시 25분

양력	1	2	3	4	5	6	7	8	9	10	11	12	13	14	15	16	17	18	19	20	21	22	23	24	25	26	27	28	29	30	31
음력	6	7	8	9	10	11	12	13	14	15	16	17	18	19	20	21	22	23	24	25	26	27	28	29	8.1	2	3	4	5	6	7
구성	五黃	四綠	三碧	二黑	一白	九紫	八白	七赤	六白	五黃	四綠	三碧	二黑	一白	九紫	八白	七赤	六白	五黃	四綠	三碧	二黑	一白	九紫	八白	七赤	六白	五黃	四綠	三碧	二黑
일진	甲辰	乙巳	丙午	丁未	戊申	己酉	庚戌	辛亥	壬子	癸丑	甲寅	乙卯	丙辰	丁巳	戊午	己未	庚申	辛酉	壬戌	癸亥	甲子	乙丑	丙寅	丁卯	戊辰	己巳	庚午	辛未	壬申	癸酉	甲戌

癸酉月(一白) 9月
절입일 양 8일 02시 17분

양력	1	2	3	4	5	6	7	8	9	10	11	12	13	14	15	16	17	18	19	20	21	22	23	24	25	26	27	28	29	30
음력	8	9	10	11	12	13	14	15	16	17	18	19	20	21	22	23	24	25	26	27	28	29	30	9.1	2	3	4	5	6	7
구성	一白	九紫	八白	七赤	六白	五黃	四綠	三碧	二黑	一白	九紫	八白	七赤	六白	五黃	四綠	三碧	二黑	一白	九紫	八白	七赤	六白	五黃	四綠	三碧	二黑	一白	九紫	八白
일진	乙亥	丙子	丁丑	戊寅	己卯	庚辰	辛巳	壬午	癸未	甲申	乙酉	丙戌	丁亥	戊子	己丑	庚寅	辛卯	壬辰	癸巳	甲午	乙未	丙申	丁酉	戊戌	己亥	庚子	辛丑	壬寅	癸卯	甲辰

甲戌月(九紫) 10月
절입일 양 8일 17시 53분

양력	1	2	3	4	5	6	7	8	9	10	11	12	13	14	15	16	17	18	19	20	21	22	23	24	25	26	27	28	29	30	31
음력	8	9	10	11	12	13	14	15	16	17	18	19	20	21	22	23	24	25	26	27	28	29	30	윤9.1	2	3	4	5	6	7	8
구성	七赤	六白	五黃	四綠	三碧	二黑	一白	九紫	八白	七赤	六白	五黃	四綠	三碧	二黑	一白	九紫	八白	七赤	六白	五黃	四綠	三碧	二黑	一白	九紫	八白	七赤	六白	五黃	四綠
일진	乙巳	丙午	丁未	戊申	己酉	庚戌	辛亥	壬子	癸丑	甲寅	乙卯	丙辰	丁巳	戊午	己未	庚申	辛酉	壬戌	癸亥	甲子	乙丑	丙寅	丁卯	戊辰	己巳	庚午	辛未	壬申	癸酉	甲戌	乙亥

乙亥月(八白) 11月
절입일 양 7일 21시 00분

양력	1	2	3	4	5	6	7	8	9	10	11	12	13	14	15	16	17	18	19	20	21	22	23	24	25	26	27	28	29	30
음력	9	10	11	12	13	14	15	16	17	18	19	20	21	22	23	24	25	26	27	28	29	10.1	2	3	4	5	6	7	8	9
구성	三碧	二黑	一白	九紫	八白	七赤	六白	五黃	四綠	三碧	二黑	一白	九紫	八白	七赤	六白	五黃	四綠	三碧	二黑	一白	九紫	八白	七赤	六白	五黃	四綠	三碧	二黑	一白
일진	丙子	丁丑	戊寅	己卯	庚辰	辛巳	壬午	癸未	甲申	乙酉	丙戌	丁亥	戊子	己丑	庚寅	辛卯	壬辰	癸巳	甲午	乙未	丙申	丁酉	戊戌	己亥	庚子	辛丑	壬寅	癸卯	甲辰	乙巳

丙子月(七赤) 12月
절입일 양 7일 13시 50분

양력	1	2	3	4	5	6	7	8	9	10	11	12	13	14	15	16	17	18	19	20	21	22	23	24	25	26	27	28	29	30	31
음력	10	11	12	13	14	15	16	17	18	19	20	21	22	23	24	25	26	27	28	29	30	11.1	2	3	4	5	6	7	8	9	10
구성	九紫	八白	七赤	六白	五黃	四綠	三碧	二黑	一白	九紫	八白	七赤	六白	五黃	四綠	三碧	二黑	一白	九紫	二黑	三碧	四綠	五黃	六白	七赤	八白	九紫	一白	二黑	三碧	四綠
일진	丙午	丁未	戊申	己酉	庚戌	辛亥	壬子	癸丑	甲寅	乙卯	丙辰	丁巳	戊午	己未	庚申	辛酉	壬戌	癸亥	甲子	乙丑	丙寅	丁卯	戊辰	己巳	庚午	辛未	壬申	癸酉	甲戌	乙亥	丙子

乙未年　2015년　三碧

丁丑月(六白)　1月　　절입일 양 6일 01시 03분

양력	1	2	3	4	5	6	7	8	9	10	11	12	13	14	15	16	17	18	19	20	21	22	23	24	25	26	27	28	29	30	31
음력	11	12	13	14	15	16	17	18	19	20	21	22	23	24	25	26	27	28	29	12,1	2	3	4	5	6	7	8	9	10	11	12
구성	五黃	六白	七赤	八白	九紫	一白	二黑	三碧	四綠	五黃	六白	七赤	八白	九紫	一白	二黑	三碧	四綠	五黃	六白	七赤	八白	九紫	一白	二黑	三碧	四綠	五黃	六白	七赤	八白
일진	丁丑	戊寅	己卯	庚辰	辛巳	壬午	癸未	甲申	乙酉	丙戌	丁亥	戊子	己丑	庚寅	辛卯	壬辰	癸巳	甲午	乙未	丙申	丁酉	戊戌	己亥	庚子	辛丑	壬寅	癸卯	甲辰	乙巳	丙午	丁未

戊寅月(五黃)　2月　　절입일 양 4일 12시 39분

양력	1	2	3	4	5	6	7	8	9	10	11	12	13	14	15	16	17	18	19	20	21	22	23	24	25	26	27	28
음력	13	14	15	16	17	18	19	20	21	22	23	24	25	26	27	28	29	30	1,1	2	3	4	5	6	7	8	9	10
구성	九紫	一白	二黑	三碧	四綠	五黃	六白	七赤	八白	九紫	一白	二黑	三碧	四綠	五黃	六白	七赤	八白	九紫	一白	二黑	三碧	四綠	五黃	六白	七赤	八白	九紫
일진	戊申	己酉	庚戌	辛亥	壬子	癸丑	甲寅	乙卯	丙辰	丁巳	戊午	己未	庚申	辛酉	壬戌	癸亥	甲子	乙丑	丙寅	丁卯	戊辰	己巳	庚午	辛未	壬申	癸酉	甲戌	乙亥

己卯月(四綠)　3月　　절입일 양 6일 06시 42분

양력	1	2	3	4	5	6	7	8	9	10	11	12	13	14	15	16	17	18	19	20	21	22	23	24	25	26	27	28	29	30	31
음력	11	12	13	14	15	16	17	18	19	20	21	22	23	24	25	26	27	28	29	2,1	2	3	4	5	6	7	8	9	10	11	12
구성	一白	二黑	三碧	四綠	五黃	六白	七赤	八白	九紫	一白	二黑	三碧	四綠	五黃	六白	七赤	八白	九紫	一白	二黑	三碧	四綠	五黃	六白	七赤	八白	九紫	一白	二黑	三碧	四綠
일진	丙子	丁丑	戊寅	己卯	庚辰	辛巳	壬午	癸未	甲申	乙酉	丙戌	丁亥	戊子	己丑	庚寅	辛卯	壬辰	癸巳	甲午	乙未	丙申	丁酉	戊戌	己亥	庚子	辛丑	壬寅	癸卯	甲辰	乙巳	丙午

庚辰月(三碧)　4月　　절입일 양 5일 11시 34분

양력	1	2	3	4	5	6	7	8	9	10	11	12	13	14	15	16	17	18	19	20	21	22	23	24	25	26	27	28	29	30
음력	13	14	15	16	17	18	19	20	21	22	23	24	25	26	27	28	29	30	3,1	2	3	4	5	6	7	8	9	10	11	12
구성	五黃	六白	七赤	八白	九紫	一白	二黑	三碧	四綠	五黃	六白	七赤	八白	九紫	一白	二黑	三碧	四綠	五黃	六白	七赤	八白	九紫	一白	二黑	三碧	四綠	五黃	六白	七赤
일진	丁未	戊申	己酉	庚戌	辛亥	壬子	癸丑	甲寅	乙卯	丙辰	丁巳	戊午	己未	庚申	辛酉	壬戌	癸亥	甲子	乙丑	丙寅	丁卯	戊辰	己巳	庚午	辛未	壬申	癸酉	甲戌	乙亥	丙子

辛巳月(二黑)　5月　　절입일 양 6일 04시 57분

양력	1	2	3	4	5	6	7	8	9	10	11	12	13	14	15	16	17	18	19	20	21	22	23	24	25	26	27	28	29	30	31
음력	13	14	15	16	17	18	19	20	21	22	23	24	25	26	27	28	29	4,1	2	3	4	5	6	7	8	9	10	11	12	13	14
구성	八白	九紫	一白	二黑	三碧	四綠	五黃	六白	七赤	八白	九紫	一白	二黑	三碧	四綠	五黃	六白	七赤	八白	九紫	一白	二黑	三碧	四綠	五黃	六白	七赤	八白	九紫	一白	二黑
일진	丁丑	戊寅	己卯	庚辰	辛巳	壬午	癸未	甲申	乙酉	丙戌	丁亥	戊子	己丑	庚寅	辛卯	壬辰	癸巳	甲午	乙未	丙申	丁酉	戊戌	己亥	庚子	辛丑	壬寅	癸卯	甲辰	乙巳	丙午	丁未

壬午月(一白)　6月　　절입일 양 6일 09시 10분

양력	1	2	3	4	5	6	7	8	9	10	11	12	13	14	15	16	17	18	19	20	21	22	23	24	25	26	27	28	29	30
음력	15	16	17	18	19	20	21	22	23	24	25	26	27	28	29	5,1	2	3	4	5	6	7	8	9	10	11	12	13	14	15
구성	三碧	四綠	五黃	六白	七赤	八白	九紫	一白	二黑	三碧	四綠	五黃	六白	七赤	八白	九紫	九紫	八白	七赤	六白	五黃	四綠	三碧	二黑	一白	九紫	八白	七赤	六白	五黃
일진	戊申	己酉	庚戌	辛亥	壬子	癸丑	甲寅	乙卯	丙辰	丁巳	戊午	己未	庚申	辛酉	壬戌	癸亥	甲子	乙丑	丙寅	丁卯	戊辰	己巳	庚午	辛未	壬申	癸酉	甲戌	乙亥	丙子	丁丑

乙未年　2015년　三碧

癸未月(九紫)　7月　　절입일 양 7일 19시 27분

양력	1	2	3	4	5	6	7	8	9	10	11	12	13	14	15	16	17	18	19	20	21	22	23	24	25	26	27	28	29	30	31
음력	16	17	18	19	20	21	22	23	24	25	26	27	28	29	30	6.1	2	3	4	5	6	7	8	9	10	11	12	13	14	15	16
구성	四綠	三碧	二黑	一白	九紫	八白	七赤	六白	五黃	四綠	三碧	二黑	一白	九紫	八白	七赤	六白	五黃	四綠	三碧	二黑	一白	九紫	八白	七赤	六白	五黃	四綠	三碧	二黑	一白
일진	戊寅	己卯	庚辰	辛巳	壬午	癸未	甲申	乙酉	丙戌	丁亥	戊子	己丑	庚寅	辛卯	壬辰	癸巳	甲午	乙未	丙申	丁酉	戊戌	己亥	庚子	辛丑	壬寅	癸卯	甲辰	乙巳	丙午	丁未	戊申

甲申月(八白)　8月　　절입일 양 8일 05시 14분

양력	1	2	3	4	5	6	7	8	9	10	11	12	13	14	15	16	17	18	19	20	21	22	23	24	25	26	27	28	29	30	31
음력	17	18	19	20	21	22	23	24	25	26	27	28	29	7.1	2	3	4	5	6	7	8	9	10	11	12	13	14	15	16	17	18
구성	九紫	八白	七赤	六白	五黃	四綠	三碧	二黑	一白	九紫	八白	七赤	六白	五黃	四綠	三碧	二黑	一白	九紫	八白	七赤	六白	五黃	四綠	三碧	二黑	一白	九紫	八白	七赤	六白
일진	己酉	庚戌	辛亥	壬子	癸丑	甲寅	乙卯	丙辰	丁巳	戊午	己未	庚申	辛酉	壬戌	癸亥	甲子	乙丑	丙寅	丁卯	戊辰	己巳	庚午	辛未	壬申	癸酉	甲戌	乙亥	丙子	丁丑	戊寅	己卯

乙酉月(七赤)　9月　　절입일 양 8일 08시 06분

양력	1	2	3	4	5	6	7	8	9	10	11	12	13	14	15	16	17	18	19	20	21	22	23	24	25	26	27	28	29	30
음력	19	20	21	22	23	24	25	26	27	28	29	30	8.1	2	3	4	5	6	7	8	9	10	11	12	13	14	15	16	17	18
구성	五黃	四綠	三碧	二黑	一白	九紫	八白	七赤	六白	五黃	四綠	三碧	二黑	一白	九紫	八白	七赤	六白	五黃	四綠	三碧	二黑	一白	九紫	八白	七赤	六白	五黃	四綠	三碧
일진	庚辰	辛巳	壬午	癸未	甲申	乙酉	丙戌	丁亥	戊子	己丑	庚寅	辛卯	壬辰	癸巳	甲午	乙未	丙申	丁酉	戊戌	己亥	庚子	辛丑	壬寅	癸卯	甲辰	乙巳	丙午	丁未	戊申	己酉

丙戌月(六白)　10月　　절입일 양 8일 23시 42분

양력	1	2	3	4	5	6	7	8	9	10	11	12	13	14	15	16	17	18	19	20	21	22	23	24	25	26	27	28	29	30	31
음력	19	20	21	22	23	24	25	26	27	28	29	30	9.1	2	3	4	5	6	7	8	9	10	11	12	13	14	15	16	17	18	19
구성	二黑	一白	九紫	八白	七赤	六白	五黃	四綠	三碧	二黑	一白	九紫	八白	七赤	六白	五黃	四綠	三碧	二黑	一白	九紫	八白	七赤	六白	五黃	四綠	三碧	二黑	一白	九紫	八白
일진	庚戌	辛亥	壬子	癸丑	甲寅	乙卯	丙辰	丁巳	戊午	己未	庚申	辛酉	壬戌	癸亥	甲子	乙丑	丙寅	丁卯	戊辰	己巳	庚午	辛未	壬申	癸酉	甲戌	乙亥	丙子	丁丑	戊寅	己卯	庚辰

丁亥月(五黃)　11月　　절입일 양 8일 02시 49분

양력	1	2	3	4	5	6	7	8	9	10	11	12	13	14	15	16	17	18	19	20	21	22	23	24	25	26	27	28	29	30
음력	20	21	22	23	24	25	26	27	28	29	30	10.1	2	3	4	5	6	7	8	9	10	11	12	13	14	15	16	17	18	19
구성	七赤	六白	五黃	四綠	三碧	二黑	一白	九紫	八白	七赤	六白	五黃	四綠	三碧	二黑	一白	九紫	八白	七赤	六白	五黃	四綠	三碧	二黑	一白	九紫	八白	七赤	六白	五黃
일진	辛巳	壬午	癸未	甲申	乙酉	丙戌	丁亥	戊子	己丑	庚寅	辛卯	壬辰	癸巳	甲午	乙未	丙申	丁酉	戊戌	己亥	庚子	辛丑	壬寅	癸卯	甲辰	乙巳	丙午	丁未	戊申	己酉	庚戌

戊子月(四綠)　12月　　절입일 양 7일 19시 39분

양력	1	2	3	4	5	6	7	8	9	10	11	12	13	14	15	16	17	18	19	20	21	22	23	24	25	26	27	28	29	30	31
음력	20	21	22	23	24	25	26	27	28	29	11.1	2	3	4	5	6	7	8	9	10	11	12	13	14	15	16	17	18	19	20	21
구성	四綠	三碧	二黑	一白	九紫	八白	七赤	六白	五黃	四綠	三碧	二黑	一白	九紫	二黑	三碧	四綠	五黃	六白	七赤	八白	九紫	一白	二黑	三碧	四綠	五黃	六白	七赤	八白	九紫
일진	辛亥	壬子	癸丑	甲寅	乙卯	丙辰	丁巳	戊午	己未	庚申	辛酉	壬戌	癸亥	甲子	乙丑	丙寅	丁卯	戊辰	己巳	庚午	辛未	壬申	癸酉	甲戌	乙亥	丙子	丁丑	戊寅	己卯	庚辰	辛巳

구성기학1_기초이론

글쓴이 | 이승재
펴낸이 | 유재영
펴낸곳 | 주식회사 동학사
기　획 | 이화진
편　집 | 나진이
본문 디자인 | 안소영

1판 1쇄 | 2011년 2월 15일
1판 4쇄 | 2021년 5월 31일
출판등록 | 1987년 11월 27일 제10-149

주　소 | 04083 서울 마포구 토정로 53(합정동)
전　화 | 324-6130, 324-6131
팩　스 | 324-6135
E-메일 | dhsbook@hanmail.net
홈페이지 | www.donghaksa.co.kr
　　　　　www.green-home.co.kr

ⓒ 이승재, 2011

ISBN 978-89-7190-332-2 03150

잘못된 책은 바꾸어 드립니다.
저자와의 협의에 의해 인지를 생략합니다.